가족과 근대성

가족과 근대성

지은이 / 권용혁
펴낸이 / 강동권
펴낸곳 / (주)이학사

1판 1쇄 발행 / 2021년 3월 10일

등록 / 1996년 2월 2일 (신고번호 제1996-000015호)
주소 / 서울시 종로구 율곡로13가길 19-5(연건동 304) 우 03081
전화 / 02-720-4572 · 팩스 / 02-720-4573
홈페이지 / ehaksa.kr
이메일 / ehaksa1996@gmail.com
페이스북 / facebook.com/ehaksa · 트위터 / twitter.com/ehaksa

© 권용혁, 2021, Printed in Seoul, Korea.

ISBN 978-89-6147-380-4 93100

이 책의 저작권은 저자가 가지고 있습니다.
저작권법에 의해 보호를 받는 저작물이므로 이 책 내용의 일부 또는 전부를 재사용하려면
저작권자와 (주)이학사 양측의 동의를 얻어야 합니다.

* 책값은 뒤표지에 표시되어 있습니다.

* 이 저서는 2016년 대한민국 교육부와 한국연구재단의 지원을 받아 수행된 연구임(NRF-2016S1A6A01017663).

가족과 근대성

권용혁 지음

이학사

책을 내면서

가족과 근대성

　독자들은 이 두 개념의 결합을 어색하다고 느낄 것이다. "근대는 가족이 아니라, 모든 신분적 속박에서 해방된 자유로운 개인들이 성취한 결과물이지 않은가?" 당연한 문제 제기다. 이 상식에 가까운 반론이 모범 답안처럼 보인다. '개인과 근대성'의 결합이 서구의 근대 역사에서는 더 어울리는 조합이었을 테니까.
　이 상식과는 달리, 나는 '가족과 근대성'이 최소한 한국 사회에서는 서로 보완적이었다는 현실적 경험치에서 출발한다. 나는 20세기 한국 근대화의 성공에서는 개인과 개인주의의 몫보다는 가족과 가족주의의 몫이 더 큰 비중을 차지해왔다고 주장한다. 개인과 개인주의가 주도 세력과 이념이 되지 못했던 20세기 한국 사회를 연구의 주요 대상으로 삼는다면 가족과 근대성의 조합이 한국인들의 경험치에 가깝다. 이것이 내 연구의 출발점이자 결론이다.
　단순화해 반문해보자. 우리보다 훨씬 이른 시기에 서구 문명이 이식된 비서구 국가들은 왜 한국의 근대화와 다른 양상을 띠고 있는 것일까? 한국의 상대적인 성공은 연속된 우연의 결과물인가, 아니면 한국의 독특한 수용·적응 능력과 능동적인 재해석 능력이 함께 작동한 결과물인가? 이제는 이 물음에 대해 우리 스스로 답을 구하고 자신과 세상에 대해 설득력 있는 이야기를 구성해야 할 때다.

한국의 근대화는 서구식 근대의 철저한 수용과 이식으로만 이루어진 것이 아니다. 전통 속에도 근대화의 자양분이 충분히 있었다. 그뿐만이 아니다. 20세기 후반기의 세계 가치 사슬의 변화와 그 변화에 적응해나가는 과정에서의 수많은 실패와 좌절 그리고 성공 신화 등이 어울러진 하나의 역동적인 드라마가 한국의 근대화 과정에 있다. 이 책은 한국인들이 걸어온 길의 자취를 더듬어 보면서 우리가 헤쳐온 길과 나아가야 할 길을 버무려 한 장의 청사진을 그리고 있으며, 그 상상의 집을 짓는 데 필수적인 몇 가지 개념 틀과 논점들을 제시하고 있다.

개인화 열풍

한국 사회는 지금도 빠르게 변화 중이다. 무엇보다도 개인화가 대세다. 개인과 개인주의를 공동체와 공동체주의보다 앞세우고, 자유를 책임과 의무보다 선호하는 사람들이 늘고 있다. 그만큼 20세기형 가족과 가족주의, 공동체와 공동체적 연대는 점점 그 힘을 잃어가고 있다.

20세기 후반 근대화를 일구어낸 세력과 이념이 개인과 개인주의가 아니라 가족과 (유사) 가족주의라고 결론 내려진다 해도, 그 결론은 곧 과거형 주장이 될 것이다. 21세기 한국은 사회적 안전망과 개인의 자유를 함께 강화하는 방향으로 이동 중이다. 한국인들의 경험치가 또다시 달라지고 있다.

달리 논의해보자. 21세기 한국 사회와 국가는 국민을 태어나서 죽을 때까지 돌보는 패키지 정책을 확장하고 있다. 21세기형 국민 보장 체계가 세밀하게 짜이고 있다. 한국을 '대한민국'이라고 부를 만하다.

가족은 더 이상 생존과 자아실현을 위한 최적의 진지陣地가 아니다. 사회적 안전망 속에서 개인화된 구성원들이 함께 관계를 유지하는 일차적인 생활공간일 뿐이다. 가족이 구성원들의 자유와 자아실현을 존중하지도 배려하지도 않는다면, 그 가족은 해체될 확률이 높다.

되돌아보자. 20세기 한국인들은 가정에서도 사회에서도 공동체적 희생과 헌신을 강요받았다. 자신의 노력과 업적도 공동체나 조직의 것으로 돌리는 데 익숙해 있었다. 이런 구성원들이 가족과 사회의 분열을 막아왔다. 그들이 바로 우리의 부모였고 민초들이었다. 그들은 자신의 희생을 감내해왔다.

이런 한국인들이 변하고 있다. 물질적 번영과 사회적 안전망 속에서 개인화되고 있다. 개인의 자유와 권리, 개성과 자아실현, 행복 등을 앞세우고 있다. 젊은 세대뿐만 아니라 나이 든 세대들도 점차 개인화되고 있다. 이러한 새로운 흐름이 20세기형 기준들에 섞여 들고 있다.

한국이라는 틀 안에서, 사회적 안전망 속에서, 자유로운 개인들이 상상의 나래를 맘껏 펼칠 수 있게 하는 새로운 기준을 구성해야 할 시기다.

21세기 한국, 한국인

한국이 산업 기술, 보건 의료, 문화 등 다방면에서 세계인들의 부러움을 사고 있다. 한국이 선진국 대접을 받고 있다. 이제는 그 대접에 어울리는 생각과 행동을 해야 할 때다. 스스로를 갈고닦아 품위 있는 삶을 기획해야 할 시기다.

돌이켜보자. 한국인들은 어떤 생각들을 이어왔을까? 20세기에 청춘을 보낸 세대들은 '서구 따라잡기'가 삶의 전략이자 거대한 목표였다. 그래서 삶의 기준점이 늘 밖을, 서구를 향해 있었다. 인문학도 마찬가지였다. 서구 사상 전문가들일수록 더욱 그랬다. 이 전략은 이제 유효기간을 다했다. 우리는 20세기의 성공과 실패의 역사를 바탕으로 새로운 길을 만들어가야 한다. 그 길을 세계인들에게 보여주어야 한다.

4차 산업혁명의 시대, 지식정보사회의 시대는 한국인과 한국 사회를 새로운 지평으로 이동시키고 있다. 대부분의 한국인은 지식정보사회형 소통 구조에 익숙해 있다. 팬데믹 이후 네트워크형 소통이 일상화되고 있다. 수평적이며 개방적인 네트워크형 소통 구조는 기존의 위계적 산업사회형, 피라미드형 소통 구조를 비효율적인 것으로 만든다.

이제는 갑의 횡포도 을의 불공정한 대접도 다 기록된다. 개인의 노동과 그 성과도 투명하게 드러난다. 네트워크형 소통의 참여자들은 시장과 사회의 투명성과 공정한 평가를 보장하는 시스템을 요구한다. 참여자들이 생존을 위한 삶을 넘어서서, 일과 삶의 질을 보장받고자 한다. 국가나 사회가 적극적으로 일터나 삶터에서 상응하는 역할을 해줄 것을 기대한다. 그런 사회에서 일하고 서로 돕는 삶을 꿈꾼다. 나는 이 책에서 그런 사회를 꿈꾸는 사람들을 위한 하나의 청사진을 만들어보고자 했다.

책 이야기로 마무리하자

나는 이 책에서 한국 가족을 소재 삼아 한국 사회의 특징과 그 미래상을 그려보고 있다. 이 기획은 한국의 근대를 특징짓는 몇 가지 기준점을 세우는 것과 그 미래형 논점을 제안하는 것으로 구성되어 있다. 이 책에서 내가 제시하고 있는 몇 가지 새로운 개념들의 타당성과 설득력 검증은 이제 독자들의 몫이다.

그 개념들은 복합적 사태, 복합 성찰성, 복합 근대, 일차적 가족주의에서 이차적 가족주의로의 이동, 친밀성과 연대성의 호혜적 조합, 따뜻한 민주주의의 구상, 열린 공동체주의, 안과 밖이 열린 다중심주의 등이다.

이 개념들은 각각 다른 자료들을 기초 삼아 제안된 것들이지만, 한국 사회와 관련해서 하나의 기준점을 세우려는 큰 틀에서는 상호 연관되어 있다. 물론 이 몇 개의 개념만으로 '한국호號'의 청사진이 완성되지도, 그 미래상이 온전히 설명되지도 않는다. 내 능력의 한계는 여기까지다.

그럼에도 나는 한국 사회와 한국인이 20세기와 21세기에 보여준 독특한 몇몇 모습을 나름대로 개념화한 것만으로도 이 책에 조그마한 의미를 부여할 수 있을 것으로 생각한다. 한국 전통 사회의 독특한 사태들을 현재적 문제들과 연계해 해석하는 것은 개인적으로 즐거운 사유의 여행이자 모험적 시도였다. 앞으로는 21세기 성숙한 대한민국의 모습에 맞는, 그러면서도 한 단계 더 웅비할 수 있는 인문적 제안을 하는 것을 목표로 하고 있다. 다양한 영역에서 적실성 있는 해석이 펼쳐질 때 이를 토대로 보다 객관적인 청사진이 그려질 것이다. 이 책에서 언급된 나의 주장들도 이러한 맥락에서 하나의 새로운 해석으로 간주되었으면 한다.

   나름 바람도 있다. 나는 쓴 글에 맞춰 세상을 보는 사람이 아닌, 세상을 보고 글을 다시 써가는 사람, 그런 사람으로 오래도록 남아 있고 싶다.

   이 책이 나오기까지 조언해주고 평가해준 동료들에게도, 난삽한 문장들을 가독성 있게 정리해준 이학사 강동권 대표와 편집부에도 고마움을 전한다.

벌써 2021년이다.
하늘과 초목이 집들과 어우러진 곳에서
내 삶의 동반자에게 감사하면서.

차례

책을 내면서   5

I부 근대적 상황과 논점들   13
    1장 우리에게 근대란 무엇인가?   15

II부 동아시아, 가족 그리고 근대성   87
    2장 한국발 동아시아학은 가능한가?   89
    3장 한국 근대 가족과 철학   113
    4장 한국의 가족주의와 사회철학   143
    5장 근대성 탐구   173

III부 가족과 민주주의   197
    6장 공적 영역과 사적 영역   199
    7장 국민국가 시대의 민주주의   225

IV부 근대 그리고 21세기   245
    8장 한국의 근대화와 근대성   247
    9장 근대, 그 이후   282

각 장의 출처   313
참고 문헌   315
찾아보기   325

I부 근대적 상황과 논점들

1장 우리에게 근대란 무엇인가?

　한국 사회는 지금도 변화 중이다. 오히려 변화의 속도가 점점 빨라지고 있다. 기성세대들은 농업사회에서 산업사회로 그리고 지식정보사회로 빠르게 변화해온 한국 사회를 파노라마처럼 경험해왔다. 이에 비해 30-40대들은 산업사회에서 태어나서 지식정보사회에 적응하면서 살고 있다. 2000년 이후 태어난 세대들은 지식정보사회의 빠른 변화를 일상으로 받아들이고 있다. 한국 사회는 몇십 년 만에 천지개벽을 했다. 이 와중에 한국인들은 세대에 따라 각자 다른 정체성을 형성해왔다. 세대 안에서도 자라온 환경과 걸어온 길에 따라 각자 다른 시각으로 세상을 대하고 해석한다. 이 상이한 정체성들은 자신을 둘러싸고 있는 체험 환경이 계속 빠르게 변화하면서 지금도 계속해서 재구성되고 있다.
　인간의 오감을 통해 들어온 정보들은 인지 과정에서부터 편집되고 재해석된다. 다른 감각기관을 통해 유입된 정보들보다도 더 생생하게 전달된다는 시각 정보조차도 우리 뇌 속에서 수시로 편집된다. 망막에 비춰진 외부 정보들은 뇌로 전달될 때부터 맹점盲點도 메꾸고 안구의 실핏줄 정보도 제거한 상태에서 뇌로 유입된다. 그 정보는 다양한 기능을 가진 신경망 체계들 사이의 상호작용을 통해서 가공된다. 달리 말하면 망막을 통해 뇌로 들어온 그 많은 양의 정보들이 있는 그대로 수용되지는 않는 것이다. 우리는 수십 년간의 학습을 통해 형성한 독특한 자신만의 분류 기준과 방식에 따라 이들을 재해석한다. 그 정보에 색도 입히고 거리감도 부여하고, 그것을 이미 알고 있는 형태들과 비교해 정리하기도 하고, 좋거나 싫었던 과거의 기억에 따라 판단하기도 하는 것이다.

이처럼 가공된 정보들은 우리의 수많은 과거 경험에 따라 해석되기도 하고 미래의 희망을 담은 현재의 가설에 따라 편집되기도 한다. 이런 점에서 "지금 우리 눈에 보이는 세상은 '인풋'이 아니라 뇌의 해석을 이미 거친 '아웃풋'이다."(김대식, 2015: 28)[1]

그럼에도 사회적 인간인 우리는 말과 글 그리고 기호와 영상을 통

---

[1] 인간의 뇌는 무정형 상태로 태어나서 약 10여 년 동안 자주 쓰는 시냅스(천억 개 정도의 뇌 신경세포들 간의 연결 고리)들을 중심으로 자주 쓰인 회로는 활성화되고 그 이외의 것들은 퇴화하면서 그 기본 형체를 갖춘다고 한다. 따라서 우리 인간의 뇌는 어릴 적 자주 경험한 음식, 소리, 풍경, 체험한 환경 등에 따라 나름의 독특한 형태로 만들어지는데, 이를 기본적인 해석의 기준점으로 삼아 새롭게 진입하는 정보들을 인지하고 분류한다. 물론 이후에도 수많은 현재를 기점으로 기준점들은 지속적으로 재구성된다(김대식, 2015: 28).
어제와 오늘 그리고 내일이 특별히 다를 것이 없었던 시절에는 대부분의 사람들이 유사한 환경 속에서 유사한 기준점을 형성하고 평생 그것을 통해 세상을 해석해왔을 것이다. 그만큼 공유 경험과 공유 기준점들이 많았다고 볼 수 있다. 그러나 하루가 다르게 변해가는 세상에 살고 있는 사람들은 누구도 과거처럼 안정적인 해석 기준을 지닐 수 없다. 모든 것이 빠르게 변화 중인 오늘날에는 내가 과거의 기준으로 오늘을 판단한다 해도, 오늘에 의거해 내일의 것을 예측한다 해도 그것은 객관성을 지니기 어렵다. 변하지 않는 나, 과거에 형성된 나를 통해 오늘과 내일의 나를 해석하고 예측하는 것이 그만큼 어려워진 시대에 우리는 살고 있다.

해 유사하게 학습함으로써 특정한 역사와 사회와 문화를 공유한다. 인지 과정상 각자 세상을 달리 보고 해석하면서도 사람들이 유사하게 기억·소통·해석할 수 있는 이유다.

태어나서 성인이 될 때까지 우리가 인식한 세상이 오롯이 나의 것은 아니다. 우리는 태어나기도 전에 이미 존재했던 사회가 공유해온 유산들을 학습하고 상호 소통하고 해석하면서 '따로 또 같이' 살고 있다. 우리 모두는 세상에 나와 주변 사람들로부터 말을 배우고, 배운 것을 되새김해 자신의 것으로 소화해낸다. 그것을 스스로 성찰함으로써 성숙해지기도 한다. 이 과정을 반복하면서 자신만의 이야기를 엮어간다.

스스로 정체성을 세우고 그걸 가꿔나가기 위해서도, 남들에게 나를 설명하기 위해서도, 타자와 소통하고 그들을 이해하기 위해서도 역사 문화적으로 이어져온 기호들을 서로 공유하면서 소통하고 협력한다.

뇌 안에 각자 나름의 편집 기능을 갖고 있는 우리 인간들은 타자들과 소통하면서 자신만의 독특한 삶의 족적을 이어간다. 그 편집 기능은 각자가 스스로 선택하거나 갈고닦은 것이 아니다. 그것은 인류의 진화 과정에서 획득된 것들이다(에델만, 2017: 76-77 참고). 우리 각자가 만들어온 삶의 족적들은 특정한 공동체에서 수십, 수백 세대를 통해서 쌓여온 역사 문화적 유산들을 수용하고 재해석한 결과물이다. 개개인의 삶과 정체성도 이 맥락 속에서 서로 엮여 형성되고 재해석된다. 모든 인간은 태어나면서부터 자신이 속해 있는 공동체 안에서 그리고 성인이 되어서는 스스로 선택한 다양한 공동체 안에서 서로 소통하면서 따로 또 같이 살아간다.

새로운 삶과 희망을 꿈꾸는 사람들은 이러한 기존의 유산과 족적을 성찰해 새로운 삶과 문화를 기획하고 구체화하기도 한다. 그 새로운 시각과 구성물들은 공론장에서의 상호 소통을 통해 의미 있는 것으로 새롭게 채택되기도 한다.

우리 각자는 이처럼 나름의 독특한 인지구조를 이용해 세상과 소통한다. 그리고 특정한 역사 문화 공동체에서 사용하는 공용의 기호들을 통해 사회적 삶의 의미를 찾기도 한다. 좀 더 열린 삶과 사유를 통해서 새로운 삶과 정체성을 기획하기도 한다.

앎과 삶을 나 자신에게 적용해봐도 이와 유사하게 정리된다. 1960년대부터 80년대까지의 한국 사회의 모습의 일부분 — 나의 경우는 나의 가족과 그 당시 중소 도시의 사회적 환경 — 이 해석의 기본 기준점으로 작동하는 것이다. 그 이후 30년 이상 성현들이 만들어놓은 세련된 언어의 집들을 기웃거리거나 들락날락했던 것 같다. 가끔은 성현들이 제공한 기호의 아름다움에 취해 그 구조물들을 프리즘 삼아 세상을 다 이해한 양 호기를 부릴 때도 있었던 것 같다.

그러나 그 구조물들의 생성사도, 그것들을 표현한 언어도, 그 언어 이면의 심층 문법과 문화도 좀 더 심도 있게 추적하면 할수록 그것들은 나의 삶의 지평과는 거의 연관성 없이 진행된 것이었음을 간파하면서 또다시 원점으로 돌아올 수밖에 없었다. 그 아름다운 언어적 구성물들이 나의 삶의 궤적, 나를 에워싸고 있는 이 땅의 문제와는 너무나 무관하게 진행되어온 것들임을 자각했기 때문이다. 내가 젊은 시절 집중했던 특정한 학파의 이야기가, 그것이 선배 세대와 후배 세대로 이어져온 맥락이 나의 삶과 앎의 맥락과 무관하게 진행되었음을 안 이후 선택할 수 있는 여백은 그리 많지 않았다. 가능한 한 기본에 충실할 수 있는 길을 모색하는 수밖에⋯.

　삶과 연계된 앎은 도대체 어떤 모습을 띠고 있는 것일까? 그 기본 축은 태어나서 습득한 10여 년 동안의 직간접 경험 세계를 바탕으로 구성된다. 그 주된 내용은 삼대에 걸친 이야기 주고받기를 통해 형성된 것이다. 할아버지 할머니 세대와 아버지 어머니 세대의 이야기를 학습하면서 내 이야기의 구체적인 내용물과 기본 축이 꾸며진다. 이렇게 흘러온 이야기는 나의 자식 세대와 또 그 자식 세대까지는 영향력을 미칠 것이다. 학문의 세계도 유사하게 진행된다. 전문 텍스트에 대한 해석은 대부분 선배 세대로부터 후배 세대로 이어진다. 그 가운데 나의 해석이 자리한다.

　철학과 현실이 조우하려면, 그 어울림이 선순환적 구도로 이어지려면 현실 관련 자료에 대한 검토와 철학적 성찰이 필수적이다. 철학과 현실의 부단한 대화 속에서 개념들이 생성되고 조탁되기 때문이다. 그럼에도 불구하고 우리 앞 세대나 우리 세대가 한국에서 현실과 연관된 철학적 문제들과 씨름할 때 부딪치는 일차적인 어려움은 연관된 자료들이 산재해 있거나 학문적으로 정리되어 있지 않아 이것을 소재로 보다 현실 적합성을 담지한 철학적 논점을 구성하기 힘들다는 데 있다. 특히 20세기 중·후반을 기준으로 삼을 경우 그 중요 문제들을 소재로 정리한 자료들이 거의 없다고 해도 과언이 아니기 때문에 그러한 어려움이 더욱 가중된다. 이 난점을 홀로 돌파하는 것은 거의 불가능에 가깝다. 결국은 기존의 자료와 해석에 조금 살을 붙이고 상상력을 동원해 새로운 시각을 만들어보는 것, 그 이상의 것을 하기는 매우 어렵다.

결국 이곳에서 철학과 현실을 연계하는 작업을 하는 사람들은 자신들이 집중하고자 하는 문제와 관련된 현실 자료 축적과 해석에 직접 참여하면서 동시에 그것에 대한 철학적 성찰을 겸하는 이중적인 작업을 할 수밖에 없는 독특한 한계를 안고 있다.

그들은 이미 잘 정리된 자료들과 그것들에 대한 역사 문화적 해석이 풍부하게 제공된 상태에서 작업을 하는 서구 철학자들과는 다른 길을 걸을 수밖에 없는 것이다. 예를 들어보자. 서구에는 서구 근대 과학기술의 발전과 물질적 번영, 이를 바탕으로 한 시민의 탄생과 시민사회의 변화, 그들의 자유와 자율 그리고 공론장과 민주주의 관련 자료들이 체계적으로 잘 정리되어 있다. 이를 바탕으로 철학적 논의와 새로운 해석이 진행된다.

우리의 경우는 다르다. 한국의 근대나 근대성을 탐구할 경우, 그 기준점도 문제이거니와 이와 관련된 개념들을 뒷받침할 수 있는 자료들이 여기저기 산재해 있을 뿐 거의 정리되어 있지 않은 것도 문제다. 역사적 기록 더미들을 여기저기서 찾아 모으고, 상상력을 동원해 그것들을 엮어내는 일은 구도자의 고행과 유사한 작업일 것이다. 유감스럽게도 해방 이후 한국의 지성계는 이러한 일들을 학문의 중심에 두지 못했던 것 같다. 자신이 처해 있는 지정학적 상황에서 해석의 기준점을 찾기보다는 외부의 새로운 사조를 빨리 수용해 기존의 지식 수용사를 풍부하게 하는 데 역점을 두어온 것으로 보인다.

동아시아의 고전들은 풍부하게 존재하지만, 현실의 주요 문제나 자료들과 연계해 고전들을 재해석한 작업은 많지 않다. 재해석이 설득력을 지니려면 그것은 현실의 사태와 그 지평에 대한 최소한의 이해를 전제해야 한다. 우리의 삶의 맥락을 가장 적절하게 설명해줄 개념들이나 그것에 대한 철학적 성찰이 축적되지 않은 상황에서 현실적 적실성과 논리적 타당성을 겸비한 독자적인 구조물을 만드는 것은 불가능에 가깝다.

이러한 상황 설명은 왜 현실의 주요 문제를 소재로 하는 정상적인 철학함이 한국의 강단 철학에서는 20세기 이래로 지금까지 그 중심에 서지 못했는지를 설명해주는 하나의 사례가 될 것 같다. 우리의 학문적 선배들이 이 길을 가지 못했던 현실 조건들도 있다. 크게는 서세 동점과 전통의 붕괴 그리고 서구 중심주의의 급격한 이식으로 스스로 기준점을 갈고닦아온 학맥이 붕괴되었다는 점을 들 수 있다. 그후 서구의 모방과 서구 따라잡기 전략을 통한 생존과 번영의 전략이 지식인 사회의 주요 담론으로 너무 오랫동안 지속된 점도 상당한 영향을 끼쳤다.

지금도 외국 학위를 선호하고 국내 대학의 학위는 그만큼 평가절하되고 있다. 마치 대학 입학을 위한 한 줄 세우기처럼 학위 줄 세우기가 아직도 지속되고 있는 것이다. 그 주요 이유는 한국 대학의 후학 기르기와 대물려주기가 선순환되지 못하고 있기 때문이다. 즉 철학과 현실의 상호 소통의 성과물들이 선순환적으로 대물림되지 못하는 '비정상적인' 상황이 아직도 지속되고 있는 것이다.

학문의 대물림과 선순환을 위해서는 자신의 학문에 삶을 투여해 중장기적으로 밀고 나갈 수 있는 학문적인 토대를 마련하고 이것을 후학들에게 이어주어야 한다. 현재 강단 철학에 종사하는 사람들과 그들의 학문 후속 세대들에게 현실 밀착형 문제, 자신들이 연구하고자 하는 핵심 문제를 중장기적으로 밀고 나갈 수 있는 여건을 제공하고 그들이 공동 협력을 할 수 있도록 해야 한다.

현실과 소통하는 정상적인 철학함을 강단의 철학 전문가들이 강화할 때 후학들과의 선순환 관계가 이어진다는 상식을 되새길 필요가 있다. 예를 들면 대학 및 대학원의 커리큘럼을 현시대에 가장 인문적인 성찰을 필요로 하는 문제들을 중심으로 채워나간다면, 그것과 연관된 텍스트들을 정리, 축적해간다면, 강단 철학도 그 악순환의 위기에서 조금은 벗어날 수 있을 것이다.

물론 서구의 최근 논의와 시각을 한국에 들여와 이곳의 공론장을 풍요롭게 하는 작업도 지속되어야 한다. 문화는 소통을 통해 보다 풍요로워지기 때문이다. 어쨌든 이 땅의 지식인들은 20세기 초반부터 100년 이상 열심히 이 수용·전파 작업에만 힘을 쏟아왔다. 그만큼 다양한 논의가 백화제방식으로 펼쳐졌으며 지금은 비서구 어느 나라보다도 서구의 학문적 업적이 재빨리 수입되고 현재화되고 있다 해도 과언이 아니다. 그만큼 우리의 시각과 해석 능력이 확장되고 풍부해진 것이다.

오히려 이제는 수입 학문의 과잉과 정상적인 철학함의 빈곤을 걱정해야 할 때이다. 정신없이 쏟아지는 정보에 함몰되지 않기 위해서는 나를 중심으로 정보를 재배열해야 하듯 이제는 정상적인 철학함을 통해 적절한 기준점들을 만들고 조탁해나가야 할 시점이다. 이런 기준들이 조탁을 거쳐 단단해질 때 수입된 학문들을 제대로 해석하고 자기화할 수 있을 것이기 때문이다.

이 작업은 서구인들이나 비서구의 다른 나라 지식인들이 할 수 있는 일이 아니다. 그것은 오롯이 우리의 몫으로 주어져 있다. 이제는 철학과 현실의 소통을 기반으로 독자적인 시각과 구조물을 만들고 조탁해 철학 공론장에서 주요 의제로 삼는 작업을 활성화해야 한다. 이 작업이 후학들로 이어져 계속해서 선순환될 때에야 비로소 이 땅의 현실에 기반을 둔 정상적인 철학함이 뿌리를 내리고 열매를 맺게 될 것이다.

이 책에서 나는 한국 가족을 소재로 철학 이야기를 한다. 언뜻 생각하기에 가족과 철학을 연계해 논의하는 것은 전문 철학자들이나 가족학자들에게는 매우 생소해 보일 것이다. 특히 한국의 철학계에서 가족은 철학의 전문 영역으로 거의 다루어지지 않았다. 서양철학의 수용사에서 중심 문제로서 고려되지 않았기 때문이 아닐까 싶다. 이런 점에서 한국 가족을 철학의 소재로 삼는 것은 매우 이례적인 것으로 보일 수도 있다. 그러나 동서양의 거의 모든 성현은 이 문제를 우회하지 않았다. 공자, 맹자, 순자로 이어지는 유가 사상의 핵심에는 집[家]이 있다. 노장사상과 묵가도 마찬가지다. 성리학도 그 사유의 핵심에서 집을 문제 삼고 있다. 서양 고전 철학자들이나 근대 철학자들도 마찬가지다. 플라톤 대 아리스토텔레스의 가장 심각한 논쟁도 가족 관련 논쟁이었다. 홉스, 로크, 칸트, 헤겔도 마찬가지였다. 모든 사람이 태어나 누군가의 보살핌으로 생존하고 최소한의 인간으로서의 품성이 형성되는 기본 보호막이자 기초 서식처가 바로 집이기 때문이다.

한국 및 동아시아에서도 옛날부터 지금까지 가족은 삶과 사유의 핵심 영역이었다. 특히 조선 시대 가족 단위의 소규모 집약 노동이 일반화된 이래 가家는 생산과 재생산의 기초 단위이자 사회조직의 가장 기본 단위였다. 20세기만을 분석 대상으로 하더라도 한국인의 삶과 사유는 가족과 직접적으로 연동되어 있다.

20세기 전반기까지만 해도 가문이나 문중은 개인의 삶에 있어서 결정적으로 중요한 역할을 했다. 조선 중기 이후 부계혈족주의가 확대·강화되면서 개인의 삶은 이 테두리 안에서 위치 지어졌다. 가족 사이의 친밀성은 장자 중심의 부계혈족주의라는 이데올로기에 의해 재단되었다. 개인의 위상은 이 이데올로기의 구조 속에서 결정되었다. 자발적으로 그 틀을 빠져나오는 것은 거의 불가능에 가까웠다. 부계혈족 중심의 가족주의와 그 변종인 유사 가족주의는 20세기 중후반까지 그 위력을 발휘했다.

국민국가 시기에 이것은 민족nation이라는 개념으로 확장·대체되었다. 추상화된 공동의 혈연이나 문화를 바탕으로 친밀성을, 공동체성을 확대해석한 것이 바로 민족 개념이다. 대한민국의 경우 도시인들의 시민적 정체성보다는 민족의 구성원으로서의 민족국가 정체성을 우선시했다. 시민이 형성되지도 않았던, 성숙한 시민의식이 존재하지도 않았던 그런 시대에 국가적으로 쉽게 동원할 수 있는 이념이 바로 민족이었다. 민족국가와 민족 공동체 개념을 일상화하는 데 성공한 대한민국의 이데올로그들은 그만큼 단일화된 역사 문화적 공동체관을 재생산할 수 있었다. 개인은 곧바로 국가와 민족의 일원으로서, 공동체적 존재로서 자리매김되었.

한국에서 자유주의보다 공동체주의가 강했던 이유가 바로 여기에 있다. 역사적으로는 부계혈족주의라는 위계적 공동체주의에 포박되어 있었으며, 20세기 후반에는 단일민족국가라는 폐쇄적 공동체주의의 영향력 아래 놓여 있었다. 그만큼 개인의 자유는 공동체적 구조 안에서만 펼쳐질 수 있었다.

개인이 자신의 생존을 위해서는 가족 단위로 뭉칠 수밖에 없었던 역사적 상황이 기저에 깔려 있었다. 교육, 건강, 노후 등 사회적 안전망이 정착되지 않은 상황에서는 나와 내 가족의 생존뿐만 아니라 안녕과 번영을 위해서도 폐쇄적 가족주의가 강화된다. 이 과정에서 문중이나 지연이나 학연 등 유사 가족주의 관계망도 우선적으로 동원되었다. 산업화와 도시화로 인해 농촌을 떠나 도시로 유입된 한국의 새로운 국민들은 국가나 사회 혹은 낯선 이웃의 도움 없이 오직 가족 단위로 생존할 수밖에 없었다. 나아가 삶을 위한 최소한의 연결망을 혈연과 지연과 학연에서 찾을 수밖에 없었다. 그 위에 민족과 국가가 그와 유사한 공동체로 덧붙여졌다.

개인은 가족과 유사 가족주의의 맥락 속에서만 삶을 영위할 수 있었다. 새롭게 터 잡은 타향에서, 그것도 하루가 다르게 급변하는 도시 환경에서 살아가기 바빴던 대부분의 한국인들에게 도시는 타향이었고 도시에서의 삶은 타향살이였다.

모든 것을 새롭게 만들어갈 수밖에 없는 이주민들의 타향살이에서 그나마 위안을 삼을 수 있던 곳은 가족과, 새롭게 구성된 문중과 향우회와 동문회 등의 유사 가족이었다. 산업화 시기에 개인들은 삶을 위해 가족과 가족주의 그리고 유사 가족주의를 유지했다. 국민이나 국가는 이 울타리가 확장된 것이었다.

아무런 사회적, 국가적 도움이나 안전망이 작동되지 않던 20세기 중후반기의 대한민국에서 타향살이를 한다는 것은 황야에서 황무지를 개척하는 것이나 다름없었다. 아무런 도움 없이 홀로 자신과 자신의 가족의 생계를 책임져야 했던 산업화 시기 대한민국의 도시형 핵가족들은 가족 단위로 똘똘 뭉칠 수밖에 없었다. 육아와 교육과

의료는 말할 것도 없이 노후 준비에 부모 봉양까지 가족은 모든 것을 감내해야 했다.

이 시기에 도시민들은 자신의 자유나 권리를 앞세울 수가 없었다. 자신에 대한 재투자나 자아실현을 위한 계획은 감행하기가 거의 불가능했다. 오직 가족 모두 하나 되어 하루하루 부딪치는 어려운 국면을 헤쳐나가는 것만으로 안도하고 뿌듯해하면서 살았다. 그렇기에 다른 가족이나 낯선 타인을 돕는다는 것은 엄두도 못 냈다. 이웃이나 주위 사람들이 곤경에 빠져도 무관심할 수밖에 없었다. 자신의 가족 구성원을 먹여 살리는 것만으로도 너무 힘겨웠기 때문이다.

이렇게 산업화 시기의 도시민들은 가족 단위로 똘똘 뭉친 삶을, 타인에 대해서는 폐쇄적이며 배타적인 삶을 이어왔다. 이들은 자유주의적이거나 개인주의적인 시민이 아니었다. 그렇다고 도시의 타자들과 열린 공동체적 연대를 형성하는 그러한 도시민도 아니었다. 이들은 자신의 정체성의 근거지인 최소한의 공동체를, 자신이 태어나서 자란 테두리인 가족을 유지하고자 한 사람들이었다. 오히려 이들은 자신과 가족의 생존을 위해 분투했던 공동체적 개인들이었다.

이러한 한국인의 모습은 하늘에서 떨어진 것이 아니다. 그 모습에는 조선 중기 이후 견고해진 한국화된 유교적 가족주의의 전통과 문화가 변형되어 녹아 있다. 한편으로는 도덕적 규범으로서의 수신제가치국평천하의 논리가 거론되었지만, 다른 한편으로는 친친親親과 인仁이 시대적 흐름에 따라 변화해왔던 것이다. 특히 조선 중기 이후 부계혈족 장자 중심의 폐쇄적이며 배타적인 가족주의가 층층이 배어 있었다.

친친과 인이 가족의 범위를 벗어나지 못하고 단절된 시대적 환경이 지속되었다. 외부로부터의 침략과 사회적 안전망의 파괴로 사회나 국가가 국민을 돌보지 못한 역사적 상황 속에서 자기 가족만을 챙기기에도 벅찼던 국면이 반복된 것이다. 조선 중기의 외세 침략과 국가 초토화 시기에도, 조선 후기의 삼정 문란과 제국주의 침략 시기에도 민초들은 생존의 나락으로 떨어졌다. 가족 단위의 생존도 위태로웠던 이 시기에 가족주의는 폐쇄적, 배타적으로 변모했다.

가깝게는 일제의 침략과 한국전쟁 그리고 피폐했던 1950-60년대에도 상황은 유사했다. 1970-80년대에도 상황은 나아지지 않았다. 국가 중심의 경제개발과 중화학공업 및 재벌 육성에 국가의 가용 자본을 쏟아부으면서 사회적 안전망이 방기되자 가족 중심의 생존 방식이 자리 잡을 수밖에 없었다. 그래도 위기 상황마다 가족 단위로 똘똘 뭉쳤던 것은 역사적, 전통문화적 유산이 그 바탕에 스며 있었기 때문이었다.

이렇게 대한민국은, 한국인들은 20세기 후반기를 힘겹게 지나왔다. 산업화 시기에도 가족주의와 유사 가족주의적 삶과 사유가 주류였다. 이 과정에서 국가 주도의 단일민족국가 모형이 의사소통적 권력을 형성했다. 나는 자랑스런 대한민국 국민이며 한민족의 구성원임을 되뇌면서 스스로를 민족국가의 구성원으로서 자래매김했다.

이러한 공동체적 인간상이 성공할 수 있었던 것은 그 바탕에 수신제가치국평천하라는 유교 국가의 이상이 있었기 때문이었다. 그런데 제가와 치국 사이에 시민은 없었다. 이렇듯 대한민국 국민은 시민이 아니라 국민으로 길러졌다.

개인의 자유와 권리를 바탕으로 사회적 계약을 맺고 그 계약의 확장된 형태로 국가를 만들었다는 도덕적 개인주의 내지는 개인주의적 자유주의의 정신이 한국에서는 주도권을 잡지 못했다. 서구 근대 국가 탄생사의 일반적인 도식인 도시의 시민들이 성장해 그 힘을 바탕으로 기존의 봉건세력이나 왕권을 무너트리고 자신의 자유와 권리를 쟁취해온 역사가 19세기 말, 20세기 초 한국 사회에서는 펼쳐지지 않았기 때문이다.

한국인들은 개개인의 자아 정체성과 자아실현보다 공동체적 정체성과 소속감을 강조했다. 그 공동체적 정체성을 일본 제국주의 침략기에는 저항적 민족주의에서, 해방 이후에는 강한 국가주의에서 찾았다. 그 저변에는 강한 가족 중심의 삶이 자리 잡고 있었다. 개인은 가족과 공동체 내에서 자신의 삶의 위상을 자리매김해왔다. '내가 왜 이렇게 열심히 살지?'라는 자문自問에 대부분의 한국인은 '나 혼자 호의호식하기 위해서 산다'라고 생각하는 것이 아니라, '내 가족을 위해서, 내 민족과 국가를 위해서 산다'라고 생각했다. 가족과 국가는 나의 삶의 동심원적 구조 속에서 작동했다. 삶의 터전에서는 가족주의와 유사 가족주의가, 가족을 벗어나서는 민족주의와 국가주의가 명분으로 작동했다. 이 두 축은 강한 공동체적 삶을 권장했다.

해방 이후에도 개인은 생존을 위해 가족 중심의 공동체적 삶을 영위할 수밖에 없었다. 이 과정에서 국가는 국민에게 가족 단위의 삶을 강조하면서 육아, 교육, 의료, 봉양, 노후 준비 등 거의 모든 것을 가족에게 전가했다. 개인은 가족을 떠나서는 생존이 불가능한 상황이 20세기 내내 지속되었다고 해도 과언이 아니다.

한국인들이 이런 삶의 무게를 묵묵히 지탱할 수 있었던 것은 가족 중심의 역사 문화적 전통이 있었기 때문이다. 왜 한국인들은 국가가 국민의 최소한의 삶의 조건을 보장하지 못했는데도, 하물며 세금과 자원을 경제성장과 기업 살리기에 쏟아부었는데도, 국가가 국민의 생존을 위한 최소한의 사회적 안전망도 제공하지 않으면서 오히려 그것을 가족에게 다 떠넘겼는데도 강하게 저항하거나 재원의 합리적인 배분을 요구하지 않았을까? 그것은 한국 사회의 전통적인 집 중심의 국가 운영 방식과 연관되어 있는 것으로 보인다.

국가가 개인보다는 집이나 공동체를 단위로 통치한 유교적 전통 사회에서는 생존의 단위도 개인이 아니라 집이나 생활공동체로 간주되었다. 임진왜란과 병자호란을 거치면서 국토가 초토화된 이후에도 조선이 무너지지 않은 이유는 그 사회의 주류가 가족을 단위로 한 지역공동체와 그 공동체적 가치의 복원에 성공했기 때문일 것이다.

조선 중기 이후 삼세동당三世同堂을 현실적 이념으로 한 직계가족과 장자 중심의 부계가족주의가 개인의 생존과 안녕을 유지하기 위한 기초 단위이자 이념으로 정착된다. 조선의 양반 계층과 유학자들은 유가적 가족주의를 강화시키는 데 성공했다. 국가권력도 유가적 가와 가문을 기초 단위로 향촌 사회를 재정비했으며 가와 국의 동심원적 구도를 이데올로기적으로 재구조화하는 데 성공했다. 역으로 국가가 백성을 돌보지 못했을 때도 백성들은 가를 중심으로 생존을 도모했다. 오히려 조선 후기에 이르면 전 백성이 유교식 가와 가문을 추구하는 양반화 열풍이 확산된다. 백성들도 양반의 삶과 의식 그리고 문화를 추구하기 시작한 것이다.

이 열기와 문화가 20세기 후반까지 이어진다. 해방 이후에도 전 국민이 스스로 양반임을 자처하고 가족과 가문을 중시하면서 양반

문화의 충실한 수행자들이 된다. 1960년대부터 1980년대까지의 급격한 공업화, 도시화로 농어촌에서의 삶을 정리하고 도시로 이주한 국민 대다수는 삭막한 도시에서 도시형 핵가족의 삶을 이어갈 때도 그 운영 원리나 가치는 유가적 가족관을 계승했다. 사회적 삶도 별반 다르지 않았다. 혈연, 지연, 학연이라는 기존의 연결망을 인간관계의 틀로 삼았을 뿐만 아니라, 이를 기반으로 도시에서의 삶을 유지해나갔다.

20세기의 대한민국 국민들은 도덕적 개인주의자들이거나 개인주의적 자유주의자들이 아니었다. 서구 자유주의의 뿌리인 도시민의 삶과 그 삶을 토대로 성찰적으로 구성된 시민적 자기 정체성의 전통은 너무나 약했다. 20세기 초반 이후 서구 사상이 폭넓게 유입되었지만 그것을 자기화하기에는 사회적 조건이 서구와는 너무나 달랐다.

백화제방식으로 이론들이 수입되고 공론장에서 한꺼번에 갑론을박하는 상황이 전개되었다. 오히려 급진적 사유 실험이 지적 공론장에서 논의되었지만, 설익은 이론으로 현실을 재단하는 이념의 정치화가 더 문제시되었다. 다양한 서구 이념이 참 이념이라는 이름으로 이곳 한국 사회에서 진행된 복합적인 삶과 사회를 재단하는 시도가 20세기 후반까지 줄곧 지속되었다고 해도 과언이 아니다.

현실은 전통과의 단절로 과거 역사와는 이질적인 층위를 형성하고 있었다. 이 특수한 사태는 특정한 이념에 따라 해석되기 어려웠다. 현실의 모습이 객관적으로 정리되기 힘든 상황에서 그 현실에 기초한 현실 정합적인 이론은 구성되기 힘들었다. 이론 구성을 위해서는 시간의 층위가 더 쌓여야 했다. 이런 상황에서는 누구도 현실의 구도에 충실한 설득력 있는 처방책을 제시하기 힘들었을 것이다.

이렇듯 현실은 정리되지 않은 상태로 진행되고 있었던 반면에, 화려하고 단단한 서구의 이론들은 그 빛을 발휘하고 있었다. 오히려 이 견고한 설계도들이 현실을 설명하고 대변할 수 있을 것이라는 믿음이 확산되었다. 그것들이 현실을 이해하고 해석할 수 있는 유일한 청사진으로 주장되기도 했다. 더 나아가 그것들이 불변하는 진리의 빛인 양 부풀려지면서 현실을 재단하는 강한 칼이 되기도 했다.

이 과정에서 역사적 변환기를 몸으로 견뎌내고 있던 대다수의 국민은 정신적으로 갈팡질팡할 수밖에 없었다. 제안된 처방책들이 그들의 삶의 지침이 될 수 없었기 때문이다. 시민의 시대, 근대인의 시대를, 시민의 사회, 근대인의 사회를 수입된 이론들은 선언하고 있었지만 국민들은 그것들을 반신반의하고 있었던 것이다.

국민들은 개인주의자나 자유주의자라기보다는 가족주의자들, 공동체주의자들이었다. 대의명분상으로는 국가와 민족을 위해서 개인의 자유와 권리를 주장하지 못했고, 일상적인 삶에서는 가족을 위해서, 공동체를 위해서 개인의 자유와 권리를 접었다. 이것이 20세기 내내 대부분의 한국인이 취해온 삶의 태도였다.

상황은 많이 달라졌다. 1990년대 후반부터 국가로부터 최소한의 생계비가 지원되기 시작했다. 육아, 교육, 의료, 연금, 노인 돌봄까지 대부분의 영역에서 사회보장이 강화되고 있다. 국가와 사회가 가족에게 전적으로 내맡겼던 짐을 함께 분담하게 된 것이다. 이 흐름은 당분간 지속될 것으로 보인다.

먹고살기 위해 똘똘 뭉쳤던 가족도 점차 변화 중이다. 사회적 안전망의 확대와 물질적 풍요로움을 누리면서 가족이 먹고사는 문제로부터 한 발 벗어나 여유를 갖게 되었다. 그만큼 비물질적인 가치에도 눈을 돌리고 있다.

생존을 위해, 돈벌이를 위해 자신의 자존심을 버렸던 이전의 생활방식도 조금씩 바뀌어가고 있다. 돈이나 권력을 무기 삼아 행해지던 수준 이하의 천박한 갑질 행태와 문화들이 사회적으로 퇴출되고 있다. 을이 갑의 비인격적인 대우에 더 이상 침묵하지 않기 때문이다.

일터에서도 점차 공정한 계약이 확산되고 있다. 삶터에서도 인격적인 대우나 구성원들의 자아실현이 점차 존중받고 있다. 먹고사는 문제보다 어떻게 살 것인지의 문제를, 생존보다 삶의 질을 더 중요하게 생각하는 사람들이 늘고 있다.

가족 구성원들을 위한 물질적 지원이나 이를 위한 희생이 줄어들고 있다. 이제는 가족 구성원들 각자의 자아실현을 서로 돕는 것이 더욱 중요해지고 있다. 생존을 위해 내부 결속력을 강조하면서 희생과 배려를 요구했던 가족주의 가치관이 퇴조하고 구성원 각자의 자유와 자아실현 그리고 권리를 존중하는 새로운 가치가 중시되고 있는 것이다. 내부 결속력을 강조하던 배타적이고 위계적인 인간관계에서 구성원들의 자유와 권리가 점차 보장되는 수평적인 네트워크 형태로 인간관계가 변화 중인 것이다.

전통적인 가족도 매우 빠른 속도로 변화하고 있다. 이제는 부모와 자식 간의 관계도 일방적이거나 권위적이지 않다. 결혼도 두 당사자의 문제로 변화한 지 오래다. 결혼이 늦어지고 아이도 한 명만 갖는 게 대세다. 세 쌍 결혼, 한 쌍 이혼이 일상화된 지 20년이 넘었다. 결혼하지 않는 층도 확대되고 있다.

시어머니와 며느리 사이의 갈등도 일방적으로 진행되지 않는다.

오히려 자식 뒷바라지 그만하겠다는, 맞벌이 부부의 아이를 돌봐주지 않겠다는, 그것보다 나의 삶의 질을 늦게나마 되찾겠다는 중장년층이 늘고 있다.

젊은 세대들도 생존을 위한 일자리를 심각하게 고려하지 않는다. 오히려 적은 액수를 받는다고 해도 삶의 질, 자아실현, 자유, 행복 등을 우선시하고자 한다. 자유롭고 평등한 모바일 소통이 확장되면서 한국의 민주주의는 한 단계 고양되고 있다.

최근의 촛불혁명은 한국의 민주주의를 질적으로 한 단계 더 높이는 전환점이 되었다. 서구의 어느 나라에서도 완결되지 못했던 비폭력 민주주의 혁명이 국민의 힘으로 달성되었다. 이 평화로운 민주주의의 힘을 지속시킬 방안을 함께 모색하는 일에 힘을 모아야 할 때이다.

그 변화의 저변에는 한국인들의 공동체 의식이 깔려 있다. 국가에 대한 공동체적 애정과 자긍심이 없었다면 일어나기 힘든 비폭력 혁명이었다. 전혀 일면식도 없는 다른 참가자들과 서로 배려하며 평화롭게 소통한 현장에서 놀라움과 자긍심을 느꼈던 것은 나만이 아니었을 것이다.

그 공동체 의식은 동학, 삼일운동, 4·19와 1987년의 국민항쟁, 외환 위기와 금 모으기 운동, 태안 앞바다 기름 유출 사건, 몇 번의 촛불 항쟁 등 한국의 역사에서 종종 결집된 힘으로 나타났다. 그 힘은 '감성(공감)의 공유'를 바탕으로 한다. 모두가 국민으로 결집하는 역사 문화적 정체성의 발로이기도 하다. 또한 습관적으로 인정해온 기존의 잘못된 관습과 규칙을 넘어서서 보다 성숙한 21세기 한국인의 삶과 사회의 모습을 구상하고 구체화하려는 '성찰적 사유와 행동'이 개입한 결과이기도 하다. 우리는 감성적 공감 공동체의 구성원이자 역사 문화 공동체의 구성원이며 성찰적 의사소통 공동체의 구성원이기도 하기 때문이다.

한국 사회는 최소한 이 세 요소가 긍정적으로 상호 작용하면서 새롭게 성숙한 공동체의 모습을 구성원들이 함께 만들어가고 있다. 이제는 이러한 한국 사회의 변화상을 기초로 한국인의 삶과 사유의 특징을 정리해야만 한다.

이 책에서 나는 한국 가족의 변화상을 소재로 한국 사회의 변화상을 유추한다. 나는 한국의 근대화와 그 특징에 대한 철학적 성찰을 시도하는 과정에서 핵심적인 몇 가지 개념을 한국 가족을 매개로 분석한다.

내가 일관성 있게 시도하는 논점은 철학과 현실의 정상적인 관계 설정이다. 철학은 현실과의 만남을 바탕으로 진행된다. 현실 사태의 변화 속에서 중요한 문제들을 포착하고 그 문제들에 대해 성찰함으로써 그 문제들을 적절하게 설명하고 일반화할 수 있는 (현실 적합성과 논리적 타당성을 겸비한) 틀과 개념들을 구성하고 제시하는 일을 철학은 자신의 주요 업무로 삼아왔다.

여기서 선보이고 있는 나의 주장들은 이러한 맥락에서 제시된다. 그 주장들의 현실 적합성과 논리적 타당성에 대한 평가는 열려 있다. 다만 내 나름의 독특한 주장들이 만들어진 배경과 맥락에 대해서는 설명할 필요가 있을 것으로 생각되어 각 장의 집필 동기와 기존의 논쟁의 맥락과 연관된 나의 논점이 지닌 의미를 이 장에서 부연하고자 한다.

이 설명은 각 장에서 논의하고 있는 내용을 요약한 것이라기보다는 전체 맥락에서 각 장이 어떻게 연결되어 있는지를 일목요연하게 엮어주는 역할도 할 것이다. 이런 점에서 지금부터 논의되는 이 책의 안내문은 각 장을 읽기 전에 이 책의 내용을 전체적으로 조망할 수 있는 길잡이의 역할을 할 것이다.

2장에서는 한국발 동아시아학이 필요하며 가능하다는 점을 논의한다. 나는 21세기 변화된 상황에 부응하는 한국발 동아시아학을 논의하기 이전에, 1997년 외환 위기 이전까지 활발하게 논의되었던 아시아적 가치 논쟁을 비판적으로 검토한다. 이후 나는 21세기의 새로운 지형에서 구축해야 할 논점들을 다시 점검하고 이 지형에 걸맞은 시각과 논의 구조를 제시한다. 아시아적 가치 논쟁의 핵심은 20세기 후반기 홍콩, 싱가폴, 대만, 한국 등 네 마리 용이라고 지칭되던 아시아 몇 나라의 경제적 성공을 특정한 아시아적 전통 가치들과 연결해서 설명하는 것이 타당한지에 대한 논쟁이었다. 아시아적 가치는 동아시아 문화권의 유교적 가치 규범 중 일부를 선택적으로 재해석해 이들 국가들의 경제적 성공과 연결하여 설명한 것이다. 경제 발전의 명암에 따라 내려졌던 찬반 논점은 아시아적 가치를 독자적인 학문적 영역이나 체계로 간주하기보다는 현상을 설득력 있게 설명할 수 있는 도구적 개념으로 사용한 측면이 강하다.

그렇지만 헤겔이나 베버, 맑스 등 서구의 사상가들이 폄하해온 아시아 정체성론이나 유교에 대한 반자본주의적 해석도 매우 편협한 일방적인 주장에 지나지 않는다. 동아시아의 교육열이나 엄격한 노동 윤리 등은 기독교 신앙이나 기독교 문화와 연관된 것이 아니다.

그것은 동아시아의 전통적 삶과 가치와 연계되어 있는 것이 분명하다.

서구 근대의 전개 과정에 대한 해석을 기준 삼아 비서구의 사태를 평가해온 몇몇 근대 서구 사상가가 내린 편협한 평가는 받아들일 필요가 없다. 그들은 전형적으로 유럽 중심주의를 옹호하고 있기 때문이다. 서구 근대의 진행 과정에서 탄생한 이 유럽 중심주의는 18세기에 만들어진 일종의 신화에 지나지 않는다. 이때부터 강조된, 영국, 프랑스, 플랑드르, 독일, 덴마크 등 새롭게 부각된 유럽 지역은 그 이전에는 야만인 거주 지역에 지나지 않았다. 그리스 시기 유럽Europe은 변방 야만인이 거주하는 지역이었다. 로마 시대에도 알프스 북부는 로마제국의 정복의 대상이었거나 그 제국의 바깥에 존재하는 야만인 거주 지역이었다. 고대나 중세 초기에 유럽이란 그리스, 로마, 비잔틴의 변방에 지나지 않았다. 이슬람이 지중해를 지배한 중세 대부분의 시기에 유럽은 해상이 봉쇄된 상황에서 봉건제도라고 하는 내륙의 자급자족 생산 체제를 가동시킬 수밖에 없었다.

유라시아 대륙으로 확대하면 상황은 더 열악해진다. 유럽은 중국, 인도, 서아시아 이슬람 지역의 변방의 변방이었을 뿐이다. 세계경제는 18세기 이전까지만 해도 중국을 중심으로 한 인도, 서아시아 교역이 대부분을 차지했다. 1492년 남아메리카의 정복과 은의 확보, 그 이후 포르투갈과 스페인의 비유럽 식민화, 뒤이은 네델란드와 영국, 프랑스 등의 상업자본주의와 산업자본주의 세력의 비유럽 침탈 등을 통해 유럽은 세계경제체제에 뒤늦게 진입하고, 그후 유럽식 근대화를 성공시켰던 것이다. 19세기 유럽식 제국주의 시대가 제1, 2차 세계(유럽)대전으로 몰락한 후 20세기 미국에서 다시금 꽃피운 서구식 근대화와 서구 중심주의는 21세기 초엽 현재는 중국, 인도 등 아시아 거대 국가들의 용트림으로 점차 그 빛을 잃어가고 있다.

21세기에는 동아시아 및 아시아 지역이 세계의 거점 중 하나로 부상하고 있다. 2030년이 지나면 중국과 동아시아의 경제력은 유럽이나 미국의 경제력을 넘어설 것으로 예측되고 있다. 그 흐름은 21세기 중후반에도 동남아시아와 인도로 이어지면서 지속될 것으로 예상된다.

이러한 예측에도 불구하고 유럽학이나 미국학에 비해 아시아학은 물론이고 동아시아 지역을 대상으로 하는 학문조차 초보적인 단계에 머물러 있다. 21세기에 전개될 이러한 사태를 고려한다면 보다 자립적이고 설득력 있는 객관적인 형태의 동아시아의 모습을 그려 내고 그것을 미래지향적으로 설정하는 작업을 하는 것은 시급한 과제이기도 하고 현실적으로도 합당성을 지닌다. 이 장에서는 동아시아 및 아시아 그리고 세계를 대상으로 설득력 있는 이론을 구상하기 위해 필요한 철학적 논점을 제안한다.

이런 맥락에서 보자면 아시아적 가치 논쟁을 부정적으로만 파악할 필요는 없다. 그 긍정적인 요소들을 학문적으로 천착해 보다 객관적이고 설득력 있는 형태로 변경하는 것이 더 중요하다. 역사적으로나 지역적으로 다양한 자본주의 유형이 존재했으므로 이 유형들을 이해하기 위해서는 그것들과 연관된 사회 문화적 맥락을 고려하는 것이 당연하다. 동아시아 국가들의 근대화 과정에서는 국가 관료가 근대화를 주도했는데, 이것은 그 이전 사회의 중앙집권적 관료주의 전통과 연계되어 있다. 교육열을 통한 근대적 학문과 기술의 빠른 수용이나 유교적 가족주의에서 강조해온 근면함이나 성실함, 사람들 사이의 상호 신뢰나 배려 혹은 책임감 등의 가치도 동아시아에서 자본주의의 선순환성을 돕는 문화적 촉매제의 역할을 해왔다.

서구적 시민의 자유롭고 자율적인 자아관은 사적인 영역과 공적인 영역을 엄격하게 구분하고 개인과 시장에 대한 국가의 개입을 최소화하는 데 역점을 둔다. 반면에 동아시아 근대화 과정에서 국가와 관료 체제는 국민과 시장 형성에 있어서 중요한 역할을 담당해왔다. 동아시아 사회는 개인 중심의 수평적인 관계를 강조하는 서구 사회와는 달리 사회적 관계도 훨씬 더 공동체 중심의 인간관계를 맺고 있다. 이러한 맥락 속에서 동아시아는 나름의 근대화와 자본주의를 이루어왔다.

나는 이런 맥락에서 아시아적 가치 관련 논의가 새롭게 재구성되어야 한다고 본다. 자본주의와 유교적 전통을 연계해 해석하는 것도 의미가 있다. 그러나 이것보다 더 중요한 것은 현재 진행 중인 동아시아 자본주의의 미래지향적인 모습을 예측하면서 기존의 해석을 사태의 흐름에 맞게 재구조화하는 것이다.

동아시아의 유교적 가치 중 교육열, 협동심, 근검과 절제 및 조화 강조, 가족주의 등이 경제 발전의 원동력으로 지적될 수 있다. 반면에 권위주의, 집단주의, 연고주의, 정경 유착 등은 경제성장을 저해하는 요소로 비판될 수 있다. 그러나 이러한 찬반 논쟁은 서구적 기준에 의거해 수행된 것으로서 사태의 변화를 고려한 논쟁으로 심화되지 못한 채 외환 위기 이후 급격하게 동력을 잃었다. 이 동력을 한국 사회를 기점으로 재구성하기 위한 하나의 방안으로 나는 아시아적 가치 논쟁을 한국, 중국, 일본의 기업을 비교할 수 있는 설문 조사 자료를 바탕으로 재해석한다. 아시아적 가치 논쟁의 평가 및 그 의미를 한국을 기점으로 한 한중일 3국 비교로 국한해서 고찰한 후, 결론 부분에서는 한국발 동아시아학을 설정하기 위한 철학적 틀을 제안한다.

그 비교 결과는 크게 보면 서구에 비해 한중일 3국의 기업은 집합주의적, 권위주의적 성향이 강하다. 세부적으로 보면 한국의 기업 구성원들은 중국인들과 일본인들에 비해 공동체적이며 협력과 조화를 중시하는 집합주의적인 경향을 보이지만, 그것은 공식적이거나 제도적인 신뢰에 기초해 있기보다는 사적, 개인적인 인간관계에 뿌리를 두고 있다. 일본인들은 개인주의적이지만, 비공식적인 채널을 통해 문제를 해결하는 경향이 강하며 의사 결정 과정에 있어서도 상층부가 주도하는 독특한 집단주의, 권위주의가 존재한다. 중국인들은 집합적이면서 공식적인 직무 규정과 업무 지침을 잘 따르며 공식적인 제도를 준수해 문제를 해결하는 경향이 강하지만, 의사소통을 상사가 주도하며 위계질서에 순응하는 경향이 3국 중 제일 강하다.

또한 한국 기업은 평등주의적, 집합주의적 경향이 강하며, 중국 기업은 위계적, 집합주의적 경향이 강하다. 그리고 일본 기업은 평등주의적, 개인주의적이지만 집단주의적 의사 결정 구조를 지니고 있다.

이처럼 한중일 3국은 집합주의적, 권위주의적 성향이 존재한다는 점에서 독특성이 있지만 역사 문화적 배경의 차이로 인한 차이점도 상당히 크다는 점을 확인할 수 있다. 이러한 한중일 3국 기업의 비교 분석 자료가 설득력과 객관성을 확보하기 위해서는 앞으로도 그 자료가 지속적으로 축적될 필요가 있다. 이러한 기초 자료가 축적된 연후에야 한국발, 중국발, 일본발 동아시아학이 전개될 수 있을 것이며, 궁극적으로는 서구발 근대 학문과 견줄 수 있는 보다 객관적인 동아시아학이 성립 가능할 것이기 때문이다. 어쨌든 이러한 비교를 기점으로 한국발 동아시아학을 시론적으로나마 고찰했다.

2장의 결론부에서 나는 서구 중심의 담론을 벗어나 보다 객관적으로 설득력 있는 한국발 동아시아학을 구성하기 위해 고려해야 할 논점을 제안한다. 나는 한국의 생존과 번영을 위해서는 서구 중심주의뿐만 아니라 중화 중심주의 등의 특정한 중심주의 담론을 비판적으로 검토해야 한다는 점을 강조한다. 한반도는 주변의 패권주의, 중심주의가 강화되거나 변동될 때마다 직접적으로 피해를 받아왔다. 이 역사적 체험을 반복하지 않기 위해서는, 앞으로도 한반도인의 생존을 보장받기 위해서는 그리고 상호 번영을 위해서는 오리엔탈리즘이나 신판 중화주의 혹은 일본의 신판 제국주의 등의 패권화된 중심주의의 논점을 벗어나 한국발 특수한 보편주의를 제시해야 한다. 그 대체적인 틀은 중심주의의 위계적 구조, 힘 중심의 확장의 논리가 갖는 한계를 비판하고 주변도, 비패권적 세력도 자유롭고 수평적인 소통의 주체로 참여할 수 있는 새로운 질서를 구성하는 것이다. 이러한 성찰적 구성물이 바로 한국의 특수성에 의거해서 구성되지만, 동아시아나 아시아를 넘어서서 세계인들에게도 설득력 있는 논점으로 확장되어야 한다는 점을 이 장에서 강조한다.

한국발 동아시아학의 중심 화두는 과거의 패권주의, 제국주의, 중심주의가 내재화한 위계질서를 비판하고 수평적이며 중층적인 인적, 물적, 문화적 소통을 담아낼 수 있는 인문학적 방안을 구성하는 것이다. 그 방안으로 나는 구성원들의 자유롭고 평등한 소통 행위를 보장하고 이것을 활성화할 수 있는 중층적이고 중첩적이면서 개방적인 수평적 네트워크형 틀로 열린 공동체주의를 제안한다(권용혁, 2020: 서론 참고). 이 틀이 21세기 한국발 동아시아학뿐만 아니라, 보편주의가 지향해야 할 반패권주의적 민주주의를 보장할 것이다. 그것은 중심과 주변, 다수와 소수를 내재화한 중심주의가 아니라, 자유롭고 수평적인 네트워크형 민주주의를 그 내부 논리로 채택한다. 이 논리는 국민국가 내부뿐만 아니라 지역공동체에도 적용될 것이며 궁극적으로는 세계인 공동체의 논리로도 확대될 수 있는 보편적인 틀이 될 것이다. 이러한 한국발 동아시아학, 한국발 보편주의가 아시아인들뿐만 아니라 모든 세계인이 인정할 수 있는 논리와 핵심 가치로 받아들여질 수 있도록 그 내용을 채워가는 일이 중요하다.

3장에서는 학문의, 철학의 정상성 회복을 위한 내 나름의 시도를 선보이고 있다. 한국은 20세기 내내 '서구 문물을 수용하고 모방해서 선진화하는 전략'을 채택해왔다. 이 전략은 한국을 단시일 내에 세계에서 가장 가난한 나라 중의 하나에서 선진국 대열로 진입시켰다. 학문적으로도 전통적인 학문적 지평에서는 펼쳐지지 못했던 새로운 시각들이 수입되고 이로 인해 백화제방식의 풍성한 논의가 전개됨으로써 사유의 폭이 확장된 것이 사실이다. 그렇지만 다른 한편으로는 전통적인 삶의 방식과 사유 체계는 일거에 비주류로 밀려나 버렸다. 그 자리를 서구적인 것이, 서구의 근대적 삶과 사유 체계가 대체함으로써 근대화는 서구화로 등치되었다. 새로운 이론이 이곳의 현실 변화에 의거해서 제안되고 공론장에서 논박되는 정상적인 학문함, 철학함이 자리를 잡지 못하고, 서구의 새로운 이론이 곧바로 한국의 학계에 수용되고 그 이전에 수용된 이론이 이 새로운 이론을 준거점으로 평가되는 학문의 종속성, 외부 의존성이 20세기 내내 지속되었다고 해도 과언이 아니다.

인문학이, 철학이 현실과의 소통의 산물이자, 현실에 대한 보다 설득력 있는 해석을 주된 업으로 삼는다는 점을 되새긴다면 이 수용과 모방의 전략은 수정될 필요가 있다. 오히려 이제 한국은 비서구 어느 나라보다도 서구의 새로운 이론이 재빨리 수입되고 논의되는 구조를 지니고 있어 더 이상 서구로부터 수입할 새로운 이론이 없을 정도로 서구 편향적인 수입 이론의 과잉이 문제되고 있다.

한국에서의 강단 인문학의 위기, 강단 철학의 위기는 서구 이론의 수입과 모방만을 강조해온 측면과 강하게 연계되어 있다고 나는 생각한다.

더 이상 수입하고 모방할 것이 없을 정도로 모든 것이 수입되고 모방된 상황, 서구 이론을 수입하고 계몽하던 지식인의 역할이 소진된 상황, 오히려 모방과 계몽의 과잉으로 자신의 정체성을 너무나 오랫동안 방기해온 상황이 현재 한국에서 철학이, 인문학이 처해 있는 학문적 현실로 보인다. 이제는 지금까지 수용된 풍성한 논의를 바탕으로 바로 이곳에서 진행되고 있는 삶과 사유를 성찰하고 해석하는 작업에 몰두해야 할 시기다. 밖으로만 향해 있던 시선을 안으로 돌려 안과 밖을 균형 있게 엮어낼 수 있는 내부의 시각을 정립해야 한다.

철학의 정상화는 철학과 현실의 대화 속에서 확보된다. 나는 이 장에서 정상적인 철학함을 특정한 주제를 중심으로 시도한다. 그 현실과의 대화의 대상이 바로 한국의 가족이다. 나는 한국 가족이 처해 있던 역사적, 사회적 맥락을 고찰함으로써 그 구성원들의 삶과 사유의 특징을 포착할 수 있었다. 나는 이 특징을 성찰적으로 재구성하려는 시도를 함으로써 현실의 특정한 영역과의 대화를 통해서 새로운, 정상적인 철학적 해석을 수행하는 것이 가능하다는 점을 보여주자 한다.

한국의 가족은 서구의 가족 이론과 해석만으로는 설명되지 않는 독특한 역사 문화적 맥락을 지니고 있다. 물론 한국 현실에서 진행되고 있는 다른 주요 문제 영역도 가족과 마찬가지로 독특한 역사 문화적 맥락 속에서 전개되어왔다. 내가 그중에서 가족을 철학적 성찰의 소재로 택한 이유는 역사적으로 한국 및 동아시아 사회에서는 개인보다는 가족이 사회조직의 더 기본적인 단위로 작동되어왔고, 그 결과 서구 근대의 개인이나 가족과는 많은 면에서 다른 특성을 지니고 있는 한국의 가족이 적절한 상호 비교의 대상이라고 파악했기 때문이다.

또한 가족은 대략 이삼십 년 정도의 주기로 세대 물림을 해왔기 때문에 다른 문제 영역보다 긴 호흡으로 분석할 수 있는 장점이 있다. 또한 가족은 20세기 후반기 한국 사회의 급격한 변화상을 다층적으로 내포하고 있기 때문에 그 양상을 미시적으로 포착할 수도 있다. 그리고 그 변화상을 정리한 자료도 다수 존재해 그것들을 기초로 해석할 수 있는 이점도 있다.

서구 근대는 개인의 탄생에 역점을 두고 있다. 서구 근대는 전근대적인 위계적 공동체 내의 계층적 정체성에서 벗어난 자유롭고 독립적인 개인들이 주도했다. 그들은 사유의 주체였으며 행위의 주체였다. 그들은 근대적 시민으로 명명되었다. 이 시민은 자율적으로 생각하고 판단하고 행위하고 그 행위에 대해 책임지는 주체적 개인으로 스스로를 규정한다. 사회는 이러한 근대적 시민들로 구성된다. 개인과 공동체의 관계도 마찬가지로 해석된다. 공동체는 개인들의 총합이며 그 관계는 개인들 간의 관계로 환원된다. 가족도 개인들 사이의 관계로 구성되는데, 그 누구도 다른 개인의 생명, 자유, 재산을 침해해서는 안 된다. 그것은 천부인권으로서 양도 불가능한 것으로 해석된다. 이 논점은 근대 자유주의의 계약론적 논의의 핵심이다.

가족 구성원 사이의 사랑을 강조하고 나와 파트너가 가족 안에서 하나가 되는 헤겔의 인륜 공동체 모델도 등장한다. 이 모델은 산업사회의 핵가족의 역할 분담 체계와 친화성을 갖는다. 가정에서의 개인은 사랑을 바탕으로 자유와 평등보다 타자에 대한 배려와 헌신 그리고 하나 됨을 강조한다. 남녀의 역할 분담은 가족 내에서 자연스럽게 이루어진다. 산업화가 진행됨에 따라 가족 단위의 생산 기능은 시장으로 이전되고 가족은 재생산 기능과 사적인 휴식과 소비 기능만을 담당하도록 재편된다. 정치의 장인 공적 영역과 가정이라는 사적 영역은 산업사회에 맞게 재편된다.

부부가 맞벌이하는 것이 일상화된 후기산업사회에서는 이러한 역할 분담이 유지될 수 없다. 개인의 자유와 평등 대 공동체 내에서의 역할 중 무엇을 우선시할 것인지를 놓고 자유주의와 공동체주의(공화주의)의 입장이 부딪친다. 20세기 후반기 이후 서구에서는 일터나 삶터에서 물질적 생존이나 안정보다는 삶의 의미를 추구하는 측면이 강조되면서 구성원들 각자의 자유와 자아실현을 가능하게 해주는 사회적 조건을 만드는 일이 중요해진다. 가족 내에서도 구성원 개개인의 자아실현을 서로 인정하고 도와주면서 함께 연대하는 방안을 만드는 것이 주요 의제로 부상한다. 친밀성에 기반을 둔 상호 이해와 배려가 가정 내에서 정착된다는 것은 새로운 형태의 민주주의가 가족 내부에서 작동된다는 것을 의미한다.

서구에서는 사회의 변화에 맞춰 기존의 가족관이 새롭게 재해석되어온 반면에 한국에서의 상황은 보다 복합적이다. 20세기 후반기 이후 한국 사회는 농업사회에서 산업사회로 그리고 지식정보사회로 빠르게 변화해왔다. 이에 따라 사회의 구성원들은 복합적인 사태에 적응하기 위해서 다양한 삶의 방식을 적재적소에 적용하면서 살아왔다. 한국의 근대 가족의 모습도 유사하게 적응해왔다. 한국의 가족은 농업사회에서 산업사회로, 농촌에서의 삶과 규범에서 도시에서의 삶과 규범으로 빠르게 자신의 모습을 변경해왔다. 그러나 그 모습은 단선적이지 않다. 오히려 그 안에 전통적인, 산업사회적인, 지식정보사회적인 인간관계와 규범이 중층화, 중첩화, 혼성화되어 있다. 빠른 변화는 이질적인 문제들과 갈등을 충분히 해결하면서 진행되지 않는다. 오히려 기존의 것과 새로운 것이 섞여 그만큼 복합적인 사태를 이룬다.

개인주의자들로 구성된 서구의 가족과는 달리 한국 가족은 개인보다 가족을 우선시하는 가족주의를 유지해왔다. 이것은 한중일 동아시아 3국의 비교 분석에서도 유사하게 나타난다. 한국 가족에서는 의사소통 방식에 있어서 세대 간 편차가 크게 나타난다. 부모 세대는 집단주의와 권위주의적인 성향이 강하지만 젊은 세대일수록 탈집단주의, 탈권위주의를 선호한다. 설문 문항에 따라서도 집합주의와 개인주의, 권위주의와 평등주의 등의 가치관이 복합적으로 혼재되어 있다. 이것은 사회구조의 역동적인 변화와 연동되어 있다. 이러한 가치관 혼재 상황은 한 세대 이상 진행된 것이지만, 그 방향은 탈집단적, 탈권위적인 형태를 띨 것이며 구성원들의 개인화와 자아실현이 확대될 것임을 예상할 수 있다.

그럼에도 불구하고 한국 가족의 가족주의는 한 세대 이상 강하게 유지될 것으로 보인다. 젊은 세대들도 부모 세대와의 가족적 유대를 유지하는 것이 경제적으로나 정서적으로 유리하다는 것을 잘 알고 있기 때문이다. 조부모 세대들은 전쟁의 참화를 경험하면서, 부모 세대들은 농촌에서 도시로 삶터를 이전하면서 국가나 사회의 도움이 없이 가족 단위로 결속하며 생존과 물질적 안정을 도모해온 역사적 경험을 지니고 있다. 부모 세대들은 어렸을 때부터 가족주의자로 길러졌다. 이들은 이러한 가족주의와 일터에서의 개인의 능력 중심의 노동 측정 방식, 사회적 관계에서의 혈연, 지연, 학연, 업연이라는 공동체적 연결망 등을 상황에 따라 다양하게 활용하면서 생활해 왔다.

나는 이 장에서 한국 가족의 변화상을 고려한 가족에 대한 철학적 개념화와 해석이 가능하다는 점을 논증한다. 그것은 서구의 고전적 가족 관련 철학적 해석뿐만 아니라 근현대의 가족에 대한 철학적 개념화와도 다른 모습을 띠고 있다. 한국의 전통적인 유가적 가족은 사적 영역과 공적 영역을 엄격하게 구분했던 아리스토텔레스적 이분법과는 달리 가와 국을 동심원적인 구도로 연관 지어 파악한다. 가부장의 위상도 다르다. 그리스적 가부장은 가정을 독자적으로 운영하는 주인으로서 공적인 업무에 능동적으로 참여하는 존재였지만, 유가적 가부장은 직계가족과 문중으로 얽혀 있는 위계적인 공동체의 한 기능을 수행하는 수동적인 존재였다. 20세기 후반기에도 구성원들의 생존과 번영을 위해 가족주의가 강화되었다.

한국의 근대적 핵가족은 전통적인 가족 가치관 중 일부와 근대적 핵가족의 가족 가치관을 포함하는 독특한 모습을 띠고 있다. 서구적인 기준으로 본다면 이 상호 이질적인 것, 배타적인 것들은 상호 공존이 거의 불가능하다. 그러나 한국의 가족에 대해서는 이러한 이질적이며 상호 배타적이기까지 한 가치들이 중층화, 중첩화, 혼성화되어 있는 복합적인 사태를 분석의 대상으로 삼아야 한다. 이러한 복합적인 사태는 전통과 근대 및 현대가 착종되어 진행될 수밖에 없는 비서구의 역사적 상황에서는 오히려 일반적인 형태로 인정될 확률이 높다. 특히 한국처럼 사회가 역동적으로 변화하는 지역에서는 이와 유사한 복합적 사태의 진행이 일반적일 것이다.

이렇듯 복합적인 한국 가족의 모습을 대상으로 그 구성원의 삶과 사유 패턴을 개념화하기 위해서는 보다 복합적인 사유 능력이 요구된다. 나는 이 능력을 '복합 성찰성'으로 개념화한다. 거꾸로 전통에서 근대로, 과거에서 미래로 오랜 시간에 걸쳐 순차적으로 변화해온 서구식 가족의 변화상 속에서 작동되는 사유 패턴은 훨씬 단순한 단순 성찰성이 작동된 것으로 해석할 수 있다.

한국 가족의 복합적 사태는 '전통과 근대 그리고 현대의 중층화, 중첩화, 그리고 다양하고 이질적인 가족 형태의 혼성화'라는 독특한 복합적 특성을 띠고 있다. 한국의 가족 구성원들은 이 사태에 직면해서 발생하는 문제들을 다층적으로 해결해야만 했다. 이때 동원된 사유 유형이 바로 '복합 성찰성'인 것이다.

이러한 복합적 사태 속에서 가족 구성원들은 자신의 정체성을 단수가 아닌 복수로 설정해왔다. 또한 사태의 빠른 변화와 이와 연관된 물질적 헤게모니의 빠른 이동 속에서 살아온 가족 구성원들은 특정한 주도적 가치들의 빠른 변경을 체험하면서 이 가치들을 성찰적으로 상대화하는 데 익숙해 있다. 따라서 이질적인 것들 사이의 갈등이나 주도적 가치관들 사이의 갈등도 스스로 상대화해 시간의 흐름 속에서 그리고 다양한 장소에 따라 그 이질적인 것들의 상호 공존을 이해하고 인정하는 능력을 갖춘 것으로 보인다.

이처럼 한국 가족의 현실 사태를 기반으로 성찰할 경우 그 해석과 개념화는 서구의 그것과는 다를 수밖에 없다. 그럼에도 한국의 가족주의의 폐쇄성, 배타성, 반사회성은 반드시 지적되고 해결책이 모색되어야 한다. 한국의 근대화 과정에서 강화된 가족주의는 그 저변에 가족 이기주의를 깔고 있는 것이 사실이다. 일면 국가나 사회가 개인을 돌보지 않고 방치한 상황에서 생존을 위해 가족 단위로 뭉칠 수밖에 없었던 점을 이해한다 해도, 가족 이외의 타자와의 최소한의 연대를 도외시한 배타성과 폐쇄성은 그 화살이 안으로 향할 것임을 성찰한다면 시급하게 제거되어야 한다. 가족 이기주의 안에서 길러진 이기주의자들은 결국 가족공동체의 이익을 위해 자신의 이익을 희생하지 않을 것이기 때문이다. 이런 점에서 가족 구성원들의 이기주의는 결국은 가족공동체를 파괴할 것이다.

이 장의 마지막 부분에서는 이 문제에 대한 해결책을 시도한다. 답은 열린 소통과 연대다. 가족을 사적 영역에 가두어둘 수는 없다. 한국 사회도 육아, 교육, 의료, 연금 등 사회적 안전망이 확대되고 가족 구성원의 육아와 교육과 사회화에 사회와 국가가 관여하고 있다. 국가와 사회가 가족의 구성원을 함께 사회화한다는 것은 가족의 폐쇄성과 배타성을 더 이상 유지할 수 없다는 것을 의미한다. 개인은 가족 구성원으로서만 길러지는 것이 아니다. 개인은 마을공동체와 사회 그리고 국가에서 사회적 개인으로도 길러진다. 따라서 육아 시기부터 가족을 마을과 사회 등과 연계해 사회화하는 것이 중요하다. 이들 사이의 열린 소통과 연대를 통해 개인이 길러져야 한다. 국가나 사회가 가족의 생존과 안녕을 보장하는 울타리의 역할을 실질적으로 제공하는 것이 중요하다. 사회적 안전망이 확대될 때, 구성원들의 생존이 보장될 때 생존과 안녕을 위한 폐쇄적이며 배타적인 가족주의는 구성원들의 상호 자유와 자아실현을 보장하고 도와주는 민주적 가족주의로 변화할 것이기 때문이다. 이런 민주적 덕성이 습성화될 때 외부의 타자와의 협력과 연대도 자연스럽게 자리 잡을 것이다. 복합적 사태에 대한 복합 성찰의 힘을 역동적 민주주의로 전환할 수 있도록 사회적 안전망을 촘촘하게 확보하는 전략이 시급히 정착되어야 한다.

4장에서는 한국 가족주의가 전개되어온 독특한 역사와 현재적 모습을 보다 구체화해 정리한다. 이 정리를 바탕으로 한국의 가족주의가 21세기에 나아가야 할 방향을 제안한다.

서구 근대는 개인이 승리한 역사라고 해석할 수 있다. 도시의 시장을 중심으로 상행위를 하던 시민 세력이 중심이 되어 농촌공동체에 기반을 둔 봉건적 질서를 무너뜨리고 새로운 사회 체계를 구성한 것이 바로 전형적인 서구 근대의 역사다. 그들은 기존의 농촌공동체 중심의 삶과 규칙을 버리고 도시적 삶과 규칙으로 세상을 재편해왔다.

이에 비해 한국 및 동아시아 문화권에서는 서구적 개인도, 서구적 시민도, 서구적 주체의 이성도 낯설기만 한 생소한 개념들이었다.

다만 서세 동점으로 서구 문명을 수용할 수밖에 없었던 상황에서 현실이 변하고 그 변화된 현실을 포착하기 위해 그 개념들의 의미를 (그것들의 형성사와 해석사를) 수용하고 변용해왔다.

서구의 개념과 이론을 현실에 적용할 때의 문제점은 지식의 지정학과 연관되어 있다. 그 개념과 이론의 형성사와 해석사가 그것들을 탄생시킨 곳의 현실 사태의 진행 과정과 인과적으로 연계되어 있어서 그것들을 전혀 다른 현실 사태의 진행 과정을 지니고 있는 대상들과 사건들에 무비판적으로 적용할 때 문제가 발생하는 것이다. 현실과의 대화 속에서 갈고닦은 모든 인문적, 철학적 개념과 이론은 현실 적합성과 논리적 타당성이라는 두 관문을 통과해야 인정받을 수 있기 때문이다.

이 장에서는 한국의 가족 및 가족주의를 대상으로 현실 적합성과 논리적 타당성을 검토한다. 나의 문제의식은 이렇다. 왜 한국의 가족주의는 근대화의 진행에도 불구하고 사적인 영역에서뿐만 아니라 공적인 영역에서도 그 영향력을 잃지 않고 있는가? 왜 한국인들은 비서구에서는 유례를 찾아볼 수 없을 정도의 성공적인 산업화와 민주화에도 불구하고 서구처럼 개인주의화되지 않고 있는가? 왜 서구 근대 가족과 가족주의가 한국의 가족과 가족주의 분석에는 적절한 기준 축으로 수용될 수 없는 것인가?

이 장에서 나는 이러한 문제의식을 나름의 방식으로 풀이한다. 나는 한국의 가족주의가 20세기 내내 한국인의 삶과 사유를 지배해온 역사를 정리하고, 그 변화를 예측함으로써 이론과 현실의 연관성을 밝히고 있다. 이것이 바로 철학과 현실이 소통하는 하나의 상식적인 방법이라고 보기 때문이다.

한국의 가족주의도 한국 사회의 변화에 맞춰 변해왔다. 전통적인 가족과 이에 상응하는 가족주의도 하나의 모습으로 유지된 것이 아니다. 예를 들면 신라 시대 이후 조선 중기에 장자 중심 부계혈족주의가 강화되기 이전까지 한국은 거의 천 년 동안 부계, 모계, 처계 등이 거의 동등하게 가족의 구성원으로 인정받았다. 재산상속에 있어서도 자녀 균분제가 일반적이었다. 적자와 적장자 중심의 차별 상속 제도와 서자를 배제한 부계혈족주의는 17세기 중후반부터 강화된 하나의 전통일 뿐이다.

부계혈족 중심의 유교적 종법 제도가 조선 중후기에 강화된 것도 향촌 자치 기구의 와해와 향촌 사족의 지배 권위의 약화를 극복하기 위한 향촌 사족들의 전략과 맞물려 있다. 특히 향촌 사족들은 중앙 정치와의 연결을 위해, 자신들의 지위와 권력을 유지하기 위해 가문과 문중을 폐쇄적이며 배타적으로 강화했다. 조선 후기의 가족은 서구의 전통 가족과는 달리 하나의 독립적인 단위가 아니었다. 그것은 보다 큰 직계가족이나 가문 혹은 문중이라는 관계망 속의 일부분으로 존재했다. 개인이나 가족은 이 영속적인 가家에 속한 구성물이었다. 따라서 개인은 이 공동체 속에서 이미 그 지위가 정해져 있었기 때문에 그 역할을 수행하는 수동적인 존재일 뿐이었다.

갑오경장, 식민 통치 등으로 타격을 받은 조선 후기의 양반 중심의 부계가족주의는 해방 이후 신新민법에서도 호주제나 동성동본 불혼 등으로 그 일부분이 변형, 왜곡되어 이어졌다. 특히 1950-60년대는 자유민주주의적인 법이 도입되었지만, 의식적인 측면이나 규범적인 측면에서는 부계 혈연 중심의 전통적인 가족주의 가치관이 주도적이었다. 개인보다 집을 우선시하고 호주제가 통용되었으며 남녀 차별이 일상적이었다. 1970-80년대는 이와는 상당히 다른 가족주의가 정착한다. 도시화와 산업화로 도시형 핵가족이 증가하면서 직계가족이나 부자 중심의 가족 관계보다 부부 중심의 가족 관계가 일상화된다. 이 도시형 핵가족은 동시에 농촌의 부모 친척 등과 연계된 직계가족과도 밀접한 관계를 유지했다.

일반적으로 산업화, 도시화는 노동 현장이나 사회적 관계에 있어서 사람들을 개별화한다. 일터에서나 사회에서는 개인을 기본 단위로 해서 노동력을 측정하고 인간관계를 맺는다. 그 결과 사회적으로 개인과 개인주의가 확산된다. 그러나 한국은 산업화의 진척에도 불구하고 개인이나 개인주의가 주류를 형성하지 못했다. 대부분의 도시형 핵가족은 전통적인 가족주의의 일부와 도시형 핵가족의 가족주의를 선택적으로 유지하고 있었다. 개인화와 개인주의는 확장되고 있었지만 삶의 주요 지침으로 작동되지 못했다. 오히려 대부분은 도시 이주민으로서 황량한 도시에서 가족을 단위로 삶을 이어갔다. 일터에서나 삶터에서나 혈연, 지연, 학연, 업연 등으로 연결된 (유사)연고주의가 거미줄처럼 얽혀 있어 생존과 안녕을 위해 이 관계를 생활의 밑천으로 삼는 것이 당연시되었다.

산업화 시기 이전에는 생존을 위해 가족 구성원들이 강한 결속력을 보였다면, 산업화 시기에는 생존과 더불어 성공을 위해 가족주의와 유사 가족주의가 동원된다. 이 시기까지는 국가도 빠른 경제성장을 위해 국민들에 대한 국가의 기초적인 의무까지도 가족에게 전가하면서 위로부터의 국가 발전 전략을, 산업화를 추진해왔다. 도시형 핵가족도 이런 상황 속에서 국가 발전 전략에 부응하면서 오로지 가족 구성원들의 생존과 물질적 풍요를 위해 희생과 헌신 그리고 책임감을 강조하면서 결속력을 다져왔다.

이러한 국가와 가족의 상호 보완적인 역할 분담 속에서 산업화, 도시화 시기에도 한국 사회에서는 가족주의가 강화된다. 도시형 핵가족 부부의 경우 일반적으로 남편은 바깥일을 담당하고 부인은 집안일을 담당하는 유교적 성역할 분담이 유지되었다. 설령 맞벌이라 해도 가사는 전적으로 부인이 담당하는 기묘한 전통의 변형이 유지되었다. 게다가 가족의 번영과 성공을 위해 가족 단위의 이기적인 전략이 일상화된다. 삶터를 이용한 부동산 투기, 어떠한 경쟁도 불사하는 교육열과 부모의 희생(사교육 열풍과 기러기 가족 현상 등이 그 사례다)이 배타적이며 폐쇄적인 가족주의를 강화해온 증거들이다. 자식 교육뿐만 아니라 부모 공양, 의료비 지출, 일상 생계비 등으로 등골이 휠 수밖에 없었던 한국의 가족은 자신의 가족 이외의 타자들과의 최소한의 연대나 그들에 대한 배려는 접을 수밖에 없었다. 가족 내에서의 배타적 결속력은 강화되었다. 그만큼 한국의 가족주의는 반사회적 가족주의의 모습을 띠고 있었다.

가족 구성원 사이의 친밀성 강조는, 희생과 배려와 책임감에 대한 강조는, 생존과 성공을 위한 가족 결속의 전략은 빛을 발휘했다. 그만큼 가족 구성원들은 개인화나 개인주의화되지 않았다. 오히려 구성원들 사이의 결속과 연대, 배려와 사랑 그리고 희생과 헌신 등이 견고해지면서 공동체주의적 인성이 강화되었다.

다른 한편으로는 직계가족 관계나 성역할 분담 등으로 대변되는 전통적인 가족주의, 부부 중심의 낭만적 사랑과 자식에 대한 사랑이 공존하는 핵가족주의, 부모의 자식에 대한 희생과 권위주의, 때때로 요구되는 부모로서의 민주적 역할, 사회생활을 위해 필요한 다양한 연고주의, 그럼에도 민주적인 인간관계와 공정성에 대한 신뢰와 강조 등 시간과 장소에 따라 다양한 역할을 수행하는 복합적인 기능 수행자만이 이질적이고 다층화된 사회 속에서 일상적인 삶을 무리 없이 영위할 수 있었다.

1990년대 이후에는 성공적인 산업화에 이어 민주화의 시대가 전개된다. 한국 사회도 산업사회에서 후기산업사회, 지식정보사회로 이동한다. 국가도 가족에게 전가했던 국민 돌보기를 국민의료보험, 국민연금, 무상교육, 기초생계비 보장 등을 통해 확대해간다. 그만큼 가족은 구성원에 대한 물질적 지원의 부담으로부터 벗어난다. 가족 구성원들도 물질적 충족과 풍요만을 목표로 하지 않는다. 각자의 자유, 자아실현, 행복 등의 비물질적 가치를 더 중시하게 된다. SNS나 유튜브 등의 확산으로 온라인에서의 자유롭고 수평적인 네트워크형 의사소통이 일상화된다. 비혼, 만혼, 이혼, 졸혼, 재혼 등으로 전통 가족이나 가족주의는 점차 힘을 잃어가고 있다. 그 자리를 1인 가구와 무자녀 가족이 메꿔가고 있다. 평균 한 명만 낳아 기르는 상황이 20년 넘게 지속되고 있다. 맞벌이가 일상화되면서 부부의 역할 분담이 아니라 역할 공유가 확산되고 있다. 예를 들면 밀레니얼 가족은 베이비부머 가족보다 평등하고 민주적이지만 이기적이며 실리를 추구한다. 그럼에도 가족을 중시한다(김난도 외, 2018: 370-371 참조). 세계화의 영향으로 다문화가족도 증가한다. 다민족, 다인종, 다문화, 다종교가 가족 내부의 문제가 된다.

한국 사회가 민주화, 세계화, 정보화되면서 한국의 가족과 가족주의도 변화하고 있다. 한국 가족은 기존의 복합적 사태와 복합 정체성에 수평적이며 민주적인 구조와 다문화적 내용이 덧붙여져 새롭게 변신 중이다.

나는 이러한 한국 가족주의의 변화는 한국 가족의 모습을 특정한 하나로 고정하거나 특정한 유형을 기준 축으로 삼을 수 없다는 점을 의미한다고 본다. 20세기 중후반부만 봐도 다양한 가족과 가족주의가 중층화, 중첩화, 혼성화되어 있어 그중 특정한 하나의 가족과 가족주의를 기준으로 다른 것을 분석하거나 평가할 수 없을 것으로 보인다. 나는 오히려 이러한 복합적인 사태를 주어진 현실로 살아온 한국 가족 구성원들의 삶과 사유를 복합 성찰성이라는 개념으로 파악했다. 다만 이 장에서는 그 복합적 사태의 21세기 진행 방향을 예측해봄으로써 그중 보다 지속적으로 유지될 수 있는 가족주의의 내용을 예측해보았다. 복합적 사태와 복합 성찰이 진행된다는 가정하에 예측 가능한 한국 가족과 가족주의의 미래상을 구상해보았다.

나는 그 미래상을 '일차적, 기초적 물질 중심 가족주의'에서 '이차적, 비물질적, 수평적 네트워크형 가치 중심 가족주의'로 이동 중인 것으로 정리했다. 또한 강한 결속력을 지니지만 외부에 대해서는 폐쇄적이며 배타적인 위계적 공동체에서 벗어나 구성원들 사이의 자유롭고 수평적인 관계와 소통이 강화되는 열린 네트워크형 공동체로 변화 중인 것으로 파악했다. 가족 내부의 소통이 자유롭고 수평적이며 쌍방향적으로 변화하면, 이와 유사한 상황에 있는 외부의 가족이나 타자와도 개방적인 소통과 협력이 확대된다. 그리고 이러한 가족의 공동체성은 앞으로 확대될 것이다. 밀레니얼 세대나 그 이후 세대가 더욱더 개인화될 것으로 예상되기 때문이다.

그럼에도 개인주의가 가족주의를 단시일 내에 대체하지 못할 것이라고 보는 이유는 베이비부머 가족에 이어 밀레니얼 가족도 더 개인화된 삶과 동등한 인간관계를 중시하지만, 이들은 부모로부터의 독립을 원하지도 않을 뿐만 아니라 핵가족 중심의 가족주의적 삶을 선호하기 때문이다. 이들은 부모 세대와의 관계도 유지하고자 하는데, 그들로부터 받는 경제적, 사회적 지원과 자녀 양육 도움 등이 그 기저에 깔려 있다(김난도 외, 2018: 384-391 참고).

가족 내의 수평적 소통과 상호 배려가 강화되고 고착화되면, 타 가족과 타자와의 개방적 소통과 연대도 자연스러워질 것으로 예상된다. 특히 젊은 세대일수록 온라인 커뮤니티에서의 소통에 익숙하기 때문에 이러한 경향은 강화될 것으로 예상된다.

나는 1990년대 이후의 가족 구성원들의 개인화 경향을 곧바로 개인주의로의 이행으로 보지 않는다. 탈물질적이며 보다 수평적인 형태의 가족주의는 한 세대 이상 지속될 것으로 예상한다. 오히려 가족 구성원들의 자아실현과 행복을 보장하고 돕기 위한 공동체적 배려와 연대가 활성화될 것이며 이것이 타인이나 다른 공동체와의 개방적인 소통과 연대로 확장될 수 있도록 하는 방안을 마련하는 것이 현실적 적실성을 지닐 것으로 판단한다.

이를 위한 규범적인 개념으로 구성원들의 자유롭고 수평적인 네트워크형 소통을 가능하게 하는 열린 공동체주의를 나는 제안한다. 한국의 가족주의가 지니고 있는 폐쇄성과 배타성을 극복하고 타자나 타 공동체와 사회적 연대를 구축할 수 있도록 하는 방안을 나는 개인주의의 강화와 개인주의자들의 연대로 도달할 수 있을 것으로 보지 않는다.

서구 사회에 비해 한국 사회는 아직도 공동체주의적인 덕목들이 통용되고 있다. 나는 21세기 한국의 가족과 가족주의의 변화상을 고려할 경우, 개인주의적 연대보다는 열린 공동체주의적 연대가 더 현실적 적합성을 지닐 것으로 판단한다. 이것과 관련된 논의는 공과 사, 친밀성과 연대성의 문제를 다루고 있는 다음 두 장에서 진행된다.

5장에서는 서구와는 매우 다른 근대의 길을 걸어온 동아시아 및 한국의 근대의 모습을 정리한다. 동아시아 및 한국의 근대와 서구의 근대는 근대적 개인, 근대적 국민이 형성되어온 과정에서 가장 큰 차이가 있다. 서구의 근대적 개인은 한편으로는 종교개혁을 거치면서 기독교적 신 앞의 평등한 자식으로서 동일하게 인격적인 존엄성을 획득하는 인격적 개인으로 탄생한다. 다른 한편으로는 자본주의적 경제의 주체로서 자기 이익을 극대화하기 위해 모든 것을 수량화하는 타산적 개인으로 탄생한다. 이 인격적 개인과 타산적 개인이 서구의 근대적 개인의 두 축이다.

이에 반해 동아시아 유교 공동체에서는 인간은 공동체와의 관계 속에서, 공동체 속에서 자신의 위상에 따라 자신의 정체성을 형성한다. 동아시아인은 자신의 정체성을 서구인들처럼 초월적인 존재에 동화됨으로써 혹은 초월적인 존재의 보증의 받음으로써 부여받는 것으로 파악하지 않았다. 또한 사회 속에서 자신의 이해를 극대화하기 위해 행동하는 타산적 개인으로 자신을 규정하지도 않았다. 동아시아인은 공동체의 다른 구성원들과의 관계 속에서 정체성을 형성하며 스스로 수양함으로써 현능한 자가 되고자 했다.

따라서 서구 근대사회에서 개인은 사회 구성의 기본 단위이다. 사회는 개인들이 모여 구성한다. 가족도 마찬가지로 해석된다. 가족은 부부 사이의 계약으로 맺어진 하나의 사회적 결합체다. 유교 문화권의 가족은 공동체의 존속을 위해 존재한다. 공동체의 유지를 위해서 세대 간 연속성을 강조한다. 따라서 가족은 공동 운명체로서 인륜과 천륜을 공유한다. 개인은 그 안에서 태어나서 살고 죽는 존재일 뿐이다.

한국 가족도 전통적으로는 생활공동체이자 운명 공동체로 간주되었다. 한국의 가족주의는 소농小農 단위의 가족노동을 기초로 하는 생산방식과 연계되어 있다. 통치의 기본 단위도 개인이 아니라 가족이었다. 조선 후기 향촌 사족은 부계 혈연 중심의 직계가족주의를 강화했다. 19세기 중엽 전 백성의 양반화 열풍 이후 대부분의 한국인이 양반 문화를 추구하는 '계층 상승을 통한 계층 무력화'가 해방 이후 완성된다. 해방 이후에는 거의 모든 한국인이 부계가족주의 문화를 채택한다. 이러한 사태는 주체적 개인인 시민이 구체제의 계급 질서를 무너뜨리고 시민사회를 형성한 서구적 근대의 진행과는 전혀 다른 유교적 근대화의 과정으로 명명할 수 있다.

근대화, 산업화, 도시화 과정에서도 도시형 핵가족은 삶의 기초 단위와 가치관으로 개인과 개인주의가 아닌 가족과 가족주의를 선택한다. 20세기 내내 가족주의와 혈연, 지연, 학연, 업연 등의 유사 가족주의가 한국의 정치권력과 경제 권력뿐만 아니라 일상생활에까지도 속속 스며들어 있었다. 이런 점에서 한국의 20세기는 개인과 개인주의가 아니라 가족과 가족주의가 승리한 시대였다.

그러나 이 가족주의의 내용도 변화해왔다. 그 변화는 한국 사회가 산업화, 민주화, 지식정보화 등으로 변화하는 과정과 직접적으로 연계되어 있다. 사회의 빠른 변화는 그 안에 전통과 근대 그리고 근대 이후의 특징을 중층화, 중첩화, 혼성화한다. 결국 현실은 복합적 사태로 구성된다. 이 복합적 사태에 상응하는 개념과 이론을 구성하는 것이 한국 근대의 특징을 성찰하는 정상적인 철학함의 길이 될 것이다.

이러한 가족의 변화상을 통해 한국 근대의 모습을 포착할 경우 그 철학적 특징을 몇 가지로 정리할 수 있다.

먼저 나는 복합적 사태와 복합 성찰성이라는 개념을 제안한다. 사회와 가족의 빠른 변화는 그 안에 다양한 형태의 삶의 방식이 중층, 중첩, 혼성화되어 있는 복합적인 사태를 그 특징으로 한다. 이 복합적 사태 안에서 살아온 사람들은 그 사태에 적응하면서 살기 위해 복합적인 성찰을 할 수밖에 없었다. 그 결과 자신의 정체성도 그 사태에 걸맞은 복합적인 정체성으로 구성해야 했다. 예를 들면 명절, 제사, 결혼식, 장례식 등 공식 행사에서는 전통적인 가치관에 따라 행동하고, 시장에서는 타산적 개인으로서 행위하고, 사회에서는 때로는 연고주의를 동원하고 때로는 낯선 타자와 수평적 소통이나 연대를 시도하면서, 즉 다양한 삶의 규범을 다양한 상황에 따라 적절하게 사용하면서 살아온 것이다.

이 복합적인 정체성들은 상호 이질적이고 모순적이기도 하겠지만, 다층적으로 자신의 내부에 공존하도록 배열해야 한다. 그렇지 않을 경우 다양한 상황에 걸맞게 적응하지 못하는 부적응자로 간주될 것이기 때문이다. 복합적 사태로 구성된 사회에서 적응하면서 살기 위해서는 이로 인해 발생하는 문제들을 복합적으로 성찰하고 복합적인 해결 방안을 모색하면서 살 수밖에 없다. 특정한 가치관 중심의 삶이 아닌, 삶을 위해 다양한 가치관을 병존시키는 상황이 한국인이 20세기 후반기 내내 처해 있는 상황이었다.

이러한 복수의 가치관들을 수용하고 상대화하고 상황에 따라 재배치해 사용하는 데 익숙한 민초들의 삶과 사유의 특징을 나는 '복합적 사태에 대한 복합적 성찰력의 작동'과 '복합적 사태에 대응하는 복합 정체성의 선택적 적용'으로 파악한다. 따라서 근대를 살아온 한국 사회와 한국인의 사유의 특징을 나는 '복합적 사태'와 '복합 성찰성'으로 개념화한다.

다음으로 한국 근대 가족주의는 '일차적, 기초적 물질 중심 가족주의'에서 '이차적(성찰적), 비물질적 가치 중심의 수평적인 열린 네트워크형 가족주의'로 그 중심이 이동하고 있는 것으로 나는 파악한다. 복합적 사태도 변화 중이다. 1990년대 이후 한국 사회는 산업화에 이어 민주화, 지식정보화로 또다시 이동한다. 이에 적응하고 있는 한국인들의 삶도 물질적인 것을 추구하는 삶에서 그것을 비판적으로 성찰하는 삶으로 이동하고 있는 것으로 보인다.

21세기 초 가족 구성원들 사이의 관계도 탈권위적, 수평적, 쌍방향적인 형태로 변화하고 있다. 가족 구성원들은 자신의 자유와 권리 그리고 자아실현 등을 우선시한다. 그럼에도 불구하고 가족적 결속력은 유지될 것이다. 부모 세대는 가족 단위 행복을 추구하는 경향이 강하며, 자녀 세대는 부모 세대와의 관계를 통해 물질적, 정서적으로 얻을 것이 더 많다는 점을 잘 알고 있기 때문이다. 그러나 장기적으로는 친밀한 수평적인 소통이 강화될 것이다. 배타적이고 위계적인 결속력을 중시하는 부모 세대와는 다르게 젊은 세대는 친밀성에 기초한 수평적인 연대를 더 강조할 것이기 때문이다. 따라서 앞으로 한 세대 이상 가족주의는, 그 내용은 변화하겠지만, 주도적인 가치로서 작동될 것이다.

이어서 나는 한국의 미래 가족을 예측하면서 사회에서도 친밀성과 연대성의 호혜적 조합이 가능하다는 점을 주장한다. 개인화와 가족 지향성이 함께 진행되고 있는 현재의 가족주의를 고려한다면, 친밀성과 연대성이 선순환될 가능성이 있기 때문이다. 가족 구성원들이 서로 감성적 친밀성을 유지하면서 각자의 자유와 권리를 상호 존중하고 자아실현을 위해 서로 협력한다면 가족 내에서의 친밀성과 연대성은 선순환적으로 작동될 것이다. 이러한 호혜적 조합이 사회적으로 작동된 사례는 한국 사회에서 어렵지 않게 찾아볼 수 있다. 외환 위기와 금 모으기 운동, 몇 번의 촛불시위, 세월호에 대한 국민적 관심, 최근의 촛불혁명 등이 그것이다. 이러한 따뜻한 민주주의의 사례는 가족주의 안에서 길러진 정서적 친밀성과 이타적 사랑과 배려 등의 습성이 사회적 공감의 형태로 확장된 것으로 해석할 수 있다. 이러한 호혜적 조합은 서구 시민사회에서 강조해온 이성적인 시민들의 냉정한 연대와는 달리 친밀성과 감성적 공감의 공유에 기초한 따뜻한 연대가 한국 사회에서 확장될 수 있는 가능성을 보여준다.

이 친밀한 연대는 '열린 공동체주의적 연대'로 확장될 수 있다. 위 사례들은 '공감의 폭발적인 공유 현상'을 그 바탕으로 한다. 공감은 나 자신에 한정해 폐쇄적이거나 배타적으로 작동되는 것이 아니라, 나와 타자가 함께 소통하면서 작동한다. 공감은 나와 타자가 관계를 맺어야 가능한 상호 주관적 관계를 성립 조건으로 한다. 소통은 타자가 서로 열려 있어야 가능하다. 이 둘이 만나면 따뜻한 연대가 형성된다.

이 따뜻한 연대는 국민국가 단위에서뿐만 아니라 중첩 국가나 다중첩 국가 단위에서의 연대로도 확장될 수 있다. 궁극적으로는 세계인을 하나의 단위로 하는 공동체로까지 나아갈 수 있는 철학적 틀로 사용될 수도 있다. 내가 제안한 열린 공동체주의는 세계인을 서로 수평적인 네트워크 형태로 엮을 수 있는 보편적인 틀을 제공한다.

6장에서 나는 한국의 근대 가족을 공公과 사私라는 개념 쌍을 소재로 분석한다. 한국 근대 가족은 서구나 동양에서 개념화된 공적 영역과 사적 영역에 대응하는 내용을 그 안에 함께 포함한다. 그러나 이 둘은 매우 이질적인데, 이 장에서는 그 내용을 가족을 소재로 정리한다.

유가적인 공과 사 개념은 서구의 공과 사 개념과는 매우 다른 맥락에서 가족을 해석해왔다. 아리스토텔레스적 구분법에 따르면 한국 가족은 사적 영역에 속한다. 가족은 노예에 의한 생산과 부인에 의한 재생산을 담당하는 사적 영역인 것이다. 그것은 시민들이 동등하게 참여하는 공적 영역과는 전혀 다른 전제적, 위계적 관계로 구성된다. 이에 반해 한국 가족은 전통적인 해석에 따르면 공과 사를 동심원적으로 이어주는 중간 매개체다. 수신제가치국평천하가 단절적으로가 아니라 연속적으로 이어지기 때문이다.

가족에 대한 이 두 해석 방식이 한국 가족에 대한 해석에는 섞여 있다. 한국 가족을, 그것이 서구적인 것이든 전통적인 것이든 하나의 특정한 이론에 의거해서만 해석하는 것은 그 사태를 적절하게 파악하지 못한 상황에서 내리는 일면적인 해석이다. 20세기 이후 한국 가족이 전개되어온 과정을 고려할 경우, 한국 사회와 마찬가지로 한국 가족은 전통적인 측면과 산업화로 인해 영향을 받은 측면 그리고 탈산업화나 민주화의 영향으로 인해 변화된 측면을 모두 포함하고 있기 때문이다. 이러한 복합적인 사태의 전개를 포착하기 위해서는 그에 걸맞은 복합적인 해석이 요구된다. 즉 한국 가족의 특징을 적확하게 포착하기 위해서는 서구와 달리 전개되어온 가족의 사태, 즉 산업화 이후에도 계속 한국 가족이 담당해온 준(準)공적인 역할을 고려할 필요가 있다.

20세기 중·후반기 빠른 변화를 겪은 한국 사회를 분석할 때처럼 한국 가족을 분석할 때에도 한국 가족은 전통적인 면과 근대적인 면 혹은 근대 이후의 측면들이 중층, 중첩, 혼성화되어 복합적인 모습을 띠고 있다는 사실에서 출발할 필요가 있다는 것이다. 이러한 복합적 사태를 고려해 그것에 상응하는 이론을 구상하는 것이 한국 가족의 특징을 포착하는 지름길이 될 것이다.

이러한 시도의 하나로 이 장에서는 한국 가족을 공과 사라는 개념 틀로 해석한다. 공과 사라는 개념을 사용할 때 가장 먼저 부딪치는 문제는 공과 사라는 개념은 그것들이 생성, 조탁된 역사 문화적 맥락에 따라 매우 다르게 해석되고 있다는 것이다. 서구에서 조탁되어온 공과 사 개념과 동아시아 유교 전통에서 사용해온 공과 사 개념은 다르기 때문이다. 이 두 전통에서 사용해온 공과 사라는 개념 쌍은 역사 문화적 지형도가 다른 맥락에서 규정된 것들이다. 이 두 문화적 층위가 섞여 있는 현실 상황에서는 사태 해석에 있어 하나의 논점만을 따를 수 없다.

한국 가족에서는 전통적 사태와 새롭게 형성된 서구적 유형의 사태가 복합적으로 구성되어 있다. 이러한 복합적인 현실 사태를 적확하게 포착하기 위해서는 맥락에 따라 그에 걸맞은 개념을 다층적으로 사용해야 하는 어려움이 발생한다. 하나의 사태를 적절하게 해석하기 위해서는 일단은 기존의 개념들을 사태의 일정 부분들을 해석하는 데 활용할 필요가 있다. 즉 이론의 현실 적용에 있어서 현실 사태의 복합성, 다원성을 인정하고 그에 상응하는 다수의 논점을 복합적인 현실을 이해하고 해석하기 위해 도입하는 것이 합당한 것이다. 이럴 경우 이질적인 개념들이 현실 설명을 위해 함께 동원될 수 있다는 점을 인정하고 이것들이 복합적인 현실 사태의 다양한 층위에 따라 어떻게 배열되는 것이 합당할지를 고찰해야 한다.

이 장에서는 이 작업을 위해 공과 사 개념이 서구와 동아시아에서 변화해온 모습을 우선적으로 정리한다. 서구의 공과 사 개념은 정치 공동체와 가족을 엄격하게 분리한 아리스토텔레스의 이분법적인 구분법을 전통적으로 통용해왔다.

근대의 개인 중심 자유주의 및 계약론을 바탕으로 한 공과 사의 구분법은 시민 개개인과 국가의 상호 견제와 협력을 표현하는 개념 쌍으로 재구성된다. 시민 개개인의 생명과 자유 그리고 소유권을 불가침적인 것으로 규정하면서 국가도 이를 침해할 수 없는 것으로 규정한다. 모든 시민이 참여해 구성한 법과 정부는 그들의 권리를 보호하고 보장해주는 역할을 하기 위해 존재한다. 그만큼 시민 개개인의 사적인 영역이 중요해진다. 가족 역시 그 구성원들의 자유와 권리를 보장해야 존립 가능하다. 따라서 공적인 것과 사적인 것은 서로 연계되어 있다. 더욱이 시장의 발달로 생산과 재생산이 분리된다.

서구형 복지국가에서 소비 단위로 변화한 핵가족은 자녀를 재생산하고 사회화하는 기능도 사회와 분담한다. 오히려 모든 것을 수량화하는 시장 관계가 가족 관계에 침투하면서 가족 구성원 사이의 친밀성까지도 위협하고 있는 것이 서구 가족의 현실이다. 이런 상황에서 서구에서는 자유롭고 평등한 가족 구성원들 사이의 정서적 교감과 친밀성을 강화해 돈과 권력이 깊숙하게 침투해 있는 가족과 사회를 민주화하려는 시도가 주요 화두다.

동아시아는 이와는 다른 맥락 속에서 공과 사를 구분해왔다. 천리天理의 공, 인욕人慾의 사라는 구도 아래 공과 사를 윤리적으로 차등화했다. 사는 공에 둘러싸여 공을 향해 나선형으로 지양된다. 모든 사는 결국 지양되어 공공성과 공평성을 담지하는 천하의 공으로 향한다. 예를 들면 중국의 공과 사는 공동체의 공과 사가 나선형으로 진행되듯이 관官과 민民, 국國과 가家, 군君과 신臣의 관계에서도 관, 국, 군이 공평, 공정하고 민, 가, 신은 편파, 간사하다는 도의적인 평가를 내린다. 이 논리를 확대하면 조정과 국가의 공은 천하의 공에 따라 스스로를 정당화해야 하므로 그것도 천하의 공에 대해서는 사의 위상을 점할 뿐이다.

이러한 중국식 공사관은 한국의 전통 사회에서도 공유되었다. 오히려 조선의 성리학은 주자학의 공 개념 중 도의적 특성을 강화해 천리의 공에 규범적인 우선성을 둠으로써 왕권을 천리의 공에 의거해 비판적으로 견제하고자 했다. 즉 지배 권력은 천리의 공에 따라 공정성, 공평성을 갖추어야 한다는 도의적 요구를 중국보다 강하게 주장했다.

이처럼 주자학과 성리학에서의 공과 사는 연속성과 상대성을 지닌다. 중심을 이루는 안쪽은 사로 인식되는 반면에 공은 바깥쪽을 향한다. 이 안과 밖은 안에서 밖으로 나선형으로 진행된다. 그 나선형은 점차 밖으로 동심원적으로 확장되는데, 그것은 궁극적으로는 천하의 공을 향한다.

예를 들면 효를 강조하는 친친과 충을 강조하는 존존尊尊이 대립할 때, 효를 천리로 보면 친친이 존존보다 우선한다. 친친이라는 혈친에 대한 사적인 의무가 군주에 대한 공적인 의무보다 중요하다는 논점이 성립할 수 있는 이유는 친친이라는 인륜적 질서가 존존이라는 국가의 지배 질서보다 천리이자 천륜에 더 가깝다는 논거에 따른 것이다. 이것은 법치보다 예치를 우선시하는 전통과도 연계된다. 성리학적인 인仁의 정치는 사회 통합의 기본 단위를 가家로 삼고, 그가의 규범을 천리, 인륜과 연계한다. 삼강三綱, 오륜五倫, 수신-제가-치국-평천하, 군사부일체君師父一體로 이어지는 논리가 바로 그것이다.

가까운 사람과의 사적인 관계를 기반으로 그 규범을 사회적으로 확장하는 인의 정치는 선순환 고리로 이어져 궁극적으로는 천리, 천륜, 천의 공으로 연결된다. 바꾸어 말하면 가장 가까운 사적인 인간관계 안에, 가족의 규범 안에 이미 천의 공이 내포되어 있다는 것이다.

서구 근대는 공과 사의 개념 쌍 해석에 있어서 시민 개개인은 사적 이익이나 욕망을 추구하는 것이 당연하며 공을 대변하는 국가가 이것을 보호해야 한다는 점을 강조한다. 이에 반해서 성리학적 공과 사의 개념 쌍에서는 개인이 사사로운 이익이나 욕망을 자기 절제와 수신을 통해 극복하고 천의 공을 따르는 가족 규범을 익히고 행하는 것이 옳은 길이다. 사는 공과 동심원적으로 연계되어 있기 때문이다.

그러나 이러한 전통적인 가족관은 산업화, 도시화로 서구 근대의 공사관이 한국 사회에 정착되면서 그 힘을 잃어간다. 오히려 현실에서는 전통적인 것과 근대적인 것이 복합적으로 섞여 있는 사태가 일어난다. 20세기 후반기의 한국의 가족은 전통적인 생활양식과 의식구조를 유지하면서도 근대적 생활양식과 의식구조를 상황에 따라 취사선택하고 혼용하는 중층적, 중첩적, 혼성적인 삶의 태도를 유지하면서 살아왔다. 집안 대소사나 혈연, 지연 등과 관련된 문제 처리에 있어서는 전통적인 방식으로, 냉엄한 자본주의적 삶에 있어서는 이해관계와 욕망을 앞세우는 방식으로 행위해왔고, 가족 구성원 사이의 관계에서도 이 둘을 섞어가면서 행위해왔다. 21세기 들어서도 그 형태는 바뀌었지만, 다양한 생활양식과 의식구조가 중층, 중첩, 혼성화되어 있는 복합적 사태를 현실로 인정하면서 한국인들은 살고 있다.

 이 장에서는 이처럼 복합적 구도를 보이는 한국인의 삶의 모습을 적절하게 설명하기 위해 잠정적이나마 오분법적 도식을 사용할 것을 제안한다. 그것은 사적 영역(A)과 공적 영역(B)을 서구적 해석 방식처럼 배타적인 개념 쌍으로 보지 않고 이 둘을 'A, A〉B, A and B, A〈B, B'라는 최소 오분법적 복합 구도로 설정해 가족 현실 사태를 해석하자는 제안이다.

 물론 이것은 현실의 복합적인 사태를 설명하고 해석하기 위한 하나의 시도로 간주될 필요가 있다. 그만큼 논리적 일관성을 결여한 임시방편적인 것으로 비판받을 수 있을 것이다. 그러나 복합적 사태를 기존에 존재하는 논점들 중 하나의 논점으로만 설명하려는 시도는 현실 사태를 고려하지 않은 매우 일방적이며 일면적인 주장에 지나지 않는 것임을 인정해야 한다. 이 장에서 시도하고 있는 오분법은 한국 가족이 처해 있는 복합적인 사태 속에서 다양한 대응 방식을 보이면서 생활해온 구성원들의 모습을 포착해보려는 시도의 일환으로 보아주었으면 한다.

이러한 임시방편적인 시도들은 현실의 복합적 사태를 성찰하고 그에 상응하는 복합 논리의 구조를 밝혀줄 수 있는 개념과 논리 그리고 이론을 제시할 때 무력화될 것이다. 내가 제안한 이러한 임시적 단계를 벗어나서 정상적으로 철학하기 위해서는 현실 사태의 미래 진행 방향을 예측하면서 그 흐름에 걸맞은 새로운 개념을 만들고 정당화해야 한다. 나는 이러한 정상적인 철학함을 다음 두 장에서 민주주의의 문제와 다수와 소수의 문제를 주제 삼아 재차 시도하고자 한다.

7장에서는 국민국가 시대의 민주주의의 문제를 가족을 소재로 다룬다. 한국 가족의 경우 대략 1990년대 이후에는 구성원의 생존과 물질적 욕망의 충족을 위해 강조하고 강화해왔던 폐쇄적이며 배타적인 가족주의가 점차 약화된다. 한국 사회가 실질적으로 민주화되면서 가족 구성원들도 민주화되고 있기 때문이다. 나는 가족 구성원에 의한 가족의 민주화와 한국인들에 의한 한국 사회의 민주화가 선순환적으로 작동되고 있는 것으로 파악한다. 따라서 한국 가족 및 가족주의의 변화상을 기반으로 한국 사회의 미래지향적인 민주주의의 모습을 구상할 수 있다는 논변을 이 장에서 시도한다.

그 핵심 논점은 다음과 같다. 나는 개인주의와 개인화가 정착된 서구 사회와 서구 가족 상황과는 달리 한국 사회와 한국 가족에서는 구성원들의 개인화가 강화되고 있음에도 불구하고 공동체적인 유대감이 함께 작동되고 있다고 파악한다. 이러한 한국 사회와 가족의 특성을 바탕으로 개인과 공동체를 함께 고려하는 민주주의의 모습이 펼쳐지고 있으며 앞으로도 이러한 흐름은 상당 기간 동안 지속될 것으로 나는 예측한다. 나는 이러한 예측을 가능하게 하는 사회철학적 논점으로 친밀성과 연대성의 보완적 연계 가능성을 제시한다. 이러한 연계가 논리적으로 가능하며 현실적으로도 작동되고 있다는 논점을 주장함으로써 나는 한국 민주주의의 규범적인 모습이 열린 공동체주의적 연대의 형태를 띨 가능성이 있음을 논증한다.

한국의 근대화, 산업화, 도시화 과정에서는 가족이 안전망의 역할을 했다. 이 보호막이 없이는 생존하기도 힘들었다. 국가가 선성장, 후복지 정책을 유지하는 동안 국민은 가족 단위로 생존 전략을 세울 수밖에 없었기 때문이다. 국민은 개인으로 변신하지도 개인주의화되지도 못했다. 그 대신 살기 위해 폐쇄적이며 배타적인 가족주의를 유지해왔다. 한국의 근대화는 역설적으로 가족과 가족주의를 바탕으로 진행되었다.

1997년 외환 위기 이후 정경 유착을 통한 고속 성장이 한계에 다다른다. 이를 극복하는 과정에서 금 모으기 운동 등으로 전 국민이 협력한다. 국가도 성장 중심 일변도 정책을 수정하고 분배 정책을 도입하고 복지 정책을 시행한다. 국가가 국민기초생활보장제도를 도입하는 등 사회 안전망의 일정 부분을 담당한다. 다른 한편으로는 중공업 중심의 산업 정책에서 벗어나기 위해 정보통신산업 등을 육성한다. 산업사회에서 지식정보사회로의 이동이 시작된다. 수직적, 위계적인 남성 중심의 계급 노동의 시대가 저물고 그 자리를 수평적인 네트워크형 지식정보 노동이 대체 중이다. 일터에서나 삶터에서 갑질 문화와 권위주의가 약화되면서 한국 사회가 실질적으로 민주화되고 있다.

생계, 의료, 주거, 교육, 노후 생활 등에 대한 사회 안전망의 확충으로 한국 가족도 2000년대에는 구성원들의 생존을 위한 가족주의를 벗어나 점차 비물질적인 가치를 중시하기 시작한다. 그 여파로 부권 중심의 권위주의, 배타적이며 폐쇄적인 가족주의가 약화된다. 그 대신 가족 구성원들의 자유와 권리, 자아실현 등의 요구가 강해진다. 가족의 생존과 물질적 후원을 위한 희생과 헌신, 책임과 의무, 그리고 그것들의 대가로 여겨지던 수직적이며 위계적인 부모의 권위주의 등이 약화된다. 반면에 가족 구성원들은 인격적인 대우를 원하며 자유와 자아실현을 중시한다. 부부간에도 상호 배려와 사랑이 중요해진다. 정서적 교감과 친밀성도 이런 맥락에서 강화된다. 가족 구성원 사이의 관계도 실질적으로 민주화된다.

이 장에서는 21세기에 사회복지의 증대와 지식정보사회로의 변화가 가져온 사회적 관계의 변화와 이와 연동된 가족 및 가족주의의 변화를 친밀성과 연대성, 친밀성과 민주주의의 관계를 중심으로 고찰한다. 한국은 전통적으로 친친에서 출발해 인간 사이의 친소親疏 관계에 따라 인의 원리가 작동되는 사회였다. 이 친친은 천리이자 천륜으로 규정되기 때문에 인의 정치도 가까운 관계로부터 가장 멀리 있는 것들 사이의 관계로 확장된다.

문제는 이 친친과 인의 동심원적 구도가 민주주의와 친연성을 가질 수 있을지에 있다. 한국 가족에서는 전통적인 친친적 규범이 존속되어왔다. 하지만 한국 근대의 배타적, 폐쇄적 가족주의는 이 규범을 사회로, 선순환적으로 확장하지 못했다. 한국의 가족주의는

20세기 후반기 내내 외부적으로는 폐쇄적이며 배타적이었지만, 구성원 사이의 정서적 교감과 친밀성은 오히려 강화되었다. 오히려 너무 끈끈해서 개인이 숨 쉴 수 있는 여지가 거의 없었다. 그 대신 구성원들의 희생과 배려가 강조된 가족의 내부 결속력은 견고해졌다. 우리끼리만을 강조하는 혈연, 지연, 학연, 업연 등의 연고주의가 강화된 것도 이와 맥락을 같이한다. 생존과 자기 이익을 위해 우리로 똘똘 뭉쳐 울타리 밖의 남들을 차별하는 것이 일상화된 사회는 몰락의 길을 걸을 수밖에 없다. 이 폐쇄성과 배타성을 기반으로는 어떠한 사회적 신뢰나 연대도, 구성원 모두에게 희망과 이익을 약속하는 미래상도 함께 만드는 것이 불가능할 것이기 때문이다. 배타적 지역주의, 맹목적인 제 식구 감싸기, 타자에 대한 혐오와 차별 등 민주주의를 저해하는 반사회적인 구도와 현상이 한국호의 미래를 발목 잡고 있는 것도 이것과 연관되어 있다. 가족 구성원들이 이러한 반사회적 태도를 사회적 관계에 무비판적으로 적용시켰기 때문이다.

  다행히도 이 폐쇄적이며 배타적인 가족 중심주의가 점차 약화되고 있다. 생존을 위해, 물질적 삶을 유지하기 위해 어쩔 수 없이 선택했던 반사회적 가족주의를 점차 내부 구성원들도 거부하고 있기 때문이다. 이제는 더 이상 생존을 무기로 가족 구성원들을 모이게 하지는 못한다. 구성원들의 자유와 권리 그리고 자아실현을 보장하지 않는, 생존과 물질적 번영을 위한 맹목적인 결속력과 권위주의는 더 이상 통용되지 않기 때문이다. 20세기형 가족주의는 비혼, 이혼, 저출산 등의 강한 도전으로 인해 지탱이 어려운 지경에 이르렀다. 오히려 복지사회, 지식정보사회, 개인화 등의 확산으로 한국의 가족과 가족주의도 변신 중이다.

21세기 들어 변화 중인 한국의 가족주의는, 즉 내부적으로 구성원들이 권리와 자아실현을 요구하고 개인화되어가는 상황에서 새롭게 가족공동체의 규범을 재구성해야 하는 한국의 가족주의는 점차 열린 가족주의를 지향한다. 한국의 가족주의는 구성원들의 관계가 자유롭고 수평적인 민주적 관계로 변화하고 있다. 이 관계는 가족 외부의 타자들과의 관계 맺기에도 적용되고 있다. 이렇게 사회에서 타자들과의 자유롭고 수평적인 네트워크형 소통이 확장되면서 인간관계도 자유롭고 수평적으로 변화하고 있고, 모든 가족 구성원이 다른 가족들이나 외부의 타자들과의 관계에서도 민주적인 관계를 요구하고 있다.

한국 가족에서 이러한 열린 가족주의의 정착과 확장을 염두에 둔다면, 또한 가족 구성원들의 정서적 교감과 친밀한 소통을 고려한다면 한국 가족주의의 핵심 가치였던 친친도 일방적인 효가 아닌 상호 인정과 이해 그리고 배려의 형태로 변화할 것임을 예견할 수 있다. 오히려 한국 가족이 지금까지 유지해온 정서적 교감과 친밀성, 그리고 구성원들의 내부 결속력을 21세기에도 잃지 않는다면 한국의 가족주의는 보다 열린 소통과 쌍방향 관계 맺기 그리고 수평적 의사 결정 방식을 강화해 보다 따뜻한 민주주의의 형태를 띨 확률이 높다.

이런 점에서 한국 가족의 친밀성을 민주주의와 연계해 구상하는 것은 의미가 있다. 가족 구성원 개개인의 동등한 권리와 자유 및 자아실현의 보장과 후원, 수평적 소통과 상호 이해 및 협력 등의 성찰적 덕목들이 강화되고 있는 사태를 인정하고 이에 상응하는 공동체적 관계를 재구성하는 것이 중요하다. 이런 점에서 친밀성의 내용도 재구성할 필요가 있다. 21세기형 친밀성은 수직적이며 일방적인 관계에 바탕을 둔 결속력이 아니라, 수평적이며 쌍방향적인 소통과 협력을 가능하게 하는 결속력을 강조하게 될 것이다.

현재 도시형 핵가족은 2, 3, 4인으로 구성되어 있는데, 구성원들은 개인화되고 있지만 자유롭고 수평적인 친밀성을 바탕으로 하는 가족적 삶을 선호한다. 또한 부모나 자녀 세대와의 관계도 밀접하게 유지하고자 한다. 따라서 개인화와 공동체적 연대를 함께 연계하는 가족주의, 공동체주의를 21세기 한국 가족주의의 모델로 삼는 것이 적실성 있어 보인다.

이러한 한국 가족의 친밀성은 개인 및 개인주의 중심의 친밀성을 요구하는 서구적 친밀성과는 다르다. 서구의 부부는 개인들의 연합체인데, 개인적 경계를, 서로의 사적 영역을 인정하고 존중하는 바탕 위에서 이러한 개인들이 따로 또 같이하는 구조 속에서 친밀한 관계를 형성하고자 한다. 이에 반해 한국 가족의 친밀성은 가족 구성원들 사이의 사적인 비밀의 배타적 공유, 정서적 경험 공유, 가족 단위의 공동 대처 전략 공유 등을 여전히 유지하고 있다. 그렇지만 다른 한편으로는 구성원들의 개인화가 진행되면서 공유의 내용이 엷어지고 친밀한 관계도 점차 자유롭고 수평적인 쌍방향 관계로 변화한다.

한국 가족의 독특한 모습은 예를 들면 배우자 선택에 있어서 한편으로는 사랑과 친밀성이 고려되지만 다른 한편으로는 가족 및 친족 네트워크나 남녀 성별 역할이 고려된다는 점에서도 확인된다. 한국인은 친밀성이나 낭만적인 사랑과 함께 가족공동체를 우선시하는 독특한 형태를 보이고 있다.

이런 점에서 한국의 가족은 서구적 형태의 개인주의를 기초로 한 민주주의를 추구할 것 같지는 않다. 한국의 가족은 공동체성을 유지하면서 개인화도 도모하는 복합 전략을 채택할 확률이 높다. 즉 한국의 가족은 공동체 내부의 정서적 친밀성을 바탕으로 하면서도 구성원 개개인의 자유와 권리 그리고 자아실현을 서로 돕는 따뜻한 공동체를 추구할 것이다.

이러한 가족의 모습을 유추해 한국 사회의 민주주의의 모습을 그려본다면, 한국의 민주주의도 개인주의에 바탕을 둔 민주주의로 나아가기보다는 개인화되어가면서도 다른 한편으로는 공동체적 결속력도 유지하는 그러한 민주주의를 지향할 것으로 보인다.

나는 이러한 공동체와 민주주의를 따뜻한 공동체, 따뜻한 민주주의로 규정한다. 개인과 가족, 개인과 공동체가 이처럼 상호 보완적인 균형 관계를 유지한다면, 한국의 민주주의는 정서적 친밀성이 작동되는 수평적인 네트워크형 민주주의로 이행될 가능성이 높다.

나는 서구적 민주주의를 개인주의자들의 냉철한 계산에 바탕을 둔 연대를 특징으로 하는 민주주의로 규정한다. 그것은 차가운 개인들의 자유로운 연대를 핵심으로 한다. 이에 반해 한국 사회에서는 공동체적 친밀성에 익숙한 가족 구성원들이 폐쇄성과 배타성을 넘어서서 사회적으로 연대한 사례들을 쉽게 찾을 수 있다. 외환 위기와 금 모으기 운동이나 촛불혁명 등에서 나타난 따뜻한 민주주의는 친밀한 개인적 관계를 사회적, 공동체적 연대 관계로 확장한 것이기도 하다. 이것은 친밀성에 기반을 둔 소규모 공동체가 열린 네트워크형 공동체로 스스로를 확장한 것으로 볼 수도 있다.

나는 한국 가족 안에서 길러진 친밀성이 배타성과 폐쇄성을 벗어나 타자와 연대한 이러한 사례들에서 열린 공동체주의로의 이행의 가능성을 본다. 그 사례들은 따뜻한 연대, 따뜻한 민주주의가 작동된 사례들이기도 한데, 앞으로도 이러한 친밀성과 타자들과의 따뜻한 연대는 한국 사회에서 확장될 것으로 예상해본다.

친밀성과 연대성이 이 사례들에서처럼 동심원적으로 선순환된다면, 한국 가족과 사회는 내부 결속력만을 강조하는 폐쇄성과 배타성을 넘어서서 타자와의 열린 공동체주의적 연대를 강화할 것이다. 이 선순환 관계는 개인주의를 바탕에 깐 이성주의자들의 계산과 성찰에 의거한 차가운 연대가 갖는 한계를 뛰어넘어 감성적 친밀성에 기반을 둔 사람들 사이의 보편적 연대로 이어질 가능성이 크다.

그러한 보편적 연대를 철학적으로 정당화할 수 있는 논변은 그 구성원들이 자유롭고 수평적으로 소통하는 네트워크형 열린 공동체주의가 제공할 수 있다. 이 열린 공동체주의는 국민국가적 단위의 연대를 넘어서서 세계와 세계인을 단위로 하는 '대동인大同仁'이나 '인간적인 공동체 민주주의'를 가능하게 하는 하나의 틀로서 기능할 수도 있다.

8장에서는 근대성 개념에 대한 보다 성찰적인 기획을 선보인다. 나는 근대화를 서구화로, 근대성을 서구 근대성으로 파악해온 기존의 일반화된 이해 방식을 비판적으로 검토한다. 서구 중심주의는 우리 사회뿐만 아니라 동아시아, 더 넓게는 비서구 국가들에게까지 무비판적으로 받아들여진 것이 사실이다. 산업혁명 이후 서구식 근대의 거대한 파도가 비서구를 삼켜버린 이후 아직 한국도 그 충격에서 완전히 벗어나지 못하고 있는 것이 사실이다. 거의 모든 학문 영역에서 서구 근대 이론은 근대를 파악하는 하나의 강력한 기준으로 작동되고 있다.

그러나 세계의 각 지역을 조금만 자세히 들여다보면 근대가 전개되는 사태의 흐름은 지역에 따라, 문화권에 따라, 근대를 맞이하는 사태에 따라 매우 다르게 진행됐음을 알 수 있다. 라틴아메리카의 근대화와 아프리카의 근대화, 동아시아의 근대화와 인도나 서남아시아의 근대화는 매우 다르게 전개되어왔기 때문에 근대화의 특징도 다르게 나타날 수밖에 없다.

전통과의 단절과 외부로부터 이식된 서구적 근대의 수용이라는 이분법에 의거해서 한국 근대를 파악하면 한국의 근대는 서구적 근대의 수용사이며 근대화는 서구화가 될 것이다.

나는 이와는 다른 관점에서 근대를 이해하고 구성하고자 한다. 근대적인 것을 원래 의미인 '지금, 이곳'에서 작동되고 있는 것으로 파악하면 근대성이란 그것의 주요 특징을 포착해 구성한 것이 된다. 이런 관점에서는 근대성의 역사적 기원을 포착하고 그것을 현실에 맞게 재해석하는 것이 중요하다.

한국 근대의 특징 중 몇 개를 예로 들어보자. 민주주의, 중앙집권화와 관료주의 등은 한국 역사 안에서 그것들의 원형적인 형태를 포착할 수 있다. 그만큼 한국의 근대는 전통과 연계되어 있다. 한국 사회에서 빠른 근대화가 가능했던 이유도 이러한 전통 속의 근대가 존재했기 때문이다.

한국의 근대는 이러한 역사적 근대와 식민지적 근대 그리고 미국적 근대가 중층, 중첩, 혼성화되어 있는 복합적 사태로 구성된다. 이러한 역사적 경로로 인해 한국의 근대화와 근대성은 독자적인 특성을 지닌다. 나는 이것을 '복합 근대'로 개념화한다. 한국 근대의 특징은 다른 국가와 지역에서 다양하게 구성된 다원적인 근대의 특징들과 동등한 지위를 갖는다. 나는 다원적 근대성들이 공론장에서 성찰적인 논박과 논증을 통해 보다 보편적인 모습으로 구성될 것이라고 판단한다. 이 보편적인 모습을 구성할 수 있는 틀로서 나는 열린 공동체주의를 제안한다.

논의를 구체화해보자. 도시 중심의 소상공인 등 도시민을 기초 단위로 한 서구 시민사회는 시민 개개인의 자유와 권리, 사적 소유 등을 강조한다. 서구적 근대화, 산업화는 이 배경 위에서 진행된다. 이와는 달리 동아시아에서는 노동 집약적인 소농 단위의 생산과 소비가 주를 이루면서 개인이 아닌 소농 가족이 사회적 삶의 기초 단위로 자리 잡는다. 17세기 이후 소농 단위의 생활공동체가 수도작水稻作의 발달로 활성화된다. 이 핵가족 단위의 자립적인 공동체적 생산과 소비는 20세기 초에 이르면 사회적 삶의 기초 단위가 된다. 20세기 중반 이후 한국의 근대화와 가족주의의 친연성은 이러한 소농적 삶과 생활 방식을 그 근저에 깔고 있다. 제사 문화와 족보의 일반화 등 20세기 중후반에 전 국민으로 확산된 양반 문화의 일상화도 조선 후기의 '양반화 열풍'과 연관된다. 역사적으로 서구 시민사회가 구귀족계급과의 투쟁을 통해 획득된 것과는 달리 한국 근대의 정착 과정에는 서구적 시장과 제도 등이 이식된 과정도 있지만, 내부적으로는 백성들의 소농 경영의 경험과 양반 문화의 선택이라는 과정도 밀접하게 연관되어 있다. 이러한 20세기 후반기의 계층 상승 열기는 과도한 경쟁, 돈만으로 승패를 측정하는 황금만능주의, 반사회적 가족주의 등을 양산하기도 했지만, 다른 한편으로는 21세기에도 교육열, 지식열, 문화열로 이어져 지식정보사회, 4차 산업혁명의 시대에 역동적으로 변화를 주도할 수 있는 기반이 되기도 했다.

나는 이 장에서 한국 근대화의 특징을 역사적으로 존재했던 몇몇 사례와 연계해 해석한다. 예를 들어 다양한 계契의 운영 방식에 사용된 규칙들이 근대적 결사체의 운용 원리인 개체성의 원리, 평등성의 원리, 합리성의 원리를 (덧붙여 자율성과 민주성도) 포함하고 있다는 점을 밝힘으로써 근대의 시작 기점을 고려 말 조선 초의 족계族契, 동계洞契와도 연계할 수 있다고 본다. 또한 재지 사족들이 성리학적 공의公義의 실현이라는 공공 원리에 의거해 향촌에서 공론화 역할을 수행하고 이를 기치로 지방 통치에 참여한 것도 향촌 사회에 존재했던 공공적 자치 실행의 사례로 볼 수 있다. 이들은, 과거제도를 통해 선발된 관료들이 근대적인 중앙집권적 관료 제도를 수행하는 주요 세력으로서의 역할을 한 것과는 달리, 성리학적 명분을 기반으로 왕의 비합리적 독주를 견제하는 정치 공론장의 지역적 토대로서 기능한 측면도 있다.

해방 이후 서구의 근대적인 법과 제도가 빨리 수용된 것도 근대 이전에 한국에 존재했던 삶의 양식과 제도가 외부로부터 이식된 근대적인 것들과 친연성를 지니고 있었기 때문이었다. 소농 경영 주체들의 경영 능력, 근대적 결사체의 요소를 지닌 계의 일상적 운용 경험, 오랜 기간 동안 시행된 중앙집권적 관료 제도, 가족주의와 유사가족주의의 사회적 안전망 기능 등이 그것들에 대한 가치 평가 이전에 20세기 후반 한국 사회의 근대화와 연계해 해석할 수 있는 역사적 사례들이다.

나는 한국의 근대화와 근대성은 사안에 따라서는 한국의 역사적 사례들과 연계해서 그 기점을 설정할 수 있다고 판단한다. 따라서 근대화를 서구화와 동치시키거나 근대성을 서구 근대성과 동일시해 단순화하거나 일반화해온 서구 이론과 사상의 한계를 명시할 필요가 있다.

모든 이론이 현실과의 대화 과정에서 생성, 조탁, 소멸된다는 점을 인지한다면, 모든 지식이 그것들과 연관된 지리-역사적 위상 속에서 구성된다는 지식의 지정학을 인정한다면, 한국의 근대화와 근대성에 대한 이론 구축과 그것들의 변화, 소멸의 진행은 그것들과 연관된 사태의 변화와의 끊임없는 대화 과정에서 자연스럽게 이루어질 것이다. 나는 한국의 근대화나 근대성 탐구에 있어서도 이러한 입장을 견지한다.

세계 곳곳에서는 각 사회의 문화, 전통, 역사의 전개를 바탕으로 나름대로 근대화가 진행 중이다. 그리고 그것은 세계적 단위의 소통과 섞임을 바탕으로 한다. 경제적인 측면만을 고찰해도 그렇다. 18세기까지도 유럽은 아시아를 중심으로 진행되던 세계경제의 주변부였다. 이 주변부가 식민지 개척과 그 이후 산업혁명을 이루면서 세계경제에 가장 늦게 승차해 자본축적과 자본주의화에 성공했으며 그 중심부로 부상했다. 세계경제의 진행 과정과 연계해 지역 경제를 고찰하면 자생적 자본축적을 기반으로 독보적인 자본주의의 길을 걸어왔다는 기존의 유럽 중심적 시각은 지탱되기 힘들다. 오히려 세계경제의 순환 과정을 기초로 유럽 자본주의의 진행을 보면 유럽의 자본주의도 그 순환 과정의 일부분에 지나지 않음을 인지할 수 있다.

경제 분야에서처럼 다른 분야에서도 서구 중심주의를 상대화하고, 그 대신 세계와 인류의 전체 조망 아래 다양한 사태와 연계된 지식의 지정학과 다원주의적 시각을 도입할 필요가 있다. 이러한 시각에 따르면 근대성에 대한 해석도 서구화 = 근대화, 서구 근대 = 비서구 근대의 원형이라는 도식은 현실 적실성과 타당성을 확보하지 못한다. 그 대신 다양한 역사 문화적 경로를 지닌 근대성 담론들이 제안될 것이다. 한국의 근대화와 근대성에 대한 탐구도 이러한 맥락에서는 서구 중심주의와는 다른 독특한 근대화, 근대성을 지닌다.

이런 시각에서는 앞서 논의한 전통적인 요소들과 한국 근대를 연결 짓는 일이 현실 적실성과 타당성을 지닌 의미 있는 작업이 된다. 물론 이럴 경우 각 지역마다 독특하게 진행되어온 다원적, 다중심적 근대화와 근대성이 등장한다. 그리고 이러한 다원적 근대화와 근대성은 공론장에서의 타당성 검토를 통해 보다 일반화된 형태의 근대화와 근대성으로 재구성되는 것이 당연하다.

한국의 근대화와 근대성도 서구 중심의 근대화와 근대성 논의에서 벗어나 자신의 역사 사회적 사태를 기반으로 구성될 수 있는 여지가 있다. 이렇게 구성된 한국의 근대화와 근대성 담론은 공론장에서의 논박을 통해 보다 일반화된 형태로 조탁될 것이다. 이것은 또한 이와 동등한 위상을 갖는 다른 지역의 다양한 담론과의 공론장에서의 상호 조탁을 통해 보다 일반화된 담론으로 구성될 것이다.

노동과 자본, 과학기술과 제도 등이 세계화와 네트워크형 소통으로 빠르게 섞이고 공유되는 현실에서는 더욱더 공론장에서의 타당성 검토와 보다 일반화된 담론으로의 수렴이 활성화된다. 이처럼 다양한 근대성의 공존과 성찰을 통한 일반화, 보편화를 가능하게 하는 틀로서 나는 '열린 공동체주의'를 제안한다. 이러한 나의 제안도 공론장에서 보다 나은 방안으로 재구성될 것으로 기대해본다.

　마지막 장에서는 한국 근대의 독특한 역사적 전개 양상이 지식정보사회, 4차 산업혁명의 시대를 맞이해 변화하고 있는 모습을 해석한다. 농업사회, 산업사회, 지식정보사회로 빠르게 이동한 한국 사회는 자신의 변화의 궤적을 성찰하지 못한 채 변화에 적응하느라 온 힘을 써온 것도 사실이다. 한국 사회에서는 이 세 사회의 층위가 중층화, 중첩화, 혼성화되어 있는 복합적인 현실 사태에 직면해 그에 걸맞은 복합적 대응 방식을 적재적소에 사용하는 것만으로도 유능한 인격체로 대접받아왔다.

　나는 그러한 복합적 사태의 전개와 복합 성찰성의 작동 현상을 중심과 주변이라는 이분법의 구도 속에서 주변일 수밖에 없었던 한국의 역사와 연계해 해석한다. 중심에서의 중심 잡기는 그래도 어렵지 않다. 자신이 중심부의 구성원이라는 존재 이해를 바탕으로 스스로를 주체로서 위상 짓는 사람들은 자신의 노력 여하에 따라 능동적으로 중심부의 중심으로 진입할 수 있다는 믿음을 가질 수 있기 때문이다.

　이에 반해 지정학적으로 늘상 주변부에 속해 있어서 중심부로의 진입이 원초적으로 차단된 주변부 구성원들은 중심부의 중심이 되려는 노력과 생각을 접고 주변부 내의 중심 내지는 주변부로서의 위상만을 고려의 대상으로 삼는다. 특히 위계적이고 패권적인 중심주의가 작동되었던 시기에 주변부 사람들은 주변부의 비자립성과 주변부 사람으로서의 비주체적인 존재 이해 속에서 일관되고 주체적인 판단과 행위를 하기 어려웠다. 설령 자신이 중심부와 똑같이 사고하고 행동하는 동화주의적 전략을 선택하든, 특수성을 강조한 차별화 전략을 선택하든, 복합적 사태에 대한 다원적인 전략을 선택하든 결론은 유사하다.

주변부에서는 일상인 내외부의 섞임으로 진행되는 복합적 사태에 대한 복합 성찰이 주체적으로 행해지려면, 그리고 그 복합적 사태와 그 복합 성찰의 내용들을 객관적으로 파악하고 미래 기획을 주체적으로 수행하기 위해서는 위계적인 중심/주변의 관계 중 주변부의 위상에서 벗어나야 한다. 갑에 휘둘리는 을이어서는 안 된다. 한국적 사태와 한국인들이 다원적 구도의 한 축으로서 자리매김되어야 한다. 그렇지 않을 경우 그 복합적 사태의 주요 동인들이 외부 중심부의 충격에 무력화될 수밖에 없기 때문이다.

역사적으로는 20세기 중반까지 한국의 지정학적 위상이 그랬다. 한국은 중화주의, 대일본주의, 유럽 중심주의, 미국 중심주의의 주변으로서 중심의 지배 논리에 종속적일 수밖에 없었기 때문에 능동적 주체로서의 존재 이해를 할 수 없는 상황에서 외부의 세력 변동에 민감할 수밖에 없었다.

그러나 20세기 후반기 이후 한국은 산업화와 민주화에 성공하였으며 지식정보사회를 주도하는 국가로서 자리매김하고 있다. 세계의 중심부도 점차 다원화되고 있다. 일방적인 갑을 관계가 서서히 위력을 잃고 있다. 중심부의 다원화로 다중심성이 현실로 인정되고 있다. 오히려 서구 중심주의에서 중국과 인도로 이어지는 아시아 중심주의로의 이동을 우려해야 할 상황이다. 문제는 이러한 다중심성이 전개된다 해도 한국은 새로운 중심주의가 강화되면 그 주변부로서 휘둘릴 확률이 높다.

중심부가 아닌 주변부로서, 갑이 아닌 을로서의 피지배 상황을 벗어나려면 비패권적, 반패권적 연대를 강화해 중심주의에 내재해 있는 갑을 관계를 무력화하는 전략을 구상해야 한다. 이 연대의 기반은 외부 세력의 일방적인 중심주의에 대항해서 중심과 주변을 모두 다 다중심화하는 것이다. 이 다중심화는 밖을 향한 외적인 상호 관계에서의 다중심화를 의미하는 것에 그치지 않는다. 다중심 중의 하나하나의 중심 영역 내부도 다중심화하는 일관성 있는 다중심화의 논리를 채택하고 실행하는 것이 중요하다. 그것은 화이부동의 논리가 지향하는 것이기도 하며 자유롭고 평등한 열린 공동체주의의 논리가 추구하는 것이기도 하다.

이 장에서 나는 미국 중심의 일방주의가 21세기 중국, 인도 등의 부상으로 약화되고 점차 다중심화가 확장되고 있는 현 상황에서 위계적 중심/주변의 관계를 폐기하고 모두가 중심으로 대접받는 철학적 방안을 제안한다. 그것은 중심의 다중심화와 다중심 구조 내부의 다중심화를 통해 안과 밖을 다중심의 구조로 짜는 새로운 중심 개념이다.

안과 밖이 열린 다중심의 구조는 가장 작은 소집단인 가족으로 국한할 경우, 그 구성원 모두가 하나의 중심으로서 각자의 개성과 자아실현을 서로 인정하면서 배려하는 상호 관계를 구성할 수 있다. 이러한 다중심론은 결국은 모든 구성원이 중심이자 하나의 매듭으로서 자유롭고 평등하게 수평적으로 연대하는 네트워크형 공동체의 구성원이 되는 열린 공동체주의와 맥을 같이한다.

국가나 세계나 혹은 사회집단이나 가족까지도 안과 밖을 일관성 있게 다중심화할 경우 그 구성원들은 어떤 집단 내에서도 하나의 중심으로서 상호 소통하는 네트워크형 공동체의 하나의 매듭으로 자리매김된다. 이들의 자유롭고 평등한 소통과 결속을 보장하는 철학적 틀이 바로 열린 공동체주의다.

이럴 경우 모든 구성원은 자신이 속해 있는 다양한 집단에서 하나의 중심으로 우뚝 서 타 지역 구성원들과 열린 소통을 통해 비패권적이며 반패권적인 새로운 질서를 지역적으로나 세계적으로 구축할 수 있다.

21세기 지식정보사회의 세계적 네트워크 및 이를 기반으로 한 다양한 소통과 유연한 네크워크형 공동체들의 등장이 이것의 하나의 징표가 될 수 있다. 21세기의 세계화는 거의 전면적인 세계화라고 해도 과언이 아니다. 지식과 정보, 자본과 노동, 기술과 상품이 국민국가의 틀을 넘어 세계를 무대로 활동한다. 서구도 세계 무대의 일부분일 뿐이다. 어느 지역에 기반을 두고 있는지는 크게 문제되지 않는다. 소통 당사자들에게 그 공동체는 열려 있다. 누구나 자유롭게 소통의 당사자로 참여할 수 있다. 어느 공동체건 그 구성원들에게는 평등한 참여가 보장된다. 형식적으로는 그렇다. 모두가 네트워크의 하나의 매듭으로서 다양한 공동체를 형성하기도 하며, 다양한 공동체에 참여할 수도 있다. 모든 구성원은 초연결 사회의 하나의 매듭이 된다. 그것은 가장 작은 단위의 연결망에서도 가장 큰 단위의 연결망에서도 마찬가지의 지위를 갖는다.

이러한 열린 공동체적 관계망이 강화될수록 기존의 위계적 중심/주변의 관계는 설 곳을 잃는다. 가장 작은 단위에서든 가장 큰 단위에서든 그렇다.

나는 안과 밖을 일관성 있게 다중심화하는 다중심주의, 열린 공동체주의라는 개념을 바탕으로 21세기형 미래지향적인 근대성의 이념을 새롭게 구상할 수 있을 것으로 파악한다. 역사적으로 주변부의 역할을 감내해야 했던 한국이 21세기에는 패권주의의 소용돌이 속에 휘말리지 않기 위해서는, 능동적으로 세계화의 흐름을 헤쳐 나가기 위해서는 패권주의가 득세하지 못하게 하는 반패권주의적인 연대를 강화하고 비패권주의적으로 함께 상생·번영할 수 있는 대안을 모색해야 한다. 이 장에서의 나의 철학적 제안이 이러한 맥락에서 이해되었으면 한다.

II부 동아시아, 가족 그리고 근대성

2장 한국발 동아시아학은 가능한가?

1. 논쟁의 맥락 잡기

21세기에는 한중일을 중심으로 한 동아시아 지역이 서유럽 지역이나 북미 지역에 버금가는 세계 거점 중 하나로 자리매김하고 있다. 조선, 화학, 자동차 등 전통 산업사회형 산업 분야뿐만 아니라, 인공지능이나 5G 혹은 메모리나 비메모리 반도체 분야에서도 세계 첨단 기술을 보유한 지역으로 부상하고 있다. 스마트 카나 전기차 등을 통해 이들 사이의 상호 관계도 강화되고 있다. 그렇지만 중국의 부상과 일본의 정체 그리고 한국의 발전으로 동아시아 지역 내 역학 관계가 변화 중이다. 19세기 중반 이후 서구 근대 문명의 아시아 수용 관문으로, 동아시아의 최변방국에서 서구 문명 전파의 선두 주자국으로 자임해온 일본의 자기 위치 설정이 21세기 들어 급격하게 약화되고 있다. 서구로 눈을 돌렸던 '탈아입구'라는 선전 문구나 일본의 '서구화를 통한 아시아 선진화 전략'이 더 이상 동아시아인들에게 매력적으로 보이지 않기 때문일 것이다. 전통적인 강국이었던 중국의 부상은 더 이상 새로운 것도 아니다. 중국은 이미 미국과 어깨를 나란히 하는 세계 최강국으로 자리매김하고 있다. 한국도 20세기 후반 산업화와 민주화에 성공하면서 21세기 초반 현재 경제 규모로는 세계 10위권으로, 그리고 다양한 문화 컨텐츠 수출국으로 변화 중이다.

동아시아 3국의 근대화는 서구 국가들과는 매우 다른 전략을 취해왔다. 동아시아 3국이 근대화를 추진한 시기와 경로는 각각 다르지만, 일정 정도 유사하게 공유해온 요소들도 있다. 이들이 역사적으로 공유하고 있었던 문명의 내용이나, 이들이 이를 바탕으로 발전해온 독특한 모습은 서구 근대 문명 중심의 근대화 방식을 상대화하고 또 다른 근대화의 길이 가능함을 사실로서 보여주고 있다.

이러한 변화를 염두에 두면서 21세기 한국과 동아시아의 생존과 번영의 기획을 구상해야 할 시기다. 서구 국가들뿐만 아니라 세계 최강국 미국도 중국의 급부상을 경계하면서 이 지역에서의 패권을 유지하기 위해 다차원적으로 노력하고 있다. 중국은 축적된 힘을 바탕으로 이 지역에서 옛 패권의 부활을 꿈꾸며 빠른 속도로 지역 질서의 재편을 시도하고 있다. 일본도 21세기 아시아에서의 주도권 경쟁에서 밀리지 않으려고 몸부림치고 있다. 이러한 변화를 감지하면서 한국은 또다시 국가 발전 전략을 슬기롭게 구사해야 한다. 현실 사태의 변화와 이를 기초로 한 학문의 구상이 요구됨에도 불구하고 유럽학이나 미국학에 비해 동아시아학은 초보적인 단계에 머물러 있다. 21세기를 기획하는 한국학은 말할 나위도 없다. 주변 강대국들의 힘겨루기 와중에서 최소한의 중심 잡기도 어려운 상황이다.

동아시아 지역 내에서의 경제적 교류는 매우 빠르게 늘어나고 있지만 이에 부응하는 동아시아인들의 상호 소통의 기반은 다져지지 않은 상태다. 역사 문화적 교류도 폐쇄적인 국가주의라는 암초에 걸려 일진일퇴를 거듭하고 있다. 그만큼 민족과 국가 그리고 세계를 상호 네트워크로 연결하는 공동의 작업이 미비한 것도 사실이다. 다른 지역에 비해 유독 폐쇄적인 국민국가의 틀이 강하게 작동되고 있는 동아시아의 현 상황에서는 상호 공존과 배려를 위한 규칙을 만들고 이를 확장해가는 일이 우선적인 것으로 보인다. 한중일 3국 사이의 물적, 인적 소통은 강화되고 있지만, 지역공동체 구성을 위한 제도적 협력은 요원하기만 하다. 중국은 경제 대국으로 부상하면서 발생한 빈부 격차나 계층 갈등을 중화 민족주의라는 이념적 틀로 잠재우고 있다. 그 이면에는 자국 우월주의가 도사리고 있다. 그 여파는 한반도에도 그대로 미친다. 일본은 보수 정권이 지속되면서 역사적 반성은 고사하고 재무장과 군사 강국을 꿈꾸고 있다. 오히려 각자도생의 길을 걷느라 주변국들과의 협력과 미래 기획은 뒷전으로 밀리고 있다. 그만큼 지역 내 상호 협력과 번영의 규칙을 만들려는 노력이 활성화되지 않고 있다. 이런 상황에서 동아시아의 협력과 번영의 공동체 구상은 공론장에서조차 활성화되고 있지 못한 상황이다. 한국의 지식인들은 이런 상황에서 아직도 서구의 특정한 이론에 의거해서 혹은 서구의 21세기 기획을 기준 삼아 이 지역의 질서를 파악하거나 기획하는 데 익숙해져 있는 것이 사실이다.

  그 맥락의 뿌리에는 서구 중심주의가 놓여 있다. 근대 주권국가의 기획과 세계화가 너무 오랫동안 비서구에서도 유일한 규율로 작동되어왔다. 세계는 다원화되고 있음에도 불구하고 그 규칙은 다원화되고 있지 못하다. 오히려 유럽연합의 탄생 이후 서구가 미국과 유럽으로 분화되고 있음에도 세계경제의 또 한 축인 동아시아는 독자적인 소통의 규칙을 만들지 못하고 있는 상황이다.

그 이론적 맥락을 따라가보자. 근대사상이 서구 사상으로 동치된 이후 서구의 사상을 중심으로 현실을 해석해왔던 한국의 지성계도 이제는 자기 성찰의 시기를 맞이하고 있다. 한국 지성계도 이제 아시아 정체성론이나 유교의 반자본주의적 성격을 강조했던 베버류의 논법을 벗어나 이 지역이 보유해온 다양한 자산을 중심으로 현실을 이해하고 설명할 수 있는 청사진을 제시해야 하는 것이다. 이를 위해서는 먼저 이 지역 자체의 사태 전개와 현실에 기반을 둔 적절한 논리를 만들어가야 한다.

물론 근검, 절약을 강조하는 개신교 신앙이 자본주의를 탄생시키는 데 결정적인 역할을 제공했다는 서구 근대의 이해를 일면 이해할 수 있다. 반면 인간관계에 있어서 직업의 귀천과 위계질서를 강조하는 유교의 가치 체계는 자본주의 발전에 있어서 저해 요인이었다는 베버류의 (또한 J. S. 밀, 헤겔, 맑스 등 거의 모든 서구 근대 이론가의 서구 중심주의적) 지적은 더 이상 타당하지 않은 주장이다. 그것은 유교의 규칙 중 극히 일부분만을 일반화한 오류를 범하고 있기 때문이다. 오히려 그 이전 유럽의 지식인들이 숭상했던 동양의 가치들을 전면 폄하하면서 발생한 이러한 오류는 유럽이 산업혁명의 성공 이후 전 세계로 헤게모니를 확장해온 현실을 목도한 유럽의 일부 지식인들이 스스로 새로운 세계사의 보편적 기준을 독자적으로 구성한 지적 자만심의 결과물로 보인다. 아마도 산업혁명과 제국주의가 팽배했던 당시에는 세계사가 유럽 주도로 전개되었기 때문에 비유럽 지역을 유럽 기준으로 비교 설명하고 이를 기반으로 가치판단을 하는 것이 자연스러운 논의 전개 방법이었을 것이다. 따라서 이 이론은 천 년 이상 존속했던 동아시아 지역의 관료주의나 중앙집권화 혹은 고도로 발달했던 지성사와 식자층 등을 주요 관심의 대상으로 삼을 이유가 없었을 것이다.

이런 맥락에 따른다면 21세기 들어 확장 일로에 있는 동아시아 각국의 경제 발전과 기술력의 세계화를 설명하는 논거로 서구보다도 높은 교육열이나 엄격한 노동 윤리 혹은 권력의 중앙집권화와 관료주의 혹은 인간과 인생 그리고 자연에 대한 관계 중심적 이해와 같은 독특한 전통적인 가치 체계가 작동되어왔다는 점 등을 들 수도 있다.

동아시아 기업 경영에서는 서구의 개인주의적, 합리적 경영 방식보다는 다양한 전통적 인간관계에 기반을 둔 기업 경영 방식을 따르는 것이 보다 더 성공을 보장한다는 사실이 광범위하게 인정되기도 했다(김성철, 2001: 227 참고). 이 '유교 자본주의'가 바로 1980년대 이후 10여 년간 특수를 누렸던 '아시아적 가치' 논쟁의 현실적 전거이기도 하다.

어쨌든 역사적, 지역적으로 그 형태를 달리하고 있는 다양한 자본주의의 유형을 이해하기 위해서는 특정한 지정학과 사회 문화적 맥락을 고려할 필요가 있다. 예를 들면 개신교 윤리의 담지자 집단은 서구 중세 질서에 대한 도전자 집단인 도시민들이었다. 반면에 유교 대변자들은 동아시아의 전통적인 질서를 수호해온 기득권 집단이었다. 그러나 다른 측면에서 보자면 동아시아 국가들의 근대화 과정에서는 이러한 과거의 학자, 관료 집단의 유산을 이어받은 근대화된 국가 관료가 근대화를 주도함으로써 위로부터의 자본주의가 효율적이며 빠르게 실행될 수 있었다(유석춘, 1997: 78-83 참고)는 주장도 있다.

이것은 전통문화의 유산과 연관되어 있다. 관계 중심적 인간관, 개인의 가족주의나 공동체에 대한 강한 소속감, 오랫동안 시행된 중앙집권화와 관료주의, 천하위공天下爲公적 정치관, 유학자들의 비판정신 등이 그 문화적 배경으로 작용하고 있다는 것이다.

이념적으로는 서구의 개인주의나 합리주의 등의 계몽주의 전통과는 다른 동양의 관계 중심적인 유교적 사회질서도 작용하고 있다. 예를 들면 한국 사회에서는 서구적인 의미의 독존적인 추상적 개인이나 자유롭고 자율적인 자아의 개념은 근대화를 주도하는 세력에게는 낯선 개념이어서 근대화의 주도 이념으로 작동되지 않았다. 오히려 다층적인 상호 주관적 관계망 속의 인간관계를 기본으로 하는 전통적인 인간관계가 국민을 단위로 보다 수평적으로 변형된 복합적인 관계망 속의 인간 개념으로 작동되고 있었다.

개인과 사회의 관계에서도 서구의 개인주의적인 시각에서 보자면 사회란 서로 간에 무관심한 이기적인 개인으로 구성된 결사체일 뿐이다. 어떤 외부의 힘으로부터도 독립적인 자유롭고 평등한 개인들 사이의 계약에 의해 법과 국가가 구성된다는 계약론적 입장이 서구 근대사상의 기반이다. 반면에 유교적 인간관에서는 개인은 가장 크게는 천하위공을 위해, 그보다 작게는 국가와 가문이나 가족 등의 공동체의 조화를 위해 개인의 욕망이나 이기심을 절제하는 것을 이념으로 삼는다.

국가의 역할에 대한 인식에 있어서도 마찬가지다. 개인의 권리 존중을 국가의 기본 임무라고 보는 서구의 고전적인 자유주의 국가론에서는 국가의 역할을 최대한으로 배제하려는 '최소국가주의'의 원리가 지배적이다. 이에 반하여 유교에서는 인민의 복지에 대한 군주의 관심을 부모의 자식에 대한 사랑에 비유하면서 국가의 개입을 정당화시키는 '온정적 개입주의' 원리가 작동되어왔다. 특히 한국의 근대화 과정에서 작동되었던 중앙집권화된 행정 관료 제도의 효율성과 공동체 구성원으로서의 국민의 책무 강조 등은 유교적 심성과 연계되어 있다.

또한 근대화 전개 과정이 달랐기 때문에 발생하는 문제들도 있다. 서구 근대화, 산업화 세력의 동아시아 침탈에 직간접적으로 영향을 받아온 한중일 3국은 처음부터 아래로부터의 근대화 프로그램을 진전시키지 못했다. 오히려 국가의 필요와 계획에 따라 관료제를 바탕으로 위로부터 시장을 조성하고 자본을 축적해왔다. 민간 부문에 있어서도 혈연·지연·학연 등의 다양한 연고주의에 의거한 동원 방식이 효과적으로 이용되었다.

따라서 서구에서는 시민사회의 성장 및 자본주의의 발전으로 약화된 혈연·지연·학연 등의 연결망의 역할이 동아시아에서는 자본주의의 도입으로 더욱 강화되는 역설적인 상황이 발생하기도 했다. 이것은 동아시아 기업의 특징을 다룰 때 항상 같이 등장하는 가족주의[1]라는 특징을 띠고 있는 '유교 자본주의'와 '아시아적 가치' 논의의 주요 쟁점이기도 했다.[2]

1 '가족주의'에 대한 정의는 학자에 따라 다소 다르나 대체로 "사회의 기본 구성 단위는 개인이 아니라 가족 집단이며 가족 집단은 국가를 포함한 다른 어떠한 사회집단보다 우선시된다"는 신념이라 정의된다. 특히 동아시아 3국에 있어서의 가족주의적 경향은 상이한 면도 있지만 가족주의의 특성에 있어서 상당 부분 동질적인 면도 있다(최재석, 1994: 520-540; 조혜정, 1985 참고).
2 물론 이 형태는 동아시아 3국에 있어서 서로 다른 방식으로 기능하고 있는데, '위계적' 또는 '가산적patrimonial'인 한국 기업 조직의 특징은 혈연관계 및 소유자 개인의 역할과 위상이 강조된다는 의미에서 가부장적인 유교 질서가 반영

그러나 이 논쟁의 전개 양상보다 더 중요한 것은 현재 동아시아 기업 내부에서 진행되고 있는 다양한 변화상을 담아내어 이를 바탕으로 미래지향적인 큰 그림을 그리는 작업일 것이다. 이 지역의 경제성장을 부추겼던 유교 문화적 유산은 정경 유착과 부정부패, 연고주의, 정부의 지나친 시장경제 개입 등의 부작용을 동반하기도 했는데, 이런 부작용은 자본과 경제 그리고 제도의 세계화에 부응하기 어렵게 한다. 또한 BRICs, 아세안 등의 다른 지역의 성장을 유교 자본주의나 아시아적 가치로 설명할 수도 없다.

따라서 동아시아의 공존과 번영을 위한 미래지향적 설계를 위해서는 유교적 가치를 기반으로 하고 있는 기존의 아시아적 가치 논의보다 더 개방적이며 보편적인 형태를 고려해야 할 것이다.

물론 이러한 새로운 시각의 현실 적합성과 이론적 타당성은 동아시아의 경험 자료에 기반을 둔 설득력 있는 이론의 설정과 보편화 가능한 정치철학적 미래 전망 등을 함께 구사함으로써 가능해질 것

된 기업의 형태이고, '공동체적'인 일본 기업 조직의 특징은 집단적인 의사 결정을 존중한다는 '협동과 단결'의 유교적 가치관을 수용한 형태이고, '가족 연결망적'인 대만의 기업 조직은 시장이라는 상황에서 가족 관계가 어떻게 지속적으로 기능할 수 있는가를 보여주는 형태라는 측면에서 역시 유교적인 사회 구성의 특성을 반영하고 있다(김성철, 2001: 231; 김혁래, 1997: 59-62, 69-70 참고).
그러나 최근의 동아시아 경제 위기는 아시아적 가치와 특수성에 대한 논의를 새롭게 부각시키고 있다. 전근대사회로부터 내려온 공동체적인 '가치 지향'이 근대적 사회조직을 효율적으로 운영하는 데 긍정적인 역할을 한다는 견해의 논거는 일본과 아시아 신흥공업국의 경제적 성공이었다. 그러나 아시아 경제 위기 이후, 특히 1990년대부터 시작된 일본의 장기 경기 침체는 근대적 제도와 조직 운영에 있어서 아시아의 전통적 가치가 부정적으로 작용하는 것으로 평가되고 있으며 따라서 다시금 글로벌 스탠더드를 강조하는 견해가 확산되고 있다는 점도 새롭게 고려되어야 한다.

이다. 국내에 축적된 학문적 역량을 고려할 경우 이러한 사항을 다 아우르는 거대 이론을 구성하는 작업은 지극히 어려운 과제다. 그럼에도 부족한 현실을 탓하면서 마냥 체념할 수만은 없다. 현재 가장 필요한 부분을 조금씩 만들어가는 일 또한 중요하기 때문이다.

 이 장은 1980년대부터 1990년대까지 활발하게 논의되었던 아시아의 근대의 전개 과정에서 논의된 아시아적 가치에 관한 논쟁을 살펴본 후, 이에 대한 평가를 기반으로 21세기형 '한국발 동아시아학'의 가능성을 정치철학적인 차원에서 모색한다. 동아시아에 접근하는 한국발 시각과 논점이 필요한 이유는 한국의 지정학적인 위상을 기반으로 동아시아 국가 간의 소통과 협력을 모색하는 기준점을 잡기 위해서이다. 이를 기반으로 각국의 위상을 기초로 생성된 다양한 논의와의 실질적인 소통과 협력의 틀을 형성할 수 있을 것이다. 좀 더 중장기적으로 시야를 확장한다면 한국발 시각과 이론은 동아시아 각국에서 생성된 다양한 논점과 공론장에서의 상호 논증을 통해 보다 타당성 있는 동아시아발 이론으로 재구성될 것이다. 또한 더 나아가서는 다양한 지정학적 위상 속에서 전개되는 세계의 다른 논의들과도 상호 논박을 통해 누구나 동의할 수 있는 소통과 협력의 틀을 형성할 수 있을 것이다.

2. '아시아적 가치'의 위상[3]

'아시아적 가치'는 1980년대 한국, 타이완, 홍콩, 싱가폴 등 아시아 신흥국가들의 괄목할 만한 경제 발전의 원동력으로 평가되기도 했다. 그러나 1980년대와 1990년대 중반까지 부각되었던 '아시아적 가치' 논쟁은 IMF 한파 이래, 특히 경제적 효율성의 측면에서 비판의 대상이 된다(이승환, 2004: 8장 참고). 종래에 행해진 아시아적 가치들(특히 유교적 가치들)에 대한 상이한 평가들도 동아시아 각국의 역사적, 사회 문화적 실체를 비교 분석한 결과물로서 제시된 것이 아니다(국민호, 1997: 31-34, 53 참고). 그것들은 최근의 동아시아 각국의 사회경제적 지표를 긍정적이거나 부정적으로 해석하는 과정에서 다양한 유교적 가치 중 일부분을 선택적으로 도입한 것들이다.[4] 교육열, 가족주의, 협동심, 근검과 절제 및 조화 강조 등의 특정한 유교적 가치는 경제 발전의 원동력으로 파악되기도 한다. 그러나 이에 반해 연고주의, 정실 인사, 정경 유착 등은 경제 위기의 주원인으로 비판된다.

기존의 동아시아 가치 주창자들은 동아시아 경제가 발전 국면에 있었을 때에도 특정한 유교적 가치를 성공의 요인으로 제시했을 뿐만 아니라, 경제가 위기 국면에 있을 때에도 유교적 가족 윤리의 복원을 통해 위기를 해결할 수 있다는(다카하시, 두웨이밍) 논리를 펴왔

---

[3] 2장의 내용은 권용혁(2005: 161-173)의 내용을 수정·보완한 것이다.
[4] 유교 안에서도 시대에 따라 강조한 내용이 원시유학, 한당유학, 주자학과 양명학, 고증학, 그리고 현대 신유가 등에 따라 매우 다르다. 또한 유교가 한국, 중국, 일본, 베트남에서 전개되는 과정은 매우 상이하다(김석근, 1999: 251 참고).

다. 한국에서는 IMF 위기 상황에서 가족이 경제 위기 극복의 마지막 피난처로 담론화되기도 했다(조은, 2000: 175 참고).

이처럼 문화적 측면에서만 아시아적 가치를 이용한다면 그것은 어느 상황에서나 누구에 의해서나 자의적으로 해석될 여지가 있다.[5]

리콴유는 사회적 규율과 가족주의에 뿌리를 둔 동양적 가치가 서구의 개인주의에 비해 우월하다고 주장한다. 그는 개인의 이익보다 전체 사회의 이익을 보다 중요시한다. 그 결과 사회질서와 정치 안정을 민주주의나 인권보다 더 중요한 가치로 간주한다. 같은 맥락에서 유교의 가르침에 입각한 사회규범들이 서구의 가치들보다 더 중요하게 취급되어야 한다고 본다. 사회는 가족의 확대 개념으로 이해되고, 사회질서는 가족 질서와 마찬가지로 위계질서와 권위에의 복종, 그리고 이에 기반을 둔 상호 이해와 협동으로 이루어지는 것으로 간주되는 것이다(이승환 외, 2001: 제1부 참고).

그러나 이러한 자의적인 주장은 현실 사회를 혼란에 빠지게 할 수도 있다.[6] 민주주의와 개인의 자유와 평등 등을 보장하는 '근대성의

---

[5] 동아시아 경제성장을 설명할 때 가족제도, 교육제도, 기업 조직 등의 문화와 결합된 제도적 요인들을 고려할 경우 보다 설득력을 얻을 수 있다는 점도 사실이다. 그러나 이 지역의 고도성장기에도 유교뿐만 아니라 도교, 불교, 기독교 등이 공존하면서 이들이 각각 사회제도들에 영향을 주었다는 점을 고려해야 한다. 따라서 유교적 가치만으로 설명하려는 시도는 한계를 가질 수밖에 없다.

[6] 특히 싱가포르는 다인종, 다종교, 다언어, 다문화 국가라는 점에서 유교만을 주도적인 문화 전통으로 보기는 곤란하다. 싱가포르의 인구 구성은 중국계(76퍼센트)뿐 아니라 말레이계(15퍼센트), 인도계(6.4퍼센트), 유럽계, 일본계, 아랍계, 유태계, 필리핀계, 태국계, 미얀마계 등으로 다양하다. 종교 또한 기독교, 시크교, 이슬람교, 힌두교, 불교 등이 다양하게 존재한다. 이렇게 인종과 종교가 다양한 상황에서 유교적 가치를 대대적으로 내세우는 일은 공동체를 결속시키기보다는 오히려 분열과 갈등으로 내몰 수 있다(이승환, 2004: 243, 286 참고).

기획'이 현실에서 부패 만연, 인권 침해, 정실주의 등으로 인해 왜곡되고 굴절되는 상황을 옹호할 위험성도 높다.

반면에 폐쇄적인 가족주의, 연고주의에 기초한 기업 구조, 정경유착, 부정부패, 불투명성이 만연한 사회 등을 지적하는 것이 아시아적 가치를 비판하는 논점이다. 이 논점은 사회제도의 투명성과 개방적 경쟁을 통한 사회적 합리성의 증가에 초점을 맞추고 있다. 그러나 이 논점으로는 이 지역에서 진행 중인 정부 주도의 시장 개입 등의 정치제도적 변수뿐만 아니라, 사회 구성원들의 집합주의적 태도나 연고주의의 영향력 등 독특한 제도적, 문화적 요인들의 영향력을 충분히 설명해내지 못한다.

이러한 한계는 이 논점이 동아시아 각국의 제도와 문화가 구체적인 사회 현실에 미친 영향을 객관적으로 고려하지 못하고 있으며 또한 "아시아의 민주주의가 아직 형성 중이라는 점을 외면하고 있기" (강정인, 2004: 382-383) 때문에 나타난 것으로 보인다.

이처럼 '아시아적 가치'를 둘러싼 논쟁은 서구의 특정한 근대성 이론에 의거한 아시아 관련 해석을 아시아 각국의 몇몇 담론 주도자가 비판을 위해 도입하고 그것들을 자의적으로 재해석하면서 증폭된 것으로 볼 수 있다.

이처럼 외재적인 것을 축으로 삼고 행해지는 비판적 해석은 스스로의 기준점을 기반으로 한 해석이 아닌 이상 독자적인 생명력을 갖지 못한다. 그 해석이 논거로 삼는 경험 자료들이나 이론적 제안들이 서구에서 축적된 자료와 이를 바탕으로 구성된 이론적 틀에 근거하고 있다는 근원적인 한계가 수정되지 않는 한, 달리 말하면 동아시아의 역사적 현실 분석에 근거하고 있지 않는 한 그것은 찬성 논의이건 반대 논의이건 간에 모두 "서구적 기준에 의거한 아시아적 가치 논쟁"이라고 기록될 것이다(강정인, 2004 참고).⁷

한국의 경우 1987년 이후 자율적으로 다양한 시민사회가 형성되어왔다. 시장에서도 자율성이 확대되면서 정부의 규제가 약화되고 있다. 그만큼 정경 유착은 약화되고 있다. 세계화로 인한 시장에서의 글로벌 스탠더드화가 진행되고 보다 성숙한 시민사회단체들의 영향력이 확대되면서 한국 사회는 그 이전의 유교 자본주의의 틀로는 해석될 수 없는 새로운 환경에 처하게 된다(조희연, 1998a: 3장; 1998b: 6장; 2004: 19-45; 최장집, 2002: 7장; 이재열, 2001: 185f. 참고).

자본과 정보의 세계화 과정 중에 있는 현재 세계경제는 자본과 노동 집약적인 산업 체제에서 정보와 기술 집약적인 체제로 변해가고 있다. 이에 성공적으로 적응하기 위해서는 자유로운 정보의 유통이 보장되고 창의적인 사고방식을 가진 자유로운 개개인이 이와 연결되어야 한다. 이는 내부 결속력을 강조하는 폐쇄적이며 배타적인 조직 구성 형태에서 외부에 대해 개방적인 조직 형태로의 변화를 요구한다. 집단 내부만의 강한 결속력과 신뢰도도 외부의 타자에게 열려 있는 투명한 결속력과 신뢰도로 변경해야 한다. 이를 위해서는 각종 연고주의를 허용하고 있는 불투명한 사회조직 체계도 자유롭고 평등한 구성원들로 이루어진 투명한 네트워크형 체계로 전환되어야 한다. 이런 의미 맥락에서 한국 사회도 21세기형 민주주의의 내용

7 이러한 해석을 보다 긍정적으로 평가해본다면, 아시아적 가치론의 의미는 가치 상대주의 또는 문화 상대주의를 내세워 동아시아 정치 경제체제의 대내외적 정당성을 확보하고 또한 국제정치의 장에서 구미 이외에도 동아시아가 '중요한 타자'로 등장하였음을 주장했다는 데 있는 것으로 보인다(이근관, 2002: 75 참고).

을 채워나가야 한다. 그 핵심은 연고주의가 비효율적으로, 비민주적으로 작동하고 있는 기존의 소통 체계를 누구나 합리적으로 받아들일 수 있는 21세기형 소통 체계로 변경할 수 있는 방안을 만드는 것이 될 것이다. 이 책에서는 그중 하나의 방안으로 열린 공동체주의를 제안한다.

이런 방안을 고안하기 위해서는 과거의 전통과 문화를 짚어보는 것도 중요하다. 한중일 3국 문화는 나름의 고유한 전통과 가치를 공유했던 역사를 가지고 있었다. 이 지역은 공통적으로 유교, 율령, 한역漢譯 불교와 같은 중국에서 기원하는 문화를 수용했다. 그 기저에는 화이 사상과 왕화 사상에 기반을 둔 중화 중심주의가 놓여 있다. 중화 중심주의는 수백 년 이상 공고화된 질서 체계로 동아시아에서 작동되었다. 백여 년 동안 수면 위로 떠오르지 않았던 중화 중심주의가 21세기에는 또다시 이 지역의 주요 화두로 점차 떠오르고 있다.

한중일 삼국이 한자 문화권, 유교 문화권, 중국 문화권 등으로 분류되면서 하나의 문화권으로서의 '동아시아'가 주목을 받았으며(이성시, 2001: 135ff. 참고), 아시아적 가치는 바로 이 동아시아 문화권의 유교적 가치 규범 중 일부를 선택적으로 재해석한 것이다. 재삼 강조하자면 이것은 아시아 지역 전체를 대변한다는 의미에서의 아시아적 가치가 아니라 선택적으로 강조된 동아시아적 가치의 일부분을 특정 시점에서 재해석한 것들이다.

이처럼 기존의 아시아적 가치 논쟁을 동아시아의 일부 국가의 특정 시기로 국한시킨다면, 그리고 아시아적 가치의 내용을 선택적이고 임의적인 해석으로 평가한다면 이제는 보다 자립적이며 설득력이 있는 객관적인 형태의 동아시아적 사태와 이론 구성을 미래지향적으로 설정하고 생산적인 논쟁을 하는 것이 중요하다.

예를 들어 한중일 3국의 설문 조사 결과에 따르면(권용혁, 2005: 39-49 참고), 한중일 3국의 경우 기업 구성원들 개개인의 행위에 있어서는 한국, 중국, 일본 순으로 집합주의적이며 직무 수행 방식에 있어서는 중국, 한국, 일본 순으로 공식적인 규정에 따르는 경향이 있다. 그리고 한국, 중국, 일본의 기업 구성원들은 기업 조직 내에서 권위주의적 성향을 띠고 있는데 이 성향은 중국에서 월등하게 높으며 한국과 일본은 비슷하게 나타난다. 공통점을 중심으로 보자면 서구에 비해서는 한중일 3국 기업이 집합주의적, 공식적, 권위주의적 성향이 강하다.

그러나 세부적으로 분석할 경우 차이점도 보인다. 한국 기업 구성원 개개인은 중국인과 일본인에 비해 공동체적이며 협력과 조화를 중요시하는 집합주의적인 경향을 보이고 있지만, 이는 공식적, 제도적인 신뢰에 기초해 있기보다는 사적, 개인적인 인간관계에 뿌리를 두고 있다. 일본 기업 구성원 개개인은 개인주의적이지만, 비공식적인 채널을 통해 문제를 해결하는 경향이 강하며 의사 결정 과정에 있어서도 상층부가 주도하는 독특한 일본식 집단주의, 권위주의 구조가 아직도 존재하고 있는 것으로 파악된다. 중국의 경우 기업 구성원 개개인은 집합적이면서 공식적인 직무 규정과 업무 지침을 잘 따르며 공식적인 제도를 준수하고 문제를 이에 따라 해결하는 경향이 강하다. 그럼에도 불구하고 의사소통을 상사가 주도하며 위계질서에 순응하는 경향이 한국과 일본에 비해서 매우 강하게 나타난다.

이러한 비교 결과에 따라 3국을 비교해서 일반화하자면 한국 기업은 다른 두 나라에 비해 평등주의적, 집합주의적 경향이 강하며,

중국 기업은 위계적, 집합주의적 경향이 강하며, 일본 기업은 평등주의적, 개인주의적이지만 집단주의적인 독특한 의사 결정 구조를 지니고 있다. 또한 한중일 3국의 가족의 경우와는 다르게 기업에 있어서는 집합주의, 가족주의가 상존하나 매우 약화된 형태로 존재한다(권용혁, 2004a: 41-55 참고).

이처럼 동아시아 한중일 3국의 경우 경제력이 비슷한 다른 문화권에 비해 집합주의적, 권위주의적 성향이 아직도 남아 있다는 점에서 동일한 독특성을 지적할 수 있다. 그렇지만 각국 간의 비교 분석 결과는 유사성보다는 차이점을 많이 보이고 있으며 그 편차도 상당히 크다는 것을 알 수 있다. 이런 점에서 유사성을 중심으로 비교·설명하는 것보다는 차이점들에 대한 세분화된 비교 분석을 통해서 상호 이해의 폭을 넓히는 것이 더 중요하다. 이를 위해서는 각국의 특수한 제도적, 역사 문화적 배경과 연관된 해석과 함께 문항별, 세부 항목별(성별, 연령별, 학력별, 소득별, 직위별) 비교 분석으로 논의가 정교화되어야 한다.[8]

3. '한국발 동아시아학'의 가능성 모색

이처럼 동아시아 3국은 개괄적으로는 서구에 비해 집합주의적, 권위주의적 특성이 남아 있지만, 개별 국가 간 차이가 존재한다. 이 특성을 성별, 연령별, 학력별, 소득별, 직위별로 세분화할 경우 국가

---

[8] 이에 대한 상론은 권용혁(2005: 56-60)을 참고할 것.

별 비교는 그 변별력을 측정하기 힘들다. 오히려 이들 세분화된 분야별, 내부 단위별 차이가 국가별 차이보다 훨씬 크게 나타나기도 한다.

기존의 설명 방식은 계속해서 변화하고 있는 구체적인 자료를 중심으로 수정되어야 한다. 특히 세분화된 사안에 따라 보다 구체화될 필요가 있다. 내가 내부 비교 분석을 통해서 파악할 수 있었던 것은 기존의 아시아적 가치 개념에 의거해서 동아시아적 가치를 동일화하는 전략은 서구와 대별되는 기제로서 사용되는 외부 비교용이지 내부의 공통점과 상이점을 찾는 작업에 있어 기준치로 사용될 수 있는 것이 아니라는 사실이다.

따라서 현재를 기점으로 축적된 동아시아 3국의 자료를 기반으로 새로운 동아시아적 가치를 재구성하는 작업이 꾸준히 진행될 필요가 있다. 이 축적된 작업을 통해서야 비로소 '한국발, 중국발, 일본발 동아시아학'이 정립될 수 있을 것이기 때문이다. 이를 기반으로 할 때 우리는 보다 설득력 있는 동아시아 근대성 이론을 구성할 수 있을 것이고, 나아가 동서양의 근대 관련 자료의 상호 비교와 보완을 통해 보편성을 담지하는 미래지향적인 아시아적 근대성론과 아시아적 가치를 추구할 수 있을 것이다.

이런 논의 맥락에서 다른 논점을 끌어들이는 사례를 들어보자. 일종의 중국발 아시아론을 주장한 왕후이는 유교 문화권만으로는 아시아 내부의 문화적 다양성을 설명할 수 없다고 보면서 새로운 '아시아론'을 제안한다. 다민족, 다문화 사회로 구성된 중국은 거의 모든 아시아 지역을 포함하고 있기 때문에 그에 걸맞은 개념을 만들어야 한다는 논점이 그의 출발점이다. 이런 맥락에서 그는 동아시아 개념의 중요성도 인식하지만 이보다는 더 큰 개념으로 아시아란 개념을 설정한다(왕후이, 2003: 242-248 참고).

야마무로 신이치는 기존의 '아시아적 가치'와는 다른 의미의 아시아적 가치를 제안한다. 그는 이 개념을 "21세기에 세계가 직면할 문제성을 예시하면서 새로운 질서 원리나 개인의 존재 양식, 그리고 그 속에서 일본의 위치를 분명히 하기 위해 거론한다"(야마무로 신이찌, 2003: 159f.)고 한다. 그는 아시아의 특징으로서 『노자』와 『장자』에서 유래하는 '혼성'과 '양행'이라는 개념을 도입한다. 혼성은 이질적인 것을 규합하고 교배하여 새로운 형태를 가진 편성 원리를 창조해나가는 것이며, 양행은 서로 대립하고 거부하는 것을 절대적 대립으로 보지 않고 양자를 모두 똑같이 받아들임으로써 새로운 경지를 찾는 것이다(야마무로 신이찌, 2003: 169 참고).

최원식은 "한국의 동아시아학은 기존의 중심주의들을 비판하고 새로운 중심을 세우는 것이 아니라 중심주의 자체를 철저히 해체함으로써 중심 바깥에, 아니 '중심'들 사이에 균형점을 조정하는 것이 핵심이다"(최원식, 2004: 321)라고 주장한다. 그는 동아시아학의 국가주의를 극복하기 위한 실험적 거점으로서 '주변적 관점'을 내세우고 있다. 그는 동아시아의 안팎을 주변이라는 키워드로 다시 볼 것을 제안한다(최원식, 2004: 323).

이처럼 동아시아 3국이 처한 현실적 상황에서 매우 상이한 처방들이 제안되고 있다. 이 처방들을 객관적으로 비교·분석·평가하는 작업은 이 장에서 전개하고 있는 논의의 핵심이 아니다. 이들은 '동일한 현실'에 대한 인식에서 출발한 것이 아니기 때문이다. 오히려 이들 각자가 스스로 처해 있는 다양한 현실에 기초를 둔 대안 모색을 하고 있다는 점을 이해하고 인정하는 것으로부터 우리의 논의를 출발할 때 공론장에서의 논박을 통해 보다 설득력 있는 대안이 모색될 수 있다.

이 장에서 내가 우선적으로 고려하고 있는 것은 설득력 있는 '한국발 동아시아학'을 시론적으로나마 고찰하는 것이다. 이 장이 이러한 제한적 고찰에 머무르는 이유는 기존의 아시아적 가치를 '지금, 이곳'을 중심으로 재편하는 작업이 현재 가장 필요한 일이라고 생각되기 때문이다. 또한 이러한 논의 구조와 관련해서는 기존의 학적인 축적이 충분히 이루어져 있지 않은 현 상황에서는 나의 시론적인 시도도 어느 정도는 의미 있는 작업이 될 것으로 파악하기 때문이다.

나는 '한국발 동아시아학'은 다음과 같은 상황 인식과 내용으로 구성될 필요가 있다고 본다.

3.1. 한국발 동아시아학의 입론

'한국발 동아시아학'은 서구 중심의 담론에만 의존해서는 안 된다. 기존의 서구의 특정 논의 방식을 차용해 동아시아 관련 이론을 구성하는 것은 오리엔탈리즘적 중심주의(강정인 외, 2004: 55f.)[9]에서

---

9 이를 벗어나기 힘든 이유는 자명하다. "(서구) 중심주의는 세계를 중심과 주변이라는 범주로 나누어 '군림하는 중심'과 '비하되는 주변'으로 위계질서를 상정한다. 무엇보다도 중심은 주변을 물질적 힘과 문화적 헤게모니로 지배하고 규율한다. 중심은 주변을 창조하고, 자신의 세계관을 주변에 주입시키며, 또 자신의 도덕적 우월성을 주변에 부과한다. 많은 경우에 주변은 중심의 힘과 헤게모니에 직면하여 중심이 설정한 게임의 규칙에 따라 자신의 생존을 유지하기 위한 전략의 일환으로 상당한 수준에서 중심의 세계관을 수용하여 내면화하지 않을 수 없고, 또 그 도덕적 우월성을 받아들이지 않을 수 없다. 이러한 상황은

벗어나기 힘들기 때문이다. 그 중심주의는 이미 동아시아의 왜곡된 근대화 과정에서 드러났듯이 정치, 경제적 측면에서뿐만 아니라 문화적 측면에서까지 모든 것을 서구를 기준으로 위계 서열화해왔기 때문이다.

이와 유사하게 과거에 한반도와 동아시아에서 힘을 발휘했던 중화주의나 대동아주의 등의 위계적이며 패권적인 중심주의도 서구 중심주의와 마찬가지로 동아시아 구성원들의 성찰을 바탕으로 철저하게 해체시켜야 한다. 특히 과거에 대한 진지한 반성적 성찰 없이 또 다른 위계적 패권 질서를 구축하고자 하는 일본의 보수주의자들과 그 이데올로그들의 아시아 재편 시도를 바로잡기 위해서도 이 작업은 필수적이다. 한일 협정이 맺어진 1965년 체제는 과거 제국주의적 침탈과 야만적 상황을 반복할 수 없도록 명료화되어야 하며 미래지향적인 상호 공존과 평화의 논리로 재구성되어야 한다.

새롭게 신판 중화주의를 강화하고 있는 중국의 중심주의도 이와 마찬가지로 해체와 재편의 대상이 되어야 한다. 이 위계적이며 패권적인 중심주의들을 해체해 재편할 수 있는 핵심은 바로 모든 중심주의를 상대화해 녹여낼 수 있는 용광로를 만드는 것이다. 이 용광로 구성 작업은 역사적으로 동아시아에서 패권주의가 발호했을 때 언제나 가장 많은 피해를 입고 희생을 치른 역사적 경험을 지닌 한반도인들이 앞장서서 수행해야 한다. 이것은 우리의 생존과 번영에 가장 기본적인 요소이기 때문이며 동아시아 역내 평화와 세계 평화에

힘을 통해 우선적으로 설정되지만 다른 한편 문화적 헤게모니 기제를 통해 보완된다."(강정인 외, 2004: 55f.)

도 적극적으로 기여할 수 있는 일이기 때문이다.

3.2. 한국발 보편주의 기획

한국발 동아시아학, 설득력 있는 한국발 보편주의의 논리는 우리 주위를 둘러싸고 있는 패권주의 세력들이 힘을 바탕으로 한 위계질서 구축에만 온 신경을 쓰고 있는 동안에 간과할 수밖에 없는 수평적 소통의 질서를 구성하는 데에서 출발한다. 그들이 오리엔탈리즘이나 대일본 제국주의 혹은 신판 중화주의 등을 기치로 힘겨루기에 골몰하고 있는 동안 한국은 이 힘겨루기에서 벗어나 모든 구성원이 자유롭고 수평적으로 소통할 수 있는 관계망을 만들어 이들에게 제시해야 한다. 세계가 지구촌화되고 있는 21세기 현재의 사태를 고려한 새로운 철학적 틀은 세계의 모든 구성원이 자유롭고 평등하게 인정하고 능동적으로 소통할 수 있는 청사진을 구성하고 이에 상응하는 제도와 법을 구성하는 것이라고 판단된다.

이러한 이념적 보편성을 정착시키는 것이 오히려 급변하고 있는 세계화 시대에 반패권주의적 논의의 선봉에 서야 할 한국인이 가장 우선적으로 해야 할 일이다. 특히 현재 진행형인 미국 중심주의나 중국과 일본의 자국 중심의 동아시아 질서의 재편 시도는 힘 중심의 위계화와 문화 우월주의가 교묘하게 섞여 있는 패권주의적 중심주의 맥락과 밀접하게 연결되어 있기 때문이다.

따라서 현 단계에서 논의되어야 할 '한국발 동아시아학'의 중심 화두는 과거의 제국주의적인 동아시아 위계질서를 비판하고 이 지역의 수평적이며 중층적인 인적·물적·문화적 소통을 담아낼 수 있는 인문학적 방안을 구성하는 일로 수렴된다. 그것은 소통 당사자들의 상호 소통과 이해 그리고 합리적인 합의를 보장하는 논점을 담아야 하는데, 그 모습은 그들의 자유롭고 평등한 소통 행위를 보장하고 활성화할 수 있는 중층적이고 중첩적이면서 개방적인 수평적 네트워크 형태가 될 것이다. 이러한 형태만이 국가주의 이후 구성원들의 자발적이며 합리적인 지역 연대와 통합의 논리를 제공할 수 있을 것이기 때문이다.

 이런 점에서 어느 누구도 모든 것을 통합하는 핵심 중심부에 속할 수는 없다. 어느 공동체에서나 중심부가 일시적으로 형성될 수는 있지만 그것은 내부의 자율성과 수평적 협력 관계로 인해 계속 이동할 것이기 때문이다. 오히려 공동체 내부의 활동이 활발할수록 구성원 사이의 소통이 강화됨으로써 상호 이해와 협력이 강화될 것이다. 그러므로 소통의 정치철학적 논거는 참여자들의 자유롭고 수평적인 관계를 기초로 하는 열린 민주주의 형태가 될 것이다. 중심부와 주변부를 위계화한 산업화 시기의 수직적인 국민국가 안에서의 질서와 이를 기반으로 한 국제 질서로는 열린 민주주의적 소통 구조를 담아낼 수가 없다. 모두가 스스로를 세계적 단위의 소통의 하나의 매듭으로 인지한다면, 모두가 중심부에 대한 고정관념을 버리고 하나의 자유롭고 수평적인 매듭으로 얽혀 있는 존재라는 자각이 가능하다. 이럴 경우 모두가 중심부와 주변부를 상대화할 수 있는 능력을 지닌 관계적 존재로 자신을 새롭게 자리매김할 것이다.

 우리 한반도 구성원들은 남북한 통일 이후의 국민국가도 동아시아나 세계의 중심부가 될 수 없다는 점에 주목해야 한다. 통일을 고려할 경우에도 우리는 중심부의 논리가 아닌 주변부의 논리, 다수의 논리가 아닌 소수가 택해야 할 소수의 논리에 더 주목할 필요가 있다. 통일 이후에도 중첩적인 내용을 지닌 다수는 항목이 많아질수록 (예를 들면 동아시아에서 한국인이며, 그중 남한 출신이며 남자이며 특정 대학 졸업자인 사람을 상정할 경우에 그는 소수에 속할 것이라 점에서) '다수'가 아닌 '소수'가 될 수밖에 없기 때문이다.

그렇다면 우리는 오히려 다양한 소수가 다수를 이루는 그러한 사회 구성의 논리를 한국발 동아시아학의 기초로 고려할 필요가 있다. 이러한 논리는 동아시아의 과거와 현재를 주도해온 역사적이며 국가 중심주의적인 시각과는 확연히 다른 것이다. 그것은 구성원들 각자가 핵심 중심부로 이동하려는 관심을 버리고 모두가 주변부일 수도 동시에 중심부일 수도 있다는 자기 성찰과 삶의 태도를 기본 출발점으로 삼을 때 가능해진다.

3.3. 하나의 제안

이러한 성찰을 기반으로 우리는 21세기형 한국발 동아시아학의 핵심을 구성할 수 있다. 소수가 다수일 수도, 다수가 소수일 수도 있는 내용을 바탕으로 하는 논리적 구상의 정치철학적 구도는 분화된 다양한 개인 및 소수 그룹 간의 소통이 활발해져서 그들 각자가 하나의 매듭이면서 이 매듭들이 다층적이며 중첩적으로 관계망을 형성하는 그러한 네트워크형 민주주의 형태가 될 것이다. 이 형태는 세계화 시대의 개인과 다양한 사회집단 간 그리고 국가 간 협력과 공존 그리고 공영을 보장할 수 있는 가장 강력한 논점을 제공할 것이다. 이것은 또한 21세기 중심 화두인 민족국가, 국민국가를 넘어선 지역공동체를 그리고 궁극적으로는 같은 권리와 책임을 갖는 세계인 공동체를 구상하기 위한 정치철학적 기초로서 사용될 수도 있다. 한국발 동아시아 담론은 이런 점들을 고려할 경우에야 비로소 동북아시아를 넘어서 동남아시아와 아시아에서도 그리고 궁극적으로는 세계적 차원에서도 통용될 수 있는 보편적인 특징을 그 안에 담게 될 것이다. 나는 이와 연관된 정치철학적 틀을 '열린 공동체주의'로 제시한 바 있다(권용혁, 2015b; 2020 참고).

3장 한국 근대 가족과 철학

1. 서구 가족의 변천사

플라톤은 『국가』에서 이상적인 국가를 건설하기 위해 가족제도 자체를 폐지하자고 한다. 플라톤에 따르면 가족은 그 구성원들이 폐쇄적인 집단적 이해관계를 추구하기 때문에 가족 이기주의에 빠진다. 국가가 가족을 기본 단위로 할 경우, 이 가족 이기주의로 인해서 수많은 갈등이 발생할 것이다. 그 결과 국가는 그 구성원들을 통합하기 어렵게 된다. 따라서 개인과 국가가 하나가 되는 정의롭고 이상적인 국가를 구성하기 위해서는 사적 소유권과 가족 이기주의의 기반인 가족제도는 해체되어야 한다. 그는 가족제도의 해체를 통해 국가 구성원 사이의 분란의 기반을 제거함으로써 국가의 목표와 개인의 목표가, 국가의 이익과 개인의 이익이 완전히 조화를 이루는 국가 제도를 구상한다(플라톤, 1997: 457d, 458d, 460b, 464b, 464d, 465c, 466d/e, 473d 참고).

아리스토텔레스는 플라톤과 생각을 달리한다. 그는 가족과 국가는 다른 기능을 지니고 있다고 주장한다. 아리스토텔레스에 따르면 가족은 기본적인 생산 집단이다. 이런 가족들이 모여 마을이 되고 이 마을들이 모여 국가가 된다. 따라서 국가는 하나의 복합체이지 통일체가 아니다. 그리스 도시국가는 이런 점에서 가족을 기초 단위로 하는 집합체다(아리스토텔레스, 2002: 1252b, 1253a, b 참고).

플라톤의 이상 국가에서 채택된 아내, 자식, 재산의 공유에 대해서도 아리스토텔레스는 비판적이다. 다 함께 공유한다는 것은 저마다 갖는다는 것이 아니다. 현실적으로는 자원이 한정되어 있기 때문에 국가가 그것을 배분할 때에는 실질적으로 그것을 모두가 공유할 수 없게 됨으로써 공동체 구성원들 사이에 분란이 생긴다.

또한 아리스토텔레스는 공유로 인한 결속력과 보살핌의 약화도 공유에 대한 비판 사례로 들고 있다. 예를 들어 이상 국가에서 공유된 천 명의 아이들을 국가 구성원들이 동일하게 보살피고 함께 관계 맺는다는 것은 그들이 실질적으로는 아무것도 안 하는 것과 같다는 것이다. 우리가 배려와 애정의 감정을 품는 것은 그것이 '내 것'이며 '소중한 것'이기 때문이라는 것이다(아리스토텔레스, 2002: 1252b, 1253a, b 참고).

아리스토텔레스에 따르면 자기 자신과 자신의 사적 소유에 대한 애착은 자연스럽고 보편적인 것이다. 그리스 도시국가에서는 이러한 사적 영역인 가족을 기반으로 모든 가부장이 공적 영역인 정치 공동체에 참여한다. 이처럼 생산과 재생산이 이루어지는 가족공동체와 공적인 문제를 다루는 정치 공동체인 도시국가의 기능을 구분하고, 도시국가의 기본 단위를 가족공동체를 지배하는 가장으로 파악한 아리스토텔레스의 논점은 로마 시대에도 그대로 이어진다. 아버지인 가장이 가족을 대표한다. 가장이 로마 시민이 된다. 로마는 이런 점에서 아버지들의 도시다. 아내는 아들을 갖기 위해서 맞이하며, 태어난 아들은 부권의 권한 아래로 즉시 편입된다(뷔르기에르 외, 2001: 267, 270, 272, 315 참고). 시민의 결혼은 아들의 생산과 부권의 영속화를 위한 것이다.

근대의 사회계약론은 남녀 차이와 재생산을 자연적이며 생물학적인 기능에 따라 서열화하고 가족을 가부장을 정점으로 한 위계적인 형태로 파악한 아리스토텔레스적인 해석에 반대한다. 사회계약론자인 로크는 자유롭고 평등한 개인 간의 상호 계약에 따라 가족 및 국가라는 공동체가 구성된다고 주장한다. 그는 기존의 가부장권을 부권이 아니라 부모 양친의 권력으로, 즉 부모권으로 해석한다. 국가권력도 자유로운 인간들 사이의 동의에 의해서만 합법적인 것이 될 수 있다고 한다(로크, 1996: 52절, 56절, 58절, 66-69절, 95-97절 참고). 그는 가족 구성원이 성인이 되면 동등한 자격을 갖는다는 점을 강조한다. 따라서 부모권도 자식이 성인이 될 때까지 작동되는 한시적인 것이며 부부 및 부모 자식 간의 의무와 복종도 유동적이거나 한시적인 것이다.

그러나 사회계약론에 있어서처럼 결혼을 개개인 사이의 계약으로만 한정해버리면 결혼 당사자들의 정서적인 공감이나 내밀한 상호관계가 포착되지 않는다. 헤겔에 따르면 가족은 계약에 의해서 성립되는 것이 아니다. 그것은 이성 간의 자연적 사랑을 기반으로 한다. 부부는 각자 나와 타자였지만, 서로 타자를 통해서 자신을 발견한다. 부부는 이를 통해 계약론적 한계를 뛰어넘어 분리되었던 나와 타자가 하나로 결합된다. 결혼은 자신의 개체성을 버리고 타자와 하나가 되는 것이다. 이를 통해 개인적 개체성이 가족 안에서 통합된다. 이를 가능하게 하는 사랑은 나와 타자를 개별적으로 존재하지 않게 한다. 사랑은 상호 자연적인 감정의 합일을 통해서 둘을 하나가 되게 한다. 어머니는 자녀를 보면서 남편을 사랑한다. 아버지는 자녀를 보면서 아내를 사랑한다. 부모는 자녀를 통해 둘의 사랑을 목도한다(Hegel, 1975: §161, §173 참고).

그러나 이러한 헤겔 주장은 일부일처제를 기반으로 한 소규모 핵가족을 전형으로 결혼한 남녀가 역할을 분담하는 것이 실질적인 내용이다. 즉 여성은 가정에서 자신의 본능적 감성을 발달시키고, 남성은 사회에서의 노동을 통해 가족을 부양하며 사회적 격무로부터 돌아와 가정에서 휴식을 취하는 것이다(권용혁, 2011a: 247; Hegel, 1975: 166 참고).

이는 산업사회 핵가족의 역할 분담론이다. 산업사회 이후 정착된 로맨틱한 사랑을 통한 결혼에서는 부부의 성별 분업에 따른 가족의 역할 분담이 전형적이었다. 남성은 돈을 벌고 여성은 가사를 충실히 수행하는 것이 로맨틱한 사랑의 정체였다. 산업사회에서의 남성 임금노동자는 여성 무임금 가사 노동자를 전제하며, 시장을 위한 생산은 핵가족의 존재를 전제로 한다(벡, 벡-게른스하임, 2002: 59 참고).

현재는 이 핵가족의 역할 분담론이 변화하고 있다. 복지국가의 등장으로 실업, 사고, 질병, 노후, 사망 등을 국가가 전담함으로써 이전에 가족이 감당해야 했던 것들을 현재는 국가(공공)가 담당한다. 이로 인해 가족은 점차 양육, 교육, 보호, 양호, 지도 등의 기능을 상실하고 소비 기능만을 수행한다. 개별 가족 구성원들은 더욱더 가족 외부의 기관인 사회에 의해 직접적으로 사회화된다. 이로 인해 소유권을 기반으로 했던 가장의 권위가 약화되면서 가족 내부의 권위 구조가 수평화된다(하버마스, 2002: 262-263 참고).

이런 조건하에서 남녀가 모두 사회적 노동에 참여하고 경제적으로 독립하게 되면 부부의 역할 분담은 재조정될 수밖에 없다. 남녀 역할 분담론을 받아들일 것인지 아닌지의 양자택일만이 강요된다면 결혼은 성립될 수 없거나 유지될 수 없게 된다. 혼인이 줄고 육아가 주는 이유의 중요한 요인도 이러한 양자택일의 분위기와 연관되어 있다. 이런 상황에서 홀로 살고자 하는 개인들이 늘어나는 것은 당연한 추세다. 개인이 가족으로부터 탈출하면서 개인과 가족의 관계가 변화하고 있는 것이다.

그 대안으로 제시된 것 중 하나가 바로 개인의 개성과 가족이라는 공동체적 연대를 함께 고려하는 것이다. 개인이 가족 안에서 공존하기 위해서는 각 개인의 자아실현을 상호 인정받으면서도 함께 연대할 수 있는 방안을 모색해야 한다. 문제의 핵심은 '당신 자신이 되는 것', 그리고 당신과 똑같이 자신의 자아를 모색하는 그 누군가와 지속적으로 '함께 사는 것' 사이에 균형을 맞추는 것이다(벡, 벡-게른스하임, 2002: 145 참고). 예를 들면 결혼 생활 동안 지속적으로 배우자의 사랑을 확인하려 하고 사랑이 없다면 결혼 관계를 미련 없이 깨어버리는 형태의, 혹은 사랑하면 되었지 결혼이라는 형식이 왜 필요하냐는 형태의 인간관계는 관계 맺는 당사자들의 판단에 따라 지속 여부가 결정된다(기든스, 2003: 14 참고).[1] 개인이 자신의 삶과 자아실현 방

---

[1] 기든스는 이처럼 관계 외적인 것에 의존하지 않고 관계 그 자체의 내재적 속성에 따라 유지, 변화되는 관계를 '순수한 관계'라고 이름 붙이고 있다.

식을 독자적으로 선택해야 하는 상황에서는 파트너와의 관계를 지속할 것인지, 지속한다면 어떤 방식을 취할 것인지를 파트너와 함께 만들어가야 한다는 것이다.

이처럼 서구 사회에서는 파트너 상호 간의 개별성에 대한 존중을 바탕으로 관계가 재구성되고 있다. 이것은 가족 구성원 사이의 관계가 민주화되고 있다는 것을 뜻한다. 이것은 또한 민주주의가 사적인 친밀성의 영역으로 확장되고 있음을 의미한다. 서구 가족에서 민주적 의사 결정과 개인의 자아실현이 조화롭게 재구성된다면, 이는 민주주의의 일상생활화, 내실화를 기반으로 오히려 거꾸로 공적 민주주의를 강화할 수 있는 공사 협력 관계를 구성할 수 있는 가능성을 여는 것이다.[2]

2   이와 같은 가족 사이의 강력한 수평적, 민주적 유대는 시민적 통합의 효과적인 자원이 될 수 있다. 이는 공적인 영역과 사적인 영역의 구분이 아니라, 상호 관계를 이어가는 기반이 된다. 공적인 영역에서의 형식적 합리성 중심의 의사소통 방식과는 다르게, 가족이라는 사적인 생활 영역의 민주화는 감정과 정서의 생활 영역에서 평등을 요구하는 것과 관련된다. 그러나 사적 영역의 민주화가 공적 영역으로 이어진다는 논점이 설득력을 얻으려면, 이 둘의 상호 연관성을 새롭게 재구성해야 한다.
    나는 기든스의 이러한 재구성이 성공적으로 수행되었는지에 대해 비판적이다. 예를 들면 기든스는 민주 시민적 덕성이 길러지는 장소로서 가족을 주목한다. 근대 계약론적 전통에서는 상호 권리 인정을 전제로 한 민주주의적 토론과 합의의 역할을 공론장이 해왔다는 주장(하버마스)이 주목을 받았다. 이에 비해 기든스는 친밀성을 기반으로 한 가족 관계에서는 이러한 공론장에서 구성원들이 상호 관계 맺는 방식을 넘어서서 상호 배려와 인정 그리고 상호 자아실현 돕기 등의 보다 발전된 상호 주관적인 민주적 관계를 형성할 것이라고 기대한다. 그러나 개인적 친밀성에 바탕을 둔 상호 관계가 이 친밀성과는 무관한 제3의 타자와의 관계에서도 작동될 수 있을 것인지에 대해서는 설득력 있는 대답을 기든스는 내놓지 못하고 있다고 나는 판단한다.
    만약 친밀성의 영역을 상호 연관된 개별적인 관계로만 국한한다면 친밀성을 타자에까지 확장하는 것은 논리적인 비약이다. 친밀성의 영역은 개별적인 관

잘 짜인 복지국가는 의료, 연금, 교육 등의 기능을 전담함으로써 가족이 전담했던 대부분의 기능을 사회화한다. 이로 인해 가족 구성원은 개인 단위로 사회화된다. 물론 복지국가가 가족 단위가 아닌 개인 단위로 사회적 안전망을 확보하고 개인의 기본적인 권리와 안녕을 보장한 것은 긍정적이다. 그러나 복지국가는 개인의 자아 정체성 형성이나 자아실현 그리고 개인의 행복 추구 방식에까지 직접 개입하거나 그것을 보장하지는 못한다.

국가가 개인을 사회화하는 데는 한계가 있다. 국가가 개인의 정체성 형성이나 자아실현에 직접 개입해서 영향력을 행사한다면, 그것은 플라톤식 획일성이 초래하는 것처럼 가족 및 사적 영역의 폐기로 이어질 것이다. 그것은 결국 다양한 자아 정체성이 길러지고 개개인의 삶이 독특하게 실현되는 서식처인 다양한 생활공동체를 무력화함으로써 국가에 의해서 기획된 획일화된 개인과 자아만을 산출할 것이다.

국가가 주도하는 공적인 시민 정체성과 시민적 실현 방식이 개인

> 계 내부에 한정되는 속성을 지니고 있기 때문이다. 친밀성을 확장하기 위해서는 엄청난 시간과 노력이 투여되어야 하는데, 이는 개개인의 능력을 넘어선다. 따라서 독자적인 개인들의 친밀성에 기반을 둔 민주적 관계는 매우 작은 영역에 머무를 수밖에 없다. 기든스가 모든 개인이 이렇게 개별적인 관계에서 친밀성에 기반을 둔 민주적 덕성을 쌓아 이를 사회적 영역으로까지 확장할 수 있다고 주장한다면, 이는 개별적 관계에서 추구되는 민주적 덕성과 사회적 관계에서 요구되는 민주주의의 기본 규칙을 혼합하고 있는 것이다. 친밀한 개개인의 관계에서는 상호 추구하는 내용을 상호 인정, 이해, 보완하는 것이 가능하지만, 사회는 친밀하지 않은 다양한 개별 권리 주체의 이해관계를 합리적으로 조정하기 위한 절차를 제공하는 것을 제일차적 목표로 삼고 있기 때문이다. 이 연계를 위해서는 개인과 공동체의 관계에 대한 새로운 해석이 필요하다. 나는 이와 관련된 나의 입장을 가족과 민주주의의 관계를 집중적으로 다루고 있는 이 책의 7장과 8장에서 보다 상세하게 언급하고자 한다.

의 삶을 좌우할 경우, 개개인의 다양한 감성이나 사적 욕망과 이해관계 그리고 사적 자아실현 등은 뒷전으로 밀려난다. 그렇게 되면 개개인의 다양한 사적인 관심과 그것에 기반을 둔 다양한 삶의 목표와 행복 추구 등은 설 자리를 잃는다. 이럴 경우 결국에는 사적 영역과 공적 영역을 균형 있게 활성화하거나 이 둘의 상호 보완을 통해 민주주의를 실현하는 것 등이 불가능해진다. 공적인 시민을 길러내는 국가뿐만 아니라, 사적인 개인의 정체성을 기르고 자아실현의 내적 추동력을 갖게 하는 다양한 생활공동체가 필요한 이유가 바로 여기에 있다. 개인의 정체성은 가족 내지는 생활공동체에서 형성되며 이를 바탕으로 각자의 자아실현과 행복 추구 등이 이루어지기 때문이다. 이런 점에서 개인은 개별적, 독립적인 존재이기 이전에 이미 사회적 존재이자 관계적 존재다.

2. 한국의 근현대 가족

한국에서도 산업화 이후 일터에서는 개인별 노동 측정 방식이 일상화되고 있다. 사회적 안전망의 확대로 삶터에서도 개인화나 자아실현 경향이 점차 증대하고 있다. 형태상으로는 핵가족이 주류를 이루고 단독 가족이 증가하고 있다는 점에서 서구 가족과 유사성을 보인다. 그렇다고 해도 서구에서처럼 개인이 가족보다 우위에 있는 것 같지는 않다. 한국의 전근대, 근대, 현대적 상황에서의 가족의 역할과 기능 그리고 그 구성원들의 위상은 서구에서와는 매우 다르게 전개되었기 때문이다.

전근대적 전형인 유가적 가족은 서구의 전근대적 가족과는 유형이 다르다. 서구 전통 사회를 대변했던 아리스토텔레스적인 논점은 가家와 국國을, 사적 영역과 공적 영역을 엄격하게 구분했다. 그러나 이와는 달리 유교는 가의 질서와 국의 질서를 유사하게 설정하고 국을 가의 연장선상에서 파악했다. 가족 단위의 모든 것을 사적으로 소유한 서구적 가부장은 동시에 대외적으로는 독립적인 개인으로서 공적인 업무에 능동적으로 참여했다. 이에 비해 유교적 가부장인 지아비는 가라는 공동체의 구성원으로서 자신에게 주어진 역할을 담당한 수동적인 존재였다(권용혁, 2011a: 257 참고).[3] 그는 독립적인 개인도 공적인 업무에 능동적으로 참여할 수 있는 독립체도 아니었다. 층층으로 꽉 짜인 직계가족과 문중이라는 위계 관계 속에서 자신에게 주어진 역할을 수행하는 공동체의 구성원이었다. 이러한 가를 중심으로 서열화된 전통적인 가족 가치관은 식민지 시대뿐만 아니라 산업화 이전까지 한국 가족의 의식과 행동의 주축으로 자리 잡고 있었다(최재석, 2009: 181 참고).

한국전쟁과 경제성장 중심주의도 가족주의를 강화해왔다. 한국전쟁으로 인한 사회 혼란기에 개인은 생존을 위해 직계가족 중심의 연줄망으로 안전망을 가동할 필요가 있었다. 급격한 산업화와 도시화

[3] 전통적으로 한국의 가家는 초시간적인 제도체로서 개인에 우선해서 동족 공동체에서 미분화한 집단이다. 이 가를 유지하고 존속시키는 것이 가족원의 최대 목표였다. 따라서 가족의 중심은 부부 관계에 있는 것이 아니라 부모와 자녀의 관계에 있었다. 부부 관계 및 친자親子 관계도 평등에 입각한 상호 애정의 관계가 아니라 지배와 복종의 종적 관계로 유지되었다. 이렇듯 가장을 중심으로 성, 연령, 세대에 따라 차등화되는 위계질서는 사회생활이나 국가 생활에까지 유비적으로 확대 적용되었다. 이러한 전통적 가치관은 해방 후 친족법 개정에도 반영됨으로써 1980년대까지 유지되었다(최재석, 1994: 223-224, 275-277 참고).

는 농촌공동체를 붕괴시켰지만, 도시로 이주한 가족은 오히려 가족주의를 강화하는 방식으로 스스로의 생존 방식을 변형시켜왔다. 육아, 건강, 교육, 노후 보장 등의 사회적 안전망이 갖춰지지 않은 상태에서 개인들은 가족을 단위로 존립 기반을 확보해야 했다. 따라서 산업화 이후에도 가족 단위의 결집력은 강화되었는데, 핵가족뿐만 아니라 그 핵가족이 소속된 직계가족 단위로 폐쇄적인 집단 이익을 추구했으며 이를 위한 협력이 강화되었다(함인희, 2001b: 26 참고).[4] 한국의 근대국가는 '선경제개발, 후복지'라는 정책을 유지함으로써 개인의 생존과 보호를 가족에게 떠맡겨왔다. 국가는 개인이 아니라 가족을 단위로 정책을 폄으로써 가족 중심주의를 조장하거나 방조해왔다(최유정, 2010: 572-583 참고).[5]

근대화 기간 중에도 직계가족 관계가 일정하게 유지되고, 남녀 분업과 장남 우대 그리고 남성 위주의 고등교육 등의 유산이 지속되었던 것도 한국적 가족주의의 산물이다. 또한 도시형 핵가족이 당연시

---

[4] 그것은 역사적 맥락과도 닿아 있다. 조선 시대에도 국가는 개인이 아니라 가족공동체를 기초 단위로 통치권을 행사해왔다. 그 이념적 배경에는 국과 가를 연계해서 보는 유교적 세계관이 있다. 이러한 전통은 근대화 과정 중에도 국가에 의해서 일정 부분 전용됨으로써 가족 단위의 생활양식이 유지되었다. 이로 인해 개인은 여전히 가족이라는 공동체 내에서 자신의 정체성을 형성하고 자아실현과 행복을 추구하고 있다. 이를 대체할 만한 다른 생활공동체가 주도권을 잡기 전까지는 한국에서의 가족은 앞으로도 상당 기간 동안 자아 정체성 형성과 자아실현의 기초 영역으로서 유지될 것이다.

[5] 국가적, 사회적 지원과 보장이 없는 상황에서 한국의 근대 가족은 구성원들의 생존과 번영을 위해 가족 이기주의 혹은 반사회적 가족주의를 반자의적으로 사용해왔다(장경섭, 2009: 303). 이것이 가져온 사회적 폐해를 줄이기 위해서는 가족이 그 구성원들을 서로의 기본 권리를 상호 존중하는 사회적 개인으로 길러서 가족 단위의 소통과 연대를 민주적인 방식으로 변경하고 그것을 타인과의 수평적이며 열린 관계 맺기에도 확대해가야 한다.

해온 가족 이기주의도 폐쇄적 가족주의의 변종이다. 특히 도시 중산층의 주부들은 가족 집단의 이익을 극대화하기 위해 사회적 경쟁에 적극 참여하기도 했다. 가족주의적 가치 지향이 오히려 이들에 의해 고수되는 경향이 강했다. 한국 도시 중산층의 핵가족 문화에서 보이는 가족주의 현상은 서구식 가족 문화와는 매우 다른 것이었다. 한국에서는 가족이 서구처럼 사적 여가 생활이나 친교의 중심이 되기보다는 공적인 영역을 뒷받침하는 준(準)공적인 영역으로 작용해왔다.6 개인은 독립적인 존재로서가 아니라 가족공동체의 구성원으로서 가족주의의 수혜자이자 방어자로 키워졌다.

한국의 산업화와 도시화 과정에서 형성된 한국의 도시형 핵가족은 결과적으로는 상호 이질적인 전통적인 직계가족 관계와 근대적인 핵가족 관계를 그 안에 동시에 포함하고 있는 독특한 특징을 보인다.7 도시형 핵가족에서는 한편으로는 부계 혈연 중심의 직계가족 이

---

6   전통적으로도 한국의 경우는 가족 집단이 가족 밖의 사회조직과 경쟁적이며 대립적으로 분리된 관계에 놓여 있지 않았다. 사회에서의 경쟁이 극심하다고 생각될수록 '집안'의 도구적 중요성이 강화되는 결과를 가져왔다. 개인이 사회적 경쟁에서 살아남기 위해서는 집안의 실질적 도움이 절실히 필요하다고 본 것이다. 이러한 집안의 도움 주기는 근대 이후에도 실질적으로는 한국의 도시 중산층 주부들에 의해 주도되었는데, 이들은 가족 구성원이 자본주의 시장 경쟁 체제에 적응하고 성공하도록 뒷받침하는 일을 수행해왔다. 이를 통해 폐쇄적이고 배타적인 그러나 자체 결속력이 강해진 가족은 경쟁주의적 인간관계를 강화하고 출세 지향적이고 물질 만능주의적인 가치관을 확대시켰다(함인희, 2001b: 27, 33 참고). 이와 같은 배타적 가족 중심주의는 가족을 벗어난 사회적 영역에서 상호 연대나 공통성 확보를 방해하는 주요 요인이다.
7   한국의 산업화 과정에서는 전통적으로 바깥일은 남자가 담당하고 가정은 여성이 돌보는 '유교적 성역할 개념'이 도시 핵가족에서 사회적 노동의 동기와 집안 노동의 이유가 동시에 가족을 위해서라는 '가족 중심주의'로 바뀌면서 가족 내에서의 성역할 분업이 보다 확고해진 측면이 있다(이재경, 2007: 17 참고).

념이 작동되고 있으면서도, 다른 한편으로는 부부 중심의 낭만적 사랑과 민주적 소통 방식이 자리를 잡는다. 가족 내에서의 가장의 역할도 복합적이다. 가장이 친척들과의 관계에서는 전통적 가족 질서에 따르지만, 가족 내에서는 약화된 부권父權을 유지하면서도 가족 간의 민주적인 대화와 가족 사랑을 중시하는 복합적인 태도를 취한다.

서구적인 기준으로 본다면 이렇듯 상호 이질적인 것들, 배타적인 것들이 한국 근대 가족에서는 함께 작동되고 있다. 따라서 한국에서 가족을 연구할 경우에는 그 분석의 틀로 전근대와 근대를 직선적으로 파악하는 단순한 이분법적 구도를 선택해서도 안 되며 이것들이 중층화, 중첩화, 혼성화되어 있는 모습을 이질성과 배타성이라는 잣대로 재단해서도 안 된다. 오히려 한국의 전통 가족의 모습이 산업화, 도시화를 통해 변용된 모습과 새롭게 등장하는 근대적 가족의 모습을 공시적이면서 다층적으로 연구하고 해석할 때 보다 설득력 있는 이론을 구성할 수 있을 것이다.

1990년대 이후 한국 사회에서는 도시형 핵가족 이외에 1인 가구, 비혈연가족 등 비정형적인 가구나 가족 형태도 증가하고 있다. 게다가 사회는 지식정보사회로 빠르게 재편되면서 개인과 공동체의 관계도 변화하고 있다. 다양한 SNS나 유튜브 등의 일상화로 자유롭고 수평적인 소통이 확대됨으로써 면대면 접촉에서는 당연시되는 정서적인 친밀성과 이에 기초한 끈끈한 공동체적 연대나 타자에 대한 배타성 혹은 집단을 위한 희생이나 배려 등은 약해지고 있다. 반면에 온라인 공동체에서 보장되는 공공성과 개방성으로 인해 참여자 개개인의 자유로운 의사 표현과 인격적 평등의 상호 인정 등의 공동체적 덕목들이 강화되고 있다.

사회가 이처럼 역동적으로 변화함에 따라 그 관계 및 형태가 복합적인 양상을 띠고 있는 한국의 가족은 그만큼 독자적인 모델로서 자리매김될 것이다. 이 모델은 한국 가족의 특수한 상황을 반영할 뿐만 아니라, 전통과 근대 및 현대가 뒤섞여 진행되는 후발 자본주의 국가들의 근대화, 현대화 과정 속에서 나타나는 가족의 모습과 보다 더 유사성을 띠게 될 것이다.

어쨌든 이렇게 중층적, 중첩적, 혼성적으로 전개되어온 한국 가족의 모습을 올바로 이해하고 설득력 있는 이론으로 구축하기 위해서는 기존의 시각을 조정할 필요가 있다. 기존의 서구 이론을 멀리할 필요는 없지만, 그것만으로는 복합적 형태를 띠고 있는 한국 가족의 모습을 설명할 수 없기 때문이다. 그 이론은 태생적으로 한국 가족을 대상으로 구성된 것이 아니었으며 한국 가족의 독특한 특징을 심각하게 고찰한 적도, 현실에 적합한 해결책을 찾은 적도 없기 때문이다.

우리는 오히려 그런 이론을 보조적으로 이용하면서, 나름의 독특한 현상들을 설득력 있게 해석할 수 있는 논리적 구성물을 만들어야 한다. 이러한 작업이 중요한 이유는 한국의 산업화, 지식정보화가 서구와 비교하면 매우 특수한 현상으로 파악되어 특수성만을 강조하는 것으로 비춰질 수 있지만, 세계적인 차원에서 보자면 오히려 비서구에서는 독특성보다는 유사성이나 일반화 가능성이 높을 수 있기 때문이다. 이런 점에서 한국 근대의 가족 이론은 또 하나의 모델이 될 수 있다. 결국 이러한 한국적 특수 상황을 포함하고 있으면서도 세계사적인 흐름 안에서 일반적으로 포착될 수 있는 사태를 기반으로 설득력 있는 또 하나의 이론을 구성하는 것이 중요하다. 다음 절에서는 이 독특한 현상을 일반화할 수 있는 철학적 개념화 작업을 시도한다.

3. 한국 근현대 가족의 특징에 대한 철학적 성찰

이러한 한국 근대의 역동적인 변화와 이에 따른 한국 가족의 중층성, 중첩성, 혼성성을 성찰의 대상으로 삼을 경우, 서구적인 것과는 변별력이 있는 개념들을 포착해낼 수 있다. 나는 이 절에서 이와 관련된 몇 가지 개념을 제안하고 이에 대한 논변을 시도해보겠다.

3.1. '복합 성찰성' 개념의 도입

나는 우선적으로 한국 가족의 특성으로 제기된 혼성성, 중첩성을 포착할 수 있는 '복합 성찰성'이라는 개념을 도입할 것을 제안한다 (권용혁, 2011a: 260 참고). 서구 가족 철학의 변천사에서 보았듯이 아리스토텔레스, 로크, 헤겔 그리고 현대 철학자들의 논점은 서구식 전통 가족에서 근대, 현대 가족으로의 이행에 따라 변경되어왔다. 이들의 이론은 과거와 현재의 이항 대립과 순차적 종합을 통해 선순환적으로 재구성된 것으로 파악할 수 있다. 이처럼 상대적으로 단선적인 역사 진행에서 제기되는 전통과 현대, 보수와 진보, 과거와 미래 등의 양자택일적인 이분법적 사고를 나는 '단순 성찰성'으로 명명하고자 한다.[8]

---

[8] 예를 들면 로크의 개인의 자유와 권리 중심의 가족공동체 해석은 전통적 가족

한국의 가족 이론은 서구적인 것의 수입과 모방, 그리고 그것을 통한 서구 이론 따라잡기에 역점을 두어왔기에 전통에 대한 연구나 반성 그리고 현재적 해석을 소홀히 해왔다. 이런 상황에서 공론의 영역을 주도해온 서구 근대 가족 이론과 생활세계에서 작동되는 전통적 행위규범이 따로 또 같이 공존하는, 이론과 현실의 기묘한 동거 상황이 지속되고 있다. 한국의 근대 가족 연구에서는 이 이질성의 공존을 논의의 기초로 삼아야 한다.

이러한 현실과 이론 사이의 단절과 이질성만이 연구의 대상은 아니다. 한국 근대의 가족을 연구의 대상으로 삼을 경우에는 근대 이후 압축적인 근대화·산업화·지식정보화로 인해 발생한 "전통과 근대 그리고 현대의 중층화와 중첩화, 그리고 다양하고 이질적인 가족 형태의 혼성화"라는 특유의 복합적 성격을 이해하는 것이 중요하다.

서구에서와는 달리 한국의 가족 구성원들은 이 중층성과 중첩성 그리고 혼성성으로 인해서 야기된 문제들에 직면해왔으며 이를 다

공동체의 가치를 근대적 개인권에 의거해서 재구성한 것이다. 이는 두 개의 서로 다른 세계관이 혼성적으로 섞이는 것이 아니라, 단순한 이항 대립 속에서 하나를 택일하는 구도로 진행된다. 헤겔 또한 개체 중심성과 계약론적 결혼관의 한계를 설정하고 개체 자신의 본질과 핵심이 타자 속에 있음을 몸소 의식하고 사랑 속에서 개체성을 버리는 인륜 공동체를 대안으로 제시한다. 이 역시 이항 구도를 바탕으로 한다. 헤겔 이후 하버마스, 벡, 기든스 등의 사회철학자들에 의한 자율적인 인격체 중심의 가족 재해석도 헤겔적 개체성 해체에 대한 비판과 개체 중심의 상호 연대를 대안으로 내세운다. 이처럼 서구 철학자들은 서구 역사가 전통과 근대 그리고 그 근대의 한계 벗어나기 등으로 순차적으로 진행됨에 따라 시대나 사태의 변화에 대한 (단순한) 비판적 성찰만으로도 새로운 이론을 구성할 수 있었던 것으로 보인다. 게다가 서구에서는 현실 주도 세력의 변화나 주도적 주장의 변화도 매우 명료하게 진행되었기 때문에 비서구에서 진행된 보다 복합적인 사태를 고려할 필요가 없었을 것이다.

층적으로 해결해야만 했다. 이러한 역사적 맥락 속에서 한국 가족은 복합적인 사유 능력을 작동시켜왔다. 단선적인 사고방식으로는 파악하기 어려운 이 사유 능력을 나는 '복합 성찰성'이라고 개념화하고자 한다.

3.2. 한국 가족에서의 '복합 성찰성'

한국 사회 변화의 역동성과 '복합적 사태' 그리고 이에 대한 '복합적 성찰'이 독특한 가치관 이동의 패턴을 만들어왔다. 사회의 역동적 변화는 세대 간 이질적인 가치들의 충돌을 야기한다. 이 충돌은 합리적으로는 해결되지 않는다. 양자 중 하나를 선택하거나 합의를 한다 해도 그 내용은 사회적 사태의 급변으로 타당성을 급격하게 잃어간 경험을 한국인들은 자주 해왔기 때문이다. 고부姑婦 갈등의 내용 변화와 해결책 변화가 그렇다. 오히려 이제는 온서媼壻(장모와 사위) 갈등과 그 해결책 모색이 더 중요해지고 있다. 부부 관계도 부권 중심에서 무관심(졸혼) 관계나 수평적인 관계로 혹은 모권 중심으로 변화하고 있다. 부모 자식 관계도 적장자嫡長子 중심에서 아들딸 가리지 않는 공평한 대우로 변화 중이다. 자식들의 효도도 약해지고 있다. 부모의 희생이나 의무도 약해지고 있다. 오히려 서로 무심한 관계가 강화되고 있다.

역동적인 사회 변화와 다양한 규범과 이념이 중층적, 중첩적, 혼성적으로 섞여 있는 한국 상황에서 이들 중 하나를 선택해 사태를 설명하고자 해도 그것은 사태의 급격한 변화로 인해 설득력을 지니지 못한다. 오히려 역동적인 사회 변화 과정에서 가족 구성원 개개인은 다양한 복합적 사태에 걸맞은 행위규범을 복수적으로 설정해 상황에 따라 적절하게 대응해왔다. 이런 실용적인 태도가 세대 간 갈등 줄이기와 급격한 사회 변화에 적응하는 데 더 용이하다고 파악했을 것이다.

게다가 이러한 급격한 사회 변화 과정에서 발생한 물질적 헤게모니의 빠른 이동과 주도적 가치의 이동을 가족 구성원들은 함께 체험함으로써 성찰적으로 상대화할 수 있는 능력을 축적해왔다(권용혁, 2004b: 141-142 참고). 그렇지 않은 경우 복합적 사태로 구성된 사회에서 가족 구성원은 개개인이 적응하기조차 힘들다는 점을 잘 알고 있었던 것이다.

한국인은 사회구조의 역동적인 변화와 헤게모니의 이동 그리고 노동과 사회적 관계의 급격한 변화 등을 체험하고 그 변화에 적응하기 위해 자신의 삶과 가치관을 복수로 장착해왔다.

이러한 삶의 태도는 20세기 후반기 이후 지금까지도 한국인의 경험치로 작동해왔다고 나는 파악한다. 가족 내에서의 세대 간 갈등이 매우 심각했음에도 불구하고 가족주의를 새롭게 변경하면서 존속시켜온 한국인의 현재 모습은 복합적 사태의 전개를 고려한 복합적 사유를 실행한 결과로 보인다. 가족 구성원들이 갈등을 상대화하고 가족 내에서의 주도적인 가치들도 상대화하면서 다양한 해소 방안을 고안해온 것이다.

그 방안은 가족 내부의 세대 간의 갈등을 통해 공식적으로 변경되는 그러한 대칭적 해결 유형은 아니다. 오히려 세대 사이의 비대칭적인 대응 방법을 채택해 서로 갈등을 증폭시키지 않는, 그러면서도 시간의 흐름 속에서 해소되기를 기대하는 그러한 방식으로 이질성과 차이 그리고 갈등의 해소가 진행되어온 것으로 보인다.

나는 한국의 가족에서는 세대 간의 가치관의 차이의 인정과 갈등의 해소, 주도권의 이동이 사회구조의 급격한 변화와 연계되어 있는 것으로 파악한다. 가족 내부에서의 주도권 다툼과 인정투쟁의 결과 주도적 가치관과 헤게모니가 이동하는 것이 아니라, 사회의 변화로 주도적 가치관과 헤게모니가 변화하고 이에 따라 가족적 가치관과 헤게모니도 연계해서 변화하는 것으로 보는 것이 더 적절하다.

농업사회에서 산업사회로 그리고 지식정보사회로의 급격한 변화는 이에 부합하는 가치관과 헤게모니의 급격한 변화로 이어지며, 사회 구성원들은 이러한 변화에 적응하기에도 버거운 형국이었다. 이런 상황에서 대부분의 한국인들은 특정한 삶의 태도나 가치관 하나만을 고수하며 살 수 없다는 것을 체험해왔다. 오히려 다양한 복합적 사태에 직면해서 매 사태마다 요구되는 다양한 태도와 가치관을 때와 장소에 따라 다양하게 구사하는 것에 익숙해 있다.

세대 간 이질적인 가치관의 공존이나 가족 구성원들 각자의 다양하고 복합적인 정체성의 내재화와 상대화도 이러한 맥락에서 이해될 필요가 있다.

예를 들자면 가장들의 경우 직계가족 중심의 권위적인 가족주의 가치관을 고수하는 부모와의 관계에 있어서는 전통 가족주의적 가치관에 따라 행동한다. 이에 반해 자신의 핵가족 내에서는 한편으로는 가장으로서 책임과 의무를 수행하면서 권위적인 가장권을 행사하지만, 다른 한편으로는 자아실현을 고려하면서 민주적 가장으로서의 역할도 수행한다. 또한 사회에서도 자신이 속해 있는 다양한 집단의 특성에 따라 (지연이나 학연 모임에서는 그 독특한 관계에 따라,

업무 모임에서는 효율에 따라, 사이버 네트워크형 모임에서는 수평적으로 소통하면서) 다양한 정체성을 사용하는 전략을 구사한다. 이처럼 자신의 다양한 복합적 정체성을 상황에 따라 적용하는 한국 근대 가족의 구성원들은 일상생활에서 복수의 가치관을 상대화해 유지하면서 스스로의 행위를 복합적으로 처리한다.

이러한 가족 구성원들 각각이 지니고 있는 복합적 자아 정체성 내에는 상호 모순적이기까지 한 이질성들이 포함되어 있지만 그들은 이 이질성들 중 하나를 취사선택하지 않고 그것들을 모두 다 상대화해 그것들이 다층적으로 자신 내부에서 공존하도록 한다. 그렇지 않을 경우 그들은 심각한 자아 정체성 분열로 인해 한국 가족의 복합적 관계 구조와 이로 인한 갈등 상황에 스스로 적응할 수 없게 될 것이다. 즉 그들은 삶을 위해 명료한 정체성 정리를 상대화한 채 가족 내에서 발생하는 문제들에 대해 복합적 성찰과 복합적 해결책을 모색하는 것이다.

이러한 복합 정체성과 복합적 성찰 능력은 역동적인 사회 변화 속에서 적응하면서 살아온 한국 근대 가족 구성원의 특징적인 모습이다.

부부간이나 고부간의 갈등이 위계적인 구도에서 수평적인 구도로 빠르게 변화되어온 것이나 아들과 딸의 차이가 거의 사라진 것, 그리고 가족 내 소통이 수평적이고 쌍방향적으로 변화한 것 등은 가족 구성원들의 합의를 통해서 수행된 측면도 있지만, 그것보다는 한국 사회의 급격한 변화와 더 밀접하게 연관되어 있는 것으로 보인다. 급격한 사회 변화로 인한 가치관이나 헤게모니의 변화를 가족 구성원들이 함께 체험하여 특정한 가치관이나 헤게모니를 비동시간적, 비동공간적으로(비대칭적으로) 배열함으로써 상대화해왔기 때문에 이러한 변화가 빠르게 정착된 것으로 보인다.

한국인들은 사태의 변화에 따른 상이한 가치관들의 상호 인정과 이해 그리고 재서열화를 변화에 적응하면서 살기 위해 지속적으로 시도해온 것이다. 이것은 이질적이기까지 한 다양한 가치관과 정체성을 포함한 복합적 정체성의 인정과 성찰적 재구성으로 이어진다.

서구에서의 가족 가치관은 주도 세력과 이념의 변화가 상호 선순환적으로 작동하면서 이동한다. 이에 비해 한국 가족에서는 주도 세력의 변화에도 불구하고 새로운 이념이 기존의 주도 이념과의 대립과 투쟁을 통해 절대 우위를 점하지는 못한다. 주도 세력이 자신의 상황에 대해 복합적으로 성찰하기 때문이다. 자신의 가치관이 중첩적, 혼성적으로 구성되어 있어 이중 특정 가치관을 자신의 삶을 대변하는 하나의 절대적인 가치관으로 선택하지 않기 때문이다(권용혁, 2011a: 260-261 참고).

유사한 맥락에서 보자면 한국의 가족은 부모의 주도권이 나에게 빠르게 넘어왔듯이 나의 주도권도 빠른 속도로 다음 세대로 이동할 것임을 예견한다. 내가 주도권을 넘겨받았듯이 나의 주도권도 빠르게 사라질 것이며, 다음 세대가 주도하는 다른 가치와 질서가 등장할 것이다. 이런 역동적 변화 속에서는 자신의 헤게모니와 가치관만을 최선의 것으로 주장할 수 없다. 사회 변화의 흐름 속에서 자신의 것들을 상대화하고 성찰해야 하기 때문이다.[9]

9 이러한 비대칭적인 상호 인정과 이해 그리고 재서열화를 통한 가치관의 이동과 관계 조절이라는 독특한 형태의 한국적 주도권 이동 모델이 작동된 것은 유교적인 수직적, 권위적 서열 관계에서 습득된 인간관계의 비대칭성을 인정했던 기억과 문화가 개개인의 권리 투쟁을 약화시켰기 때문이기도 할 것이다.

근대화 기간 중에 거의 화합 불가능한 세대 간 가치관 차이가 지속되었음에도 불구하고 갈등이 심화되어 가족이 해체되는 상황으로 이어지지 않았던 이유도 생활 속에서 터득한 복합 성찰 능력이 작동한 것으로 보인다. 따라서 한국 가족의 특징을 연구할 경우 이러한 비대칭적인(비동시간적, 비동공간적인) 갈등 상대화와 이와 연관된 역동적 사회 변화 그리고 복합적인 현실 사태에 따른 복합적인 성찰 능력의 작동 등을 우선적으로 고려할 필요가 있다.

3.3. 가족 이기주의의 극복과 가족의 사회자본화

한국 근대의 산물인 생존과 번영의 기초 결속 단위로서의 일차적 가족주의는 한계에 부딪쳐 있다. 특히 가족의 물질적 생존과 번영만을 강조하는 폐쇄적이며 배타적인 가족 이기주의의 반사회적 경향으로 인해서 가족공동체 자체의 기능이 부정적으로 파악되고 있다(바렛, 매킨토시, 1994: 59-64 참고). 게다가 가족 이기주의 안에서 길러진 이기주의자들은 더 이상 가족공동체를 전적으로 책임지거나 이를 위해 자신의 이익을 희생하지 않을 것이다. 그들은 자신의 이익을 중심으로 가족공동체에의 참여 여부를 결정할 것이기 때문이다.

그렇다면 근대 내내 지속되었던 한국의 가족과 가족주의는 개인과 개인주의로 해체되고 있는 중인가? 아직은 그렇다고 예단하기 어렵다. 21세기 한국의 가족이 보다 다양한 형태로 변화하는 중인 것은 사실이다. 그중에서도 구성원 개개인의 자유, 자율성, 개성이 보다 강화되는 방향으로 가족이 재구성되고 있다. 20세기 후반기 내내 한국의 가족이 가족의 생존과 물질적 풍요라는 목표를 위해 가족주의를 강화해왔다면, 이제는 구성원 각자가 개성 추구와 자아실현을 더 중요하게 생각하고 있다. 이러한 변화의 주축은 젊은 세대이지만 사회적 안전망의 확대로 점차 기성세대들도 이 변화에 동참하고 있다.

그렇다 해도 한국 가족 구성원들이 전적으로 개인화의 길로 들어설 것 같지는 않다. 가족 구성원들의 자기 정체성과 자아실현 그리고 행복의 추구가 가족과 직접적으로 연동되어 있기 때문이다. 개인은 특정한 가족 안에서 태어나고 그곳에서 일차적으로 사회적 존재로서 길러진다. 개인의 정체성 형성과 자아실현, 행복 추구 등이 습성화되는 일차적인 곳이 바로 가족이라는 공동체인 것이다. 개인의 개성과 공동체성은 이처럼 밀접하게 연관되어 있다.

한국 근대 가족의 폐쇄적, 배타적 이기주의는 극복의 대상이다. 이것을 가족을 단위로 극복할 수 있는 합리적인 방안은 타자들이나 다른 가족과의 소통을 통해 연대의 폭을 확장하는 것이다. 가족 단위의 상호 배려와 도움 주고받기 등의 다양한 가족 단위의 연대는 폐쇄적 가족주의를 벗어나 열린 관계 맺기를 가능하게 한다. 낯선 타자와의 열린 관계 맺기도 소통과 상호 신뢰의 범위를 확대하는 것이며 넓게는 사회의 공동체성을 숨 쉬게 할 것이다.

가족적 친밀성에 바탕을 둔 가족 내의 결속력을 타인과 타 가족으로까지 확장할 수 있는 다양한 방안을 실현하는 것은 결국 가족공동체의 외연을 확장하는 것을 의미한다. 기존의 협소하고 편협했던 가족적 결속력이 사회적 연대로까지 확장되기 위해서는 친밀성과 연대성에 대한 새로운 해석이 요구된다.[10]

---

[10] 이에 대한 나의 입장은 권용혁(2019)을 참고하기 바란다. 이 글에서 나는 친밀

가족은 사회적 자본을 축적하기 위해 요구되는 인간을 기를 수 있는 가장 기초적인 단위다. 인간 사이의 신뢰와 제도에 대한 신뢰가 모두 높은 사회일수록 사회적 자본이 커지기 때문이다. 가족 단위에서 전통적으로 수행해온 그리고 근대에도 담당해온 구성원에 대한 사회화 기능이 다시금 주목받아야 하는 이유가 여기에 있다. 특히 가족 단위의 연대는 구성원들의 개방성과 상호 신뢰를 강화할 것이다. 따라서 가족 단위의 협력 프로그램을 구체화하는 것이 중요하다. 이러한 협력이 확장될 때 사회적 자본이 보다 효율적으로 작동될 수 있기 때문이다.

철학적 논점으로 돌아와보자. 플라톤의 가족 해체에 대한 아리스토텔레스의 비판의 핵심은 가족의 재생산 기능과 사회화 기능을 국가가 주도하거나 관장할 수 없다는 것이다. 국가에 의해서 계획된 개인의 재생산과 사회화는 개인의 삶과 목표의 획일성을 초래한다. 국가의 모든 구성원에 대한 무차별적인 관심과 배려도 실질적으로는 무관심과 무배려를 의미할 뿐이다. 그뿐만 아니라 국가의 직접 개입은 다양한 가족공동체에서 길러지는 구성원들의 다양한 삶의 규범과 사유 및 행위의 습관 등을 단순화하거나 획일화함으로써 다양성과 창의성을 소멸시키는 결과를 가져온다.[11]

성에서 연대성으로의 이동 가능성을 감성적, 역사 문화적, 성찰적 차원에서 논의하며 그 철학적 정당화를 위해 '열린 공동체주의'라는 개념을 제안한다.
[11] 물론 근대 이후 변화된 가족이라는 사적 영역은 아리스토텔레스의 주장과는 달리 가부장이 모든 것은 좌우하는 전제적 공동체가 아니다. 현대의 가족은 구성원의 상호 자아실현과 행복 추구를 서로 돕는 자율적인 개인들의 공동체를 지향한다. 그렇지 않은 경우 가족 구성원들은 가족을 벗어나 또 다른 공동체를 구성할 것이다.

앞에서 말했듯이 현대 복지국가는 육아, 교육, 의료, 연금 등의 사회적 안전망 구축을 통해 전통적으로 가족이 맡아왔던 기능들을 사회화, 국가화함으로써 가족 구성원의 사회화에 직접적으로 개입하고 있다. 개인은 가족공동체의 구성원으로서만 길러지는 것이 아니라, 사회적 개인으로 재탄생되고 있다. 복지국가에 의한 개인의 사회화는 공적인 영역과 사적인 영역의 구분을 모호하게 한다.[12] 그럼에도 이러한 개입이 가족의 해체를 의미하거나 의미할 수 있는 것은 아니다. 국가가 개인에게 직접 개입할수록 플라톤식 오류를 범할 것이기 때문이다. 즉 국가나 사회의 계획과 조절에 의해 단순화된 수동적 개인이 길러진다면 개인의 다양하고 창의적인 능동적 사유 능력은 고사될 것이다.

국가는 개인을 사회화하는 데 있어서 오히려 보조적인 역할을 하고 있을 뿐이다. 가족은 구성원들에게 말과 행위규범들을 가르치고 습성화하게 하며 생각을 길러주는 일차적인 기능을 수행하는 곳이다. 또한 가족은 구성원들이 친밀성과 신뢰를 바탕으로 자신의 삶의 의미와 목적을 재정비할 수 있도록 원동력을 제공하는 장소이기도 하다. 다양성을 바탕으로 한 창의력과 실행력이 지식 경쟁력이 되는 현대사회에서는 오히려 이러한 가족의 기능을 국가가 활성화할 필요가 있다.

---

[12] 사회의 공적 지원(탁아 시설 확충, 유연한 노동 시간 도입, 사회보장제도의 확장 등)이 가족의 과도한 부담을 덜어줄 것이다. 반대로 충분한 외부의 지원은 가정에서의 책임과 의무를 약화시키고 보다 수평적인 관계 맺기를 가능하게 함으로써 보다 민주적인 덕성을 지닌 사회적 인간으로 구성원들을 변화시킬 것이다. 이런 점에서 공적인 영역과 사적인 영역은 상호 연관되어 있으며 영향을 주고받는다.

3.4. 민주적 공동체를 향한 한국 가족의 재구조화와 변화 전략

현재 한국의 가족은 보다 민주적인 공동체로 변화 중이다. 한국 사회는 산업화의 안착과 형식적 민주화의 성공 이후 실질적 민주화의 단계로 접어들었다. 역동적으로 변화하고 있는 한국 사회에서는 가족도 함께 변화하는 중이다.

농업사회의 집단 노동과 생산 공동체의 유산인 가부장권은 수명을 다해가고 있다. 산업사회에서도 부권은 남성 중심의 사회적 노동과 가족 내 가사 분담 그리고 남녀 위계 서열화로 인해 유지되었다. 그러나 이마저도 여성의 사회참여로 점차 설 자리를 잃고 있다. 지식정보사회의 주류 노동인 지식 노동은 다양한 개인의 창의성을 바탕으로 한 분권적, 수평적 협업 노동으로 재편 중이다. SNS형 다양한 소통 방식의 일상화도 자유롭고 수평적인 네트워크형 인간관계를 정착시키고 있다. 이에 따라 가족 구성원 간의 관계도 권위적이며 수직적인 형태에서 자유롭고 수평적인 형태로 변화하고 있다.

사회적 안전망의 확대로 가족공동체의 지향점도 생존과 물질적 풍요에서 구성원들의 자아실현과 행복으로 점차 이동하고 있다. 이것은 젊은 세대에 국한된 것이 아니다. 부모 세대들도 가족의 생존과 물질적 지원을 위한 책임과 의무에서 벗어나, 자신의 삶을 되돌아보고 자아실현과 행복을 추구하고자 한다.

가족의 민주화는 사회의 변화와 맥락을 같이하며, 가족 안에서 아래로부터 옆으로부터 다방면에서 일어나고 있다. 가족 구성원들 모두가 자아실현과 행복을 추구하는 방식으로 가족공동체가 재구성되고 있다.

이런 점에서 헤겔을 뒤집어 해석한 서구 현대 철학자들의 논점을 고찰할 필요가 있다. 서구의 가족 구성원들은 더 이상 더 큰 사랑과 행복의 공동체를 위해 스스로의 개체성을 포기하지 않는다. 가족은 남녀가 자연적 본성에 따라 역할을 분담하는 자연 공동체라는 정의도 더 이상 받아들여지지 않고 있다. 여성이 사회적 노동에 참여하면서 사회적 노동과 가사 노동의 엄격한 구분도 사라지고 있다. 오히려 가족의 공동체성은 구성원들의 개성과 자아실현이 상호 인정되고 상호 배려되는 한에 있어서만 존재 이유를 부여받고 있다. 그들은 개체성을 보장받고 실현하는 장으로서 가족공동체를 추구한다 (벡, 벡-게른스하임, 2002: 92).[13]

이에 반해 한국의 가족은 근대 내내 폐쇄적 가족주의를 유지해왔다. 가족공동체 내에서 구성원들은 가족 사랑과 친밀성 그리고 상호 신뢰를 바탕으로 개인적 희생을 감수하는 이타적 성향을 보여왔다. 구성원들 사이의 이타적인 행동을 기반으로 폐쇄적인 가족 이기주의가 형성되는 독특한 이타성과 이기성의 혼합 형태가 형성되었다.

서구와는 달리 한국의 가족에서는 폐쇄적 이타성이 과도해서 그

---

[13] 이 경우 문제의 핵심은 자기중심적인 개인들이 어떻게 함께 살 수 있는 방안을 마련할 수 있는지에 있다. 이것은 개인을 기반으로 공동체성을 확보하려는 전략으로 이어진다. 이에 비해 한국의 근대 가족은 목표를 내가 되기 위해 가족과 함께 살아가는 것, 가족이 서로 도와줌으로써 서로가 자아를 만들고 실현하는 것에 두고 있었던 것으로 보인다. 즉 한국의 가족주의는 공동체 내의 관계를 중심으로 개인이 정체성을 찾는, 관계 중심성을 바탕으로 한 강한 공동체주의적 성격을 띠고 있다. 따라서 한국의 가족에서는 자유주의적 개인과 자유주의적 공동체 간의 갈등이 아니라, 근대적 개인 중심의 개인주의와 전통적 관계 중심의 공동체주의가 현실적으로 함께 섞여 있는 이질성의 공존 상황이 핵심적인 고려 사항이다.

리고 개별적인 합리적 이기성이 약해서 문제다. 자기 사랑과 자아실현 그리고 자기 행복이 우선인 개인들로 구성된 서구의 가족은 과도한 이기주의가 문제다. 따라서 이것을 보다 약화시킨 합리적 이기주의를 바탕으로 구성원 사이의 친밀성과 상호 신뢰를 강화하는 전략이 논의되고 있다. 한국은 이에 반해 자기희생과 책임감 등에 바탕을 둔 폐쇄적 친밀성을 약화시킬 필요가 있다. 이것을 보다 개방적인 형태로 변화시키면서 동시에 구성원들의 개체성을 활성화하는 전략이 요구된다.

한국의 가족 구성원들은 20세기 후반기 내내 가족의 생존과 번영을 위해 자기 정체성, 자기 사랑, 자아실현, 행복 등을 부차적으로 간주하는 것을 당연시해왔다. 그러나 이로 인해 발생한 위계적 권위주의, 가족 구성원들의 소통 불가능성, 갈등의 증폭 등을 해소하고 가족이 민주적 공동체로 변화하기 위해서는 가족 구성원들이 이러한 개인 중심의 덕목들을 함께 강화하는 전략이 필요하다. 가족공동체 내에서 서로 자유롭고 평등하게 소통할 수 있을 때 구성원들은 자율적인 공동체 내에서 함께 행복을 추구할 것이기 때문이다.

한국의 가족은 부모의 책임과 헌신을 통한 권위의 획득이라는 권위주의 사회의 유산을 안고 있다. 이러한 권위를 단순하게 개인들에게 분산시키고 탈권위화하는 전략은 오히려 심각하고 해결 불가능한 갈등 속으로 가족 구성원들을 빠져들게 할 수 있다. 이 전략은 공동체성을 거부하는 이기적 개인화를 낳을 것이며 이기적 개인들에 의한 가족 해체의 길로 이어질 것이다. 이기적 개인들로는 친밀성과 상호 신뢰가 작동되는 공동체를 구성하기 어렵다.

그보다는 기존의 위계적 권위주의가 안고 있는 문제점을 보완해 부모의 권위를 수평적 권위, 구성원들의 상호 소통과 합의를 기반으로 한 권위로 변화시킬 수 있는 전략이 필요하다. 예를 들면 지금까지 가족에게 전가되어온 육아, 교육, 치료, 부양 등 가족이 홀로 감당하기 힘든 사회적 문제들을 국가와 사회가 합리적으로 지원하는 방안을 확대하는 것이다. 사회적 안전망의 확대를 통해 부모는 가족에 대한 책임과 의무에서 벗어나 보다 자유로운 개인이 될 것이다. 그리고 자식들도 부모의 위계적 권위에 대한 순종에서 벗어나 적극적으로 소통하는 자유로운 개인이 될 것이다.

한국 가족이 민주적 공동체로 변화할 수 있는지의 여부는 이렇듯 이질적인 것들이 중층적, 중첩적, 혼성적으로 나타나는 복합적 사태를 지혜롭게 풀어낼 수 있는 전략을 어떻게 구상하느냐에 달려 있다. 따라서 이제는 '역동적 사회 변화와 이로 인한 복합적 상황의 전개 및 이에 대한 복합 성찰성의 작동'이라는, 한국 근대 이후 가족이 지혜롭게 구사해온 전략을 현실에 맞게 다시금 재구조화해야 할 시점이다.

나는 21세기 한국 가족의 변화를 '복합 성찰성에 기반을 둔 역동적 민주주의'의 확장 과정으로 파악하고자 한다. 한국 가족의 역동적, 복합적 민주주의 모형은 21세기 지식정보사회로의 급격한 이동과 4차 산업혁명의 과정에서도 작동될 가능성이 높다.[14]

---

14 한국 가족의 '복합 성찰성에 기반을 둔 역동적 민주주의' 모델은 산업화와 민주화의 순차적 성공을 설명할 수 있는 하나의 철학적 논점으로 고려될 수 있다. 또한 한국 민주주의가 21세기 지식정보사회와 4차 산업혁명을 맞이해서 역동적으로 변화할 것임을 염두에 둔다면, 이 모델은 한국의 미래 민주주의 구상에 있어서도 작동될 확률이 높다.

4. 마무리하면서

이 장에서 나는 서구적 가족 모델이 아닌, 한국 가족의 변화상을 고려한 가족 모델이 가능하다는 점을 논변하고자 했다. 나는 이를 위해 한국 가족이 근대의 흐름 속에서 안고 있었던 복합적 상황을 긍정적으로 해석했다. 나는 이러한 해석이 한국적 상황뿐만 아니라 세계적 수준에서도 ― 특히 후발 자본주의 국가들의 경우에는 ― 하나의 일반화된 모델로서 자리매김될 것이라는 희망도 함께 피력했다.

반면에 이 장에서는 한국의 가족이 근대 내내 겪어왔던 자체 과부화로 인한 구성원들의 고통과 이론에 대한 냉소 그리고 정체성 분열 등에 대한 논의가 소홀하게 처리된 것도 사실이다. 다만 긍정적 재구성이 자리를 잡을 때, 그 이면에서 함께 진행된 부정성도 그에 상응한 대접을 받을 것이라는 작은 변명으로 이 장의 한계를 갈음하고자 한다.

이 장에서 내가 강조하고 싶었던 것은 모든 이론은 현실과의 적합성 연관 속에서 다시금 재구성되어야 한다는 점이다. 가족 이론도 예외가 될 수 없다. 한국의 가족을 대상으로 이론화를 시도하는 전문가들은 한국 가족의 역사적 궤적과의 부단한 대화를 통해서 자신의 이론을 구성하고 재해석해야 할 것이기 때문이다.

이 역사적 궤적을 정리한 선행 업적이 있었기에 나의 주장도 가능했다. 이 장의 핵심이기도 한 한국 근대 가족이 진행해온 성찰성의 독특한 특징을 강조한 나의 주장은 구체적인 사안들을 대상으로 세분화, 체계화될 필요가 있다. 철학적 논변이 갖는 한계는 앞으로 학제적 연구를 통해 보완해갈 것이다.

　그럼에도 이 장에서 새롭게 주장한 바와 같은 가족에 대한 철학적 성찰이 갖는 장점도 있다. 현실과 이론 사이의 단절과 불일치에 대한 해결책을 성찰적으로 재구성했다는 점이다. 한국의 근대 가족이 처해 있는 상황을 서구적 도식에 의거한 특정 이론들 중심으로 해석해온 작업이 현실에서 힘을 잃어갈 때, 그것들이 삶과 유리되어 있을 때 현실에 대한 성찰에 의거해서 시도되는 철학적 재구성 작업들은 다시금 그 이론들에게 현실로 귀환할 것을 요구한다. 현실 사태에 의거한 다채로운 이론들이 제안되고 공론장에서 논증될 때, 우리는 다시금 현실과 씨름하는 정상적인 학문적 소통의 장을 활성화할 수 있을 것이다.

4장 한국의 가족주의와 사회철학

1. 한국 가족주의의 위상

　3장 3절에서 내가 제안한 철학적 개념들은 한국 가족 및 가족주의의 역사적 변화상과 밀접하게 연계되어 있다. 즉 짧게는 1950년대 이후 20세기 후반기의 가족과 가족주의의 급격한 변화, 길게는 기록으로 확인된 자료들에 의거해 신라 시대 이후 고려 시대 및 조선 전기와 후기에 변화에 변화를 거듭한 한국의 가족과 가족주의의 모습에 의거해서 그 실체를 보다 객관적으로 그려보고 특정한 시대의 특징들을 상대화해 보다 거시적인 안목에서 그 특징들을 이해하고자 했다. 이러한 구상과 이해 방식은 우리의 역사 속에서도 다양한 가족과 가족주의가 존재했음을 인식함으로써 앞으로 펼쳐질 또 다른 가족과 가족주의의 모습을 예측할 때 풍부한 전거로서 활용할 수 있다.

　이 장에서는 먼저 한국의 가족과 가족주의를 기존의 선행 자료들에 의거해서 설명한 후, 이를 전거 삼아 앞으로 20년 정도 펼쳐질 가족 관련 예측 가능한 내용 변화를 고려하면서 한국 가족과 가족주의가 어떤 규범적 지향점을 향해 갈 것인지를 논증적으로 정당화하는 작업을 수행해보겠다.

내가 이 논의를 위해 중요하게 생각하는 문제의식은 다음과 같다. 20세기 후반 이래 한국인은 도시화, 산업화에 힘입어 지속적으로 개인화되고 있다. 그럼에도 불구하고 한국인이 서구 근대의 시민처럼 전적으로 개인주의화되지 않고 있는 이유는 무엇일까? 달리 말하자면 한국 사회에서 현재까지도 가족주의와 혈연, 지연, 학연, 업연 등 폐쇄적이며 배타적인 유사 가족주의가 힘을 잃지 않고 있는 이유는 무엇인가?

이러한 현상은 한국에서만 발생하고 있는 독특하고 예외적인 현상이라기보다는 동아시아 유교 문화권에서 광범위하게 작동하는 현상으로 보인다. 한중일 기업 문화를 비교 분석한 자료를 설명한 2장 2절 및 한중일 가족 가치관을 비교 분석한 자료를 설명한 3장 2절에서 확인한 것처럼 한중일 3국의 가족주의적 성향 혹은 집합주의적 성향은 타문화권, 특히 서구 문화권과는 확연하게 다르다.

한중일 3국의 가족주의와 집합주의는 그 내용에 있어서는 많은 차이점을 지니고 있음에도 불구하고 서구의 가족주의와 비교한다면 매우 유사한 형태를 띠고 있다(최재석, 1994: 521-537; 홉스테드, 1996: 116-120 참고).[1] 장기적으로 본다면 한중일 3국이 공통적으로 노동

---

1 홉스테드의 연구는 중국이 아닌 대만, 홍콩, 싱가포르와 일본 그리고 한국이 대상이다. 그렇지만 그는 이 국가들이 공업화와 고도 경제성장에도 불구하고 상당한 정도로 집합주의를 고수하고 있으며, 이것은 이들이 공유한 유교 문화권의 특성과 연관되어 있음을 지적한다.

집약적인 소농 중심 사회를 유지한 적이 있으며 이와 연동된 문화적 특성을 공유해온 것이 작용했을 것이다. 특히 농업사회 시기에 이 지역에서 형성된 가家 중심의 가족주의 이념과 규범 그리고 행위 습속들이 정도의 차이는 있지만 아직도 유지되고 있다는 점도 고려되어야 한다.

물론 세부적으로 고찰할 경우 각국의 시대적, 사회적 상황과 그에 대응하는 집단의 특성에 따라 그 내용이 다르게 전개되었다.[2] 현재도 매우 다른 방식으로 가족주의가 진행되고 있다(권용혁, 2012: 222-247 참고). 그렇지만 그 차이점은 서구의 가족주의에 대비해서는 유사성 속의 차이로 이해될 수 있다. 이런 맥락에서 한국의 가족 및 가족주의의 위상은 역사 문화적으로는 동아시아 전통과 그 근대적 변화상들을 상호 비교하면서 파악할 필요가 있다. 또한 한국의 가족 및 가족주의의 독특한 변화 양상은 한국 근현대사회의 변화상과 연관해서 고찰할 필요가 있다.

이 장에서는 한국 가족주의의 변화에 초점을 맞춰 이야기한다. 나는 먼저 한국 가족주의의 특성을 시기별로 구분해서 개념화한 후,

---

동아시아에서는 서유럽이나 미국과는 달리 전통적으로 직계가족의 규범이 유지되어온 점도 마찬가지로 고려될 필요가 있다(오치아이 에미코, 2004: 270, 324 참고).

2 예를 들자면 조선 후기 장자 중심 직계가족주의와 문중 강화 현상 등은 신유학의 조선화 현상으로 볼 수 있다. 국가와 사림의 공조를 통해 가능해진 이러한 현상은 중국 신유학이 조선 사회에서 변용된 구체적인 사례다. 이것은 중앙정권의 지방 직접 지배에 반대한 남송 신유학의 지방 활동주의의 맥락과는 전혀 다른 역사적 맥락을 지니고 있다(볼, 2011: 429-437 참고). 또한 한국 가족주의의 특징인 족보는 중국의 그것과는 유사하지만, 일본과 류큐의 가보家譜와는 다르다(미야지마 히로시, 2013: 386-389 참고).

그것의 근현대적 변화상과 특징을 정리한다. 결론부에서 나는 현재도 진행 중인 가족주의의 내용 변화에 의거하여 변화의 규범적 특징을 규명한다.

2. 한국 가족주의의 변천사[3]

2.1 전통적 가족과 가족주의

신라 시대 이래로 한국의 가족은 부계父系제 우위의 비단계제非單系制 형태를 특징으로 한다(최재석, 2002: 162-165, 206-208). 고려 시대까지는 호적상 동거 가구의 구성원이 부계친보다 여계친女系親이 더 많았으며 재산상속에서도 17세기까지는 자녀 균분제가 유지되었다(박미해, 2010: 19, 293-298 참고).[4] 조선 시대에 이르면 가족혈족주의가

---

[3] 여기에서 시도하는 시기 구분은 검증된 것이 아니다. 다만 1950년대 이전의 시기를 하나로 묶은 것은 이 부분을 가족주의의 변화상을 설명하는 기초적인 도입부로 삼고자 했기 때문이다. 그 이후 1950년대부터 20년 간격으로 그 특징을 정리한 이유는 한국 사회의 구조 변화 및 세대 단위를 고려한 기획이다. 한국 근대사회는 대략 20년 단위로 농업사회에서 산업사회로 그리고 산업사회와 지식정보사회의 병행 사회로 이동하고 있기 때문이기도 하다. 또한 가족주의의 유형도 직계가족주의에서 도시형 핵가족주의로 그리고 핵가족주의와 개인주의의 혼합 유형으로 이동하고 있는 것으로 보인다. 이에 대한 보다 엄밀한 구분이 요구되지만 여기에서는 그 시대별 세부 특징을 논의하면서 이러한 시기 구분을 설명하고자 한다. 가족 정책의 변화에 따른 시기 구분법은 최유정(2010: 23-31)을 참고하기 바란다.

[4] 한국은 16세기까지 여성의 개별 균분상속권을 인정했다. 그것은 남녀 차별을 확실히 했던 중국이나 일본과는 달리 한국에서만 나타나는 현상이다(박미해, 2020: 297, 특히 각주 3; 이종서, 2009: 28-30 참고).

부계와 모계 그리고 처계가 함께 고려된 복합 형태에서 부계 중심으로 점차 변화한다(조정문·장상희, 2001: 129-130). 조선 후기에는 부자 관계를 중심축으로 적장자 계승제가 강화되면서 유교의 종법제가 일상화된다(최재석, 2002: 262-263; 최홍기, 2006: 52 참고).[5] 그러나 가족의 유형은 조선 시대에도 부부와 미혼 자녀로 구성된 핵가족이 일반적이었다.

유독 한국에서만 적장자 중심의 직계가족주의가 전통으로 굳어진 것은 조선 사회의 변화와 밀접하게 연계되어 있다. 조선 중기까지 호혜적이었던 국가-향촌 사족 간의 지배 체제의 관계가 조선 후기에 이르면 국가 주도의 지배/종속 관계로 전환된다. 이 과정에서 향촌 자치 기구가 와해되고 향촌 사족의 지배 권위가 약화된다. 이런 상황에서 국가와의 연결이 끊어진 사회의 여러 세력은 심각한 생존의 위기에 직면하게 된다. 이들이 자신들의 기득권을 방어하기 위해 적극적으로 채택한 가족 중심 결집 전략이 바로 조선 후기의 부계 혈연 중심 세력 결집 현상이다. 이들은 부계 측 혈연과 가족을 절대시하고 여기에 전적으로 의존함으로써 지위와 생존을 담보받고자 했다. 이 과정에서 가족은 생존과 유대의 주요한 전략적 단위이자 인식 및 행위의 절대적 준거로서 사회 전반적으로 자리 잡았다. 결국 조선 후기에 강화된 가족주의는 국가-사회관계의 갈등과 단절로

---

5 이 종법제의 등장과 가족주의의 강화 현상을 조선 후기 중앙집권형 지배 체제의 향촌 직접 지배(최우영, 2006: 20-26)와 사대부들의 지배 체제 강화(김동춘, 2002: 102-105)로 설명하는 것이 보다 설득력이 있어 보인다. 조선 초·중기의 신분 구조와 역동적 신분 이동에 관한 논의는 한영우(2013: 597-635)를 참고하기 바란다.

부터 초래된 위기 상황에서 개별 가족들이 생존과 영속을 위해 채택한 시대적 전략의 부산물이었다(최우영, 2006: 1 참고).

조선 유교의 가족제도가 확고하게 정착되고 씨족 중심, 가문 중심의 연대가 확고해진 것은 조선의 후기 유교적 통치 질서의 위기 속에서 사대부 세력이 자신의 지배 체제를 강화하는 과정에서 나타난다(김동춘, 2002: 102). 그 당시에는 관직에 등용된 자도 가문을 중심으로 연계되어 있었으며, 향촌의 사족들도 중앙 정치와의 연결을 도모하는 데 있어서 타 씨족, 문중과 엄격한 차별성을 유지해 폐쇄적이며 배타적인 가족주의, 가문 중심주의를 강화했다. 이러한 조선의 폐쇄적이며 배타적인 가문 중심주의는 유교적 가치 그 자체의 산물이라기보다는 조선 후기의 유교적 지배 질서의 위기와 그에 대한 대응 방식으로 형성된 것으로 볼 수 있다. 양반층은 지위와 권력을 유지하기 위해 가족, 씨족, 문벌 내에서 유대 관계를 강화했으며 이 유대 관계가 강화될수록 그 자체는 폐쇄성을 띠게 되며 그 이외의 타자들과의 관계는 배타성을 띠게 된다(김동춘, 2002: 102-105 참고). 같은 성씨 안에서도 파시조가 다를 경우에 동성 집단 내 각파들 간의 배타성과 폐쇄성이 강하게 드러난다. 따라서 현재까지도 영향력을 발휘하고 있는 폐쇄적이며 배타적인 가족주의의 역사적 맥락은 예치를 내세운 신유학의 기본 정신이나 이를 기반으로 하는 지방 공동체의 자율성 구현 등과는 동떨어진 것으로 조선 후기에 정착된 부계혈족주의, 폐쇄적인 가문 중심주의와 더 연관되어 있는 것으로 보인다.

어쨌든 강조하자면 조선의 가족은 서구의 전통 가족에서처럼 하나의 독립적인 단위가 아니다. 조선의 가족은 '가'라고 하는 보다 넓은 관계망 중의 일부분이었다. 조선 성리학의 이념은 특히 가족 관계맥을 기반으로 하고 있는데, 가는 개인과 가족보다 우선시되며 시간을 초월해서 독자적으로 존재하는 것으로 자리매김된다. 가족 구성원인 개인은 가 속에서 태어나고 가 속에서 생활하다 가 속에서 죽어간다는 것이다. 가는 가족에 의해 구성되는 것이 아니다. 그것은 가족 이전에 독자적으로 영속하는 조직이기 때문에 가족은 가라는 조직에 속해 있는 소속원으로서만 존재한다. 즉 가족은 가의 능동적 구성원이 아니기 때문에 가족에게는 가를 구성하거나 파괴할 수 있는 권한이 없다(최봉영, 2002: 163).[6]

이러한 가족주의에서는 개인이란 그 개인이 속해 있는 가족공동체 내에서 정해진 지위에 따라 정체성이 결정되는 수동적 존재에 지나지 않는다. 개인은 이러한 공동체적 관계 속에서만 자신의 위치를 확보할 수 있기 때문에 언제나 위계적이고 차등적인 공동체 관계 속의 일부분으로서만 존재한다. 가족의 구성원으로서만 위치 지어지는 개인은 가통家統을 통해 영속적으로 존재하는 가의 일부분이면서 유한한 존재이기에 궁극적으로는 가통 속에서 자신의 생멸을 설명하고 이해하는 존재가 된다(최재석, 2002: 262-263 참고).

이러한 조선의 가족주의는 천주교 및 개신교의 등장, 동학, 개화파의 등장, 갑오경장 등으로 19세기 말에 이르면 위기를 맞는다. 게다가 식민 통치하에서는 왜곡된 일제의 지배 논리에 의해서 강요된

---

6 본가를 상징하는 문중은 폐쇄적인 공동체의 성격을 띠고 있었다. 제사를 통해 조상 모시기에 집중한 부계혈족 중심의 문중은 조직의 단결 및 응집력이 높을 수 있었지만 다른 한편으로는 그 밖의 다른 문중이나 타자에 대해서는 분열적·배타적일 수 있었다. 이와 같은 한국 문중의 배타성과 조상 제사의 중시는 혈족 간 결속 유지에는 크게 기여했지만, 보다 큰 지역공동체나 국가 차원의 통합에는 장애 요인이기도 했다(조정문·장상희, 2001: 122 참고).

일본식 가 제도가 이식된다. 기존의 조선의 관습법을 따른다는 「조선민사령朝鮮民事令」(1912)과 일본식의 호적법을 적용한 민적법(1909) 등이 도입되고 그후 세 차례에 걸쳐 이루어진 조선민사령 11조의 개정으로 호주제 강화와 전통 가족주의의 왜곡이 심화된다(양현아, 2011: 143-158 참고). 해방 이후는 식민지법을 자의적으로 해석했던 보수 세력이 역사 퇴행적으로 동성동본 불혼과 이성불양異姓不養의 원칙을 신민법新民法에 관철시켰다. 이로 인해 전근대적인 가부장제가 개인의 자유와 권리를 기본으로 하는 자유민주주의를 표방한 대한민국에서도 합법화되었다(이효재, 1990: 25-26 참고). 이것은 1980년대까지 지속되었다. 가족법이 자유민주주의의 이념과 자본주의의 산업화에 부응하는 방식으로 개정되지 못한 채 근대 가족의 기본 형태에 맞지 않은 혈연 중심의 가부장적 가족제도의 근간을 유지했다.[7]

한국 역사에서 등장하는 다양한 가족주의는 가족 이념의 특정한 내용을 사회적 상황에 따라 변용한 것이다. 특정한 유교적 규범들과

---

[7] 한국 사회에서 최근까지 작동되었던 호주제 및 생물학적 혈연 중시 현상은 전통 유교적 가족 문화와는 다른 것이다. 그 사례가 바로 서출자의 법적 위상이다. 생물학적으로 혈연관계인 서출자가 천시되어 가를 이을 수 없었던 조선 시대의 계승 형태와는 달리, 근대 호주제에서는 적자가 없을 경우 서출자에게 호주가 계승된다. 이처럼 생물학적 친자 관계가 전통문화적 해석에 앞서 더 강조되는 것은 사회적 상황과 연계되어 있다. 한국 가족에서 생물학적 혈연관계를 조선 후기의 적자 중심 가부장제에서보다 더 중시하는 것은 친족이 더 이상 정치적 중요성을 지니지 못하게 된 현대사회에서 혈연 개념 자체가 변용된 결과로 해석될 수 있을 것이며, (삶과 죽음의 현장에서 혈연 중심으로 뭉쳤던) 한국전쟁이 우리 사회에 미친 결과의 하나일 수도 있다. 혹은 식민지 시기에 조선조 문화 전통에서의 혈연 개념을 충분히 이해하지 못한 식민 정부가 그것을 단순히 생물학적인 것으로 축소·왜곡하여 근대적 법 조항의 형태로 고착화·화석화시킨 결과로 해석될 수도 있다(문옥표, 2001: 87-89 참고).

현실의 결합 현상은 한국의 근대화 과정에서도 작동된다. 근대화 기간 동안 약화되지 않은 가족주의도 이러한 맥락에서 이해될 수 있다. 역사적으로 그것은 조선 후기의 혈연적 결집 현상과 맥을 같이한다. 대안적 원리나 형식이 부재한 상황에서 기존의 규범 중 일부분을 현실에 맞게 재해석해 재구성하는 것은 자연스러운 일이다. 일제 식민지, 분단, 전쟁 그리고 20세기 후반의 국가주의적 발전 과정에서도 가족과 가족주의가 개개인의 삶을 지탱해준 기초 단위로 작동된 것은 이러한 맥락에서 이해될 수 있다. 혈족의 범위는 현실 변화에 따라 유동적으로 변화해왔지만, 생존과 생활의 준거점으로서의 가족과 가족주의적 삶의 방식은 여전히 유의미하게 작동하고 있다. 그것을 대체할 만한 주도적인 이념이나 원리가 정착되지 않은 지금도 가족주의는 다양하게 변형된 형태로 여전히 우리 사회를 지배하고 있다(최우영, 2006: 26 참고).

2.2. 1950-60년대의 가족주의[8]

해방 이후 도입된 자유민주주의적 법체계에도 불구하고 의식적인 측면이나 규범적인 측면에서는 부계 혈연 중심의 유가적 가족주의의 가치관이 1960년대까지 유지된다(최재석, 1994: 223-224, 272).

특히 해방 이후 친족법 개정에서도 일제강점기 도입된 변형된 호주제 및 가부장적 직계 제도가 존속됨으로써 전통적 가족주의 가치관

---

8   가족주의란 "사회의 기본 구성단위는 개인이 아니라 가족 집단이며 가족 집단은 국가를 포함한 다른 어떠한 사회집단보다 우선시된다"는 신념이라고 정의된다(함인희, 2001b: 25).

이 변형, 옹호되는 상황이 전개된다. 그 사례는 다음과 같다. 1) 집[家]이 개인보다 중시되어 가부장의 직계비속 장남은 자기의 의사와 관계없이 절대로 분가할 수 없다(신민법, 민법 788조). 2) 호주상속권은 포기하지 못하며(991조) 호주가 된 양자는 파양罷揚하지 못한다(898조 2항). 3) 남 호주는 집[家]을 폐가廢家할 수 없지만 여 호주는 혼인 등으로 폐가할 수 있다(794조).

이처럼 개인보다 집 우선적인 사고, 적장자 우위, 호주제의 강조 등은 자유민주주의 법체계와 맞지 않는다. 그 조항들은 개인보다 집이 더 우선인 전통적인 가족주의가 반영된 결과물들이다(최재석, 1994: 275-277 참고).

1960년대까지 전통적 가치관이 이처럼 왜곡된 상태로 변형·유지될 수 있었던 것은 현실과 유리된 채 외부에서 유입된 자유민주주의 법체계가 현실에서 뿌리를 내리지 못했기 때문이다. 그 당시 현실도 이러한 법적 실현을 위한 사회적 토대를 형성하지 못하고 있었다. 그 당시까지는 근대화, 산업화가 빠르게 진행되지 않았을 뿐만 아니라, 이에 부응해서 일상적인 삶이 크게 변화하지도 않았다. 해방 후 개정된 가족 관련 법(신민법, 민법)이나 교육 현장에서의 가족 가치관도 그 이전의 전통적인 가족주의를 온존하고 있었다. 이로 인해 대부분의 한국인의 일상적인 삶은 퇴행적인 법과 제도 그리고 교육 현장에서까지 지속된 전통적 가치관 속에 매몰된 채 큰 변화 없이 진행되었던 것으로 보인다.

물론 이 과정에서도 전통적인 가족 관념이 도시를 중심으로 어느 정도 근대적인 가족 의식으로 대체되거나 변용되고 있었다. 도시 가족은 친자 중심의 전통적 가족 관념에서 점차 벗어나 부부 중심의 근대적인 가족 이념을 선호했는데, 연령이 낮을수록, 고학력과 전문 직업군에 속할수록 도시 가족은 점차 개인화된 가족으로 변화하고 있었다(최재석, 1994: 357 참고).

2.3. 1970-80년대의 가족주의

한국 사회에서는 1970년대 이후 20년간 산업화와 도시화가 빠르게 진행되어 가족도 전통적인 패턴에서 도시적인 패턴으로 급격하게 변화한다. 직계제 가족 형태는 감소하고 그 대신 핵가족제적 형태, 1인 가구 및 비혈연 가구가 증가한다(최홍기, 2006: 234, 〈표 4〉 참고). 특히 도시형 핵가족이 증가하고 그중 부부 가족의 비율이 증가하면서 가족이 부부를 중심으로 생활한다. 따라서 가족 관계에 있어서 부자 관계보다는 부부 관계가 중요해진다. 이 도시형 핵가족은 현실적으로는 부부를 중심으로 생활하지만, 떨어져 사는 직계가족도 같은 가족 성원으로 의식하면서 그들과 경제적 관계를 밀접하게 유지하는 경우가 많았다. 이는 직계가족제가 아직도 규범적 차원에서는 작동되고 있었음을 의미한다.

한국의 가족 구성원들이 산업화 시기에도 가족공동체 구성원으로서의 기능을 강조한 것은 가족이 삶의 기초 단위였기 때문이다. 일제강점기, 한국전쟁, 급격한 도시화와 산업화 등으로 인해 발생한 사회적 안전망의 결여나 미비 등이 거꾸로 개인의 생존과 영속을 위한 생활의 준거점으로서 가족주의를 강화해온 것이다.[9]

---

9 일제강점기에는 가족이나 집안을 지킨다는 명목으로, 전쟁으로 인한 사회 혼란

한국의 산업화, 도시화로 확대된 핵가족은 전통적인 직계가족 관계와 근대적인 핵가족 관계 그리고 시대에 적응하면서 변용된 가족주의를 그 안에 동시에 포함하고 있는 독특한 복합적인 특징을 보인다.10 도시형 핵가족에서는 한편으로는 부계 혈연 중심의 직계가족 이념이 작동되었지만 다른 한편으로는 부부 중심의 낭만적 사랑을 바탕으로 하는 근대 핵가족 중심의 일상도 진행되었다. 이 과정에서 이 둘이 중층, 중첩, 혼성화되면서 독특한 가족주의가 작동되어 왔다. 예를 들면 가장은 부모와의 관계에서는 자식으로서 효도를 해야 하고, 핵가족 내에서는 약화된 가장권을 가지면서도 가장으로서의 책임과 의무는 막중해졌다. 또한 가장은 가족 간의 대화와 사랑을 중시하는 민주적인 가장으로서의 역할도 담당하는 복합적인 기능 수행자여야 했다. 게다가 소수의 자녀만을 기르지만, 제사를 지내고 직계가족 관계를 잘 유지해야 한다는 생각도 여전히 강하다.

이처럼 한국 근대 가족은 구성상으로는 근대 핵가족의 모습을 띠고 있지만, 가족의 기능과 관계 범위 그리고 가치관과 의식 등에 있

기에는 생존을 위해 개인은 직계가족 중심의 연줄망으로 안전망을 가동해왔다. 산업화 시기에는 근대국가적 사회 안전망이 정착되지 않았기에 개인은 가족적 유대 또는 결속 관계를 통해서 자신의 안전망을 확보하면서 가족주의를 강화해왔다. 이러한 가족주의는 내부적으로는 응집력이 강하지만, 외부에 대해서는 그만큼 폐쇄적이며 배타적이다.

10 한국의 산업화 과정에서는 전통적으로 바깥일은 남자가 담당하고 가정은 여성이 돌봐온 '유교적 성역할 개념'이 도시 핵가족에서 성역할에 따라 가사를 분업함으로써 새로운 '가족 중심주의'로 변환된다(이재경, 2007: 17 참고). 한국 가족 중 특히 중산층 이상에서 독특하게 형성되어 있는 기러기 가족도 가장으로서의 책임감과 가족 구성원들의 사회적 경쟁력 강화를 위한 부부의 희생과 교육열 그리고 이에 덧붙여 한국 교육 현장에 대한 불신 등이 중첩적으로 섞여 나타난 독특한 사회적 현상이다.

어서는 전통적인 것과 그것의 근대적 변형태 그리고 근대적인 것이 복합적으로 섞여 독특한 형태를 띠고 있다.

한국 근대 가족 모델의 구성을 위해서는 이러한 한국 가족의 복합적 사태의 변화상을 적확하게 개념화하는 것이 중요하다. 이러한 사태는 기존 서구 근대 가족의 단선적인 변화상을 기준으로는 포착되지도 않고 설득력 있게 해석되지도 않는다. 그것은 독특한 자체 변화상을 보이고 있어서 그에 걸맞은 개념화와 이론화를 요구한다.

2.4. 1990-2000년대의 가족주의

1990년대에 이르면 사회적으로는 산업화가 정착되고 민주화가 본격화된다. 산업 유형도 점차 변화하는데, 특히 사회 전반적으로 정보화가 진행되면서 새로운 노동과 삶의 유형이 나타난다. 이 과정에서 가족 문제도 빠르게 변화한다. 예를 들면 1990년 개정된 가족법은 남녀평등과 여성의 법적 지위를 강화했다. 특히 여성의 가사 노동 가치를 법적으로 인정하고, 친족을 남녀 8촌으로 인척을 4촌까지로 동등하게 명시했다. 2005년에 이르면 헌법재판소의 호주제 위헌 판결로 호주 제도가 폐지됨으로써 남계와 여계의 차등 대우가 거의 완전히 해소된다(양현아, 2011: 469-483 참고).[11]

---

[11] 2005년 3월 호주 제도 폐지는 중요한 의미를 갖는다. 민법 제779조는 가족의 범위를 호주가 아닌 개인을 기준으로 혈연과 생활공동체를 결합해 가족의 범위를 규정함으로써 개인성을 강화하고 있다. 그렇지만 혈연과 혼인을 중심으로 한 정상 가족만을 승인하고 있다는 점에서 그 이외의 다양한 가족 형태를 포함하지 못하는 한계를 보인다(양현아, 2011: 477 참고).

1987년 형식적 민주화의 성공 이후 실질적 민주화가 사회적으로 확대되면서 가족주의도 많은 변화를 겪는다. 여성운동이나 페미니즘이 활성화되고 다양한 가족 결합 형태가 사회적으로 표출된다. 외국인 노동자의 한국 정착과 결혼 이주자의 유입으로 다문화가족도 증가한다. 특히 다문화 가정은 폐쇄적인 국민국가의 한계를 벗어나 민주주의의 경계를 확장할 것을 요구하며 동시에 가족 관계의 경계를 확장할 것을 요구한다. 이로 인해 가족, 사회, 국가 등으로 단계적으로 진행되던 가족과 가족주의는 그 외연이 확장되고 그 내포 또한 다양화되는 국면을 맞이한다. 이러한 국면은 가족이 기존에 국가주의 외부에 존재했던 이질적인 것을 포용해야 한다는 것을 의미한다. 크게 보면 국민국가의 한계 내에서 작동되던 시민권, 인격권 그리고 가족 구성원의 권리의 문제가 보다 보편적인 기준과 내용에 따라 확장되어야 한다는 것을 의미한다.[12]

이러한 사태의 변화로 그 이전의 복합적 사태에 또 다른 이질적인 것들이 섞인다. 지금까지는 국외자들로 간주되던 타 국민과의 인적, 문화적 결합은 다인종, 다민족, 다문화, 다종교의 문제를 가족 내부의 문제로 내재화한다.[13]

---

[12] 한국 사회도 국가를 넘어선 물적·인적 소통의 증대 및 자본과 정보의 탈국가화로 국민국가의 민주주의가 그 '경계'를 확장하고 있다. 이렇듯 변화된 상황은 한국 사회 및 한국의 민주주의의 내용을 확대·변경하도록 요구하고 있다(신영복, 조희연 편, 2006: 92 참고).

[13] 이것은 한국 사회의 변화와 마찬가지로 한국 가족의 문제도 근대국가의 틀을 확장해 통국가적으로 변화하고 있음을 의미한다. 다문화가족의 경우 가족 구성원에게 시민권을 부여하는 문제뿐만 아니라, 2세에게 통국가적인 시민권을 부여하는 문제도 고려해야 한다. 결국 노동과 자본이 함께 국경을 넘나드는 시대에는 가족 문제를 다룰 때에도 단일 국민국가적 정체성을 확장해 다중 국민국

또 다른 문제가 지식정보사회로의 진입에 따른 문제다. SNS의 확산으로 개인의 정체성이 유연해지면서 전통적 가족이나 폐쇄적 공동체의 영향력도 약화된다. 사이버공간에서는 개인이 수많은 공동체에 자유롭고 수평적인 구성원으로서 참여하면서 자신의 정체성을 자유롭게 다원화할 수 있기 때문이다.[14] 게다가 개개인의 상상력과 창의력 그리고 실행력 등이 핵심을 이루는 지식 노동의 특성상 남녀 노동 구분이 사라지고 삶터와 일터, 가정과 일터, 일과 여가의 경계도 모호해진다. 일터도 수직적, 위계적 피라미드형에서 소규모의 유연한 네트워크형 팀 단위 조직으로 변화한다. 이 과정에서 부부의 역할 분담보다는 '역할 공유'가 확장된다(함인희, 2001b: 57-58 참고).[15]

민주화, 세계화, 정보화로 인해 한국의 가족과 가족주의는 다시금 빠르게 변화하고 있다. 한국 가족은 근대적 특징인 기존의 복합성에

가적 정체성 그리고 궁극적으로는 세계시민적 정체성 등을 고려하는 중층적이면서 열린 사고가 필요하다(권용혁, 2006: 17-22 참고). 국민국가의 외연을 확장하는 것과 연관된 논의 중 중첩 시민권 설정 문제 및 다문화가족 구성원의 정체성 문제에 대해서는 권용혁(2010: 94-96)을 참고하기 바란다.

14 이에 따라 기존의 수직적, 위계적 인간관계와 조직도 수평적이면서 다중 접촉이 가능한 네트워크형 인간관계와 조직으로 변화된다. 특히 인간 간의 소통이 자유롭고 수평적인 네트워크형으로 변화한다. 페이스북, 트위터, 카카오톡, 유튜브 등 쌍방향, 다방향 통신 방법의 일상화로 소통 방식이 양방향, 다방향화되면서 다원적이고 분권화된 네트워크형 조직이 활성화된다. 이러한 의사소통은 참가자의 자발성을 근간으로 하기 때문에 지배/종속의 관계가 형성되기 어려우며 각자가 하나의 통신망으로 작용하면서 상호 연결되는 형태이기 때문에 중앙집권적인 형태를 띨 수도 없다.

15 특히 지식정보사회에서는 대면적 상호작용보다는 문화적 상징과 관심의 공유가 집단적 유대감의 근원으로 중요해진다(권태환, 조형제 편, 1997: 22 참고). 따라서 지식정보사회에서는 사회적 통합의 기초가 되는 공동체 의식을 어떻게 재구성하고, 친밀성을 전제로 하는 인간 고유의 특성인 고도의 상징적 상호작용을 어떻게 촉진할 것인가가 중요한 문제다.

덧붙여 다문화적인 것과 수평적인 유연한 네트워크형 구조를 또다시 가족 안에서 복합적으로 재구성해가고 있는 중이다.

3. 가족주의의 특징 변화

이렇듯 한국 가족의 시대적 변화는 근대 이후에는 너무도 빠르게 복합적으로 진행되고 있기 때문에 그 맥락을 추적하기가 매우 어렵다. 한국의 가족주의도 마찬가지로 급격한 사회 변화에 적응하면서 내용이 재조정되어왔기 때문에 매우 복합적인 형태를 띠고 있다. 이러한 한국 가족과 가족주의는 서구적 근대 가족과 가족주의의 변화의 일반적인 패턴에 따라서는 파악할 수 없는 독특한 역사적 궤적을 그리고 있다. 게다가 급격한 사회 변화와 이에 따른 사회적 헤게모니의 빠른 변화로 이념이나 규범도 빠르게 변화하고 있기 때문에 특정한 서구 이념에 의거해서 현실을 해석하고 진단하는 것도 설득력을 얻기 힘들다.

이러한 유동적 상황과 복합적 사태의 진행을 염두에 둔다면 오히려 가족 관련 현실 변화를 최대한 추적하면서, 복합성과 특이성을 중심으로 사태를 재구성하고 현실 흐름을 포착해보는 일이 필요하다. 이 절에서는 현실 변화를 기본 통계자료를 중심으로 파악하고 이를 바탕으로 가족주의의 변화상을 예측해볼 것이다. 이러한 작업은 특정한 기존 이론 중심의 해석이 아니기에 매우 사유 실험적인 형태를 띤다.

3.1. 가구 형태의 변화와 가족주의의 내용 변화 — 직계가족에서 핵가족으로

형태상으로 한국의 가족은 중심이 직계가족에서 핵가족으로 이동했다. 핵가족도 2, 3, 4인 가구순으로 변화한다. 또한 1인 가구가 최대 가구를 차지한다. 또한 핵가족 내의 가족 구성원 간의 관계를 중심으로 고찰할 때 개인보다는 가족공동체를 우선하는 가족주의가 유지되고 있다.

2017년에 발표된 통계청의 『장래가구추계: 2015-2045』 결과에 따르면 2015년에는 가구 유형 중 부부+자녀 가구가 32.3%(613만 2,000가구)로 가장 많고, 1인 가구 27.2%(518만 가구), 부부 가구 15.5%(295만 2,000가구) 등의 순으로 많았으나, 2045년에는 1인 가구 36.3%(809만 8,000가구), 부부 가구 21.2%(474만 2,000가구), 부부+자녀 가구 15.9%(354만 1,000가구) 순으로 변화할 것으로 전망된다(통계청, 2017: 15).

2015년 가구원수별 가구 비중은 1인 가구(518만 가구, 27.2%)가 가장 높고, 2인 가구(495만 4,000, 26.1%), 3인 가구(408만, 21.5%), 4인 가구(358만, 18.8%) 순이다. 2045년까지 1인 및 2인 가구가 연평균 각각 9만 7,000가구, 9만 5,000가구씩 가장 많이 증가하면서 1인 가구(36.3%), 2인 가구(35%)가 전체 가구의 71.3% 이상을 차지할 것으로 보인다. 반면에 4인 및 5인 이상 가구는 2015년 25.2%에서 2045년 9%로 감소할 것으로 전망된다. 2045년까지 1인(9.0%포인트) 및 2인 가구(8.9%포인트)가 가장 크게 증가하고, 4인 가구(-11.4%포인트)는 비중이 가장 많이 감소할 것으로 예상된다.[16]

가장 눈에 띄는 변화는 1인 가구와 1세대 가족의 확대 경향이다. 물론 2세대 가족이 아직 주류이지만, 점차 그 위상이 약화될 것으로 예상된다. 형태상으로만 본다 해도 1980년대에는 5인 이상 가구가 주류였지만, 2015년에는 그 비율이 6.4%로 급감했다. 2045년에는 1, 2인 가구가 71.3%, 3인 가구가 19.8%를 차지한다. 이 전망에 따르면 미래에도 핵가족이 중심이 되겠지만, 가족 관계가 자녀 중심에서 부부 중심으로 이동하고, 핵가족과 1인 가구의 새로운 관계망 형성이 주요 문제를 떠오를 것으로 예상된다.

3.2. 새로운 가족주의의 특징

2절에서 논의한 것처럼 근대화 이후 한국 가족주의의 특징은 많은 변화를 겪어왔다. 1960년대까지의 가부장적 직계가족 중심주의에서 1980년대까지는 직계가족과 핵가족이 섞여 있는 가부장적 가족주의로 그리고 1990년대 이후에는 도시형 핵가족 중심의 가족주의로 그리고 이제는 핵가족과 1인 가구의 혼합 형태로 점차 한국

16 주요 가구원수별 구성비 추이, 2015-2045(통계청, 2017: 26).

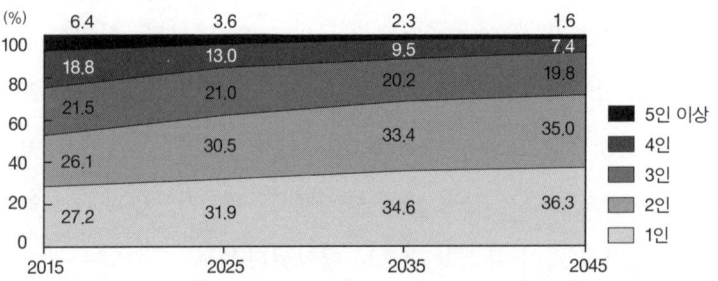

가족 및 가족주의의 내용이 변화하고 있다. 이는 바로 앞의 3.1에서 살펴본 시대별 가구 및 가족 형태 변화상에서도 확인된다. 특히 1990년대 이후 한국 가족 분석에 있어서는 그 이전의 주요 분석 틀이었던, 기존의 직계가족 혹은 3세대 가족 중심의 문화, 가치관 중심 해석 방식이 현실 적실성을 잃고 있다. 1990년대 초반 2세대 가족이 일반화된 상태에서 3세대 가족보다 1세대 가족의 비중이 높아지고 있다. 즉 '2세대, 3세대, 1세대 가족' 순서에서 '2세대, 1세대, 3세대 가족' 순서로 변화하는 것이다. 이는 핵가족과 직계가족 중심에서 핵가족 내 부모 자식 관계와 부부 관계가 더 중요하게 자리 잡는다는 것을 의미한다. 게다가 2000년 이후 1인 가구가 급격하게 증가하면서, 핵가족과 1인 가구의 관계로 해석 기준점이 이동하고 있다. 2045년까지 이 경향은 강화될 것으로 예상된다. 따라서 1990년대 이후의 가족 해석에 있어서는 핵가족과 직계가족 중심에서 핵가족 내의 관계 및 핵가족과 개인의 관계로 해석의 주요 기준점을 변경해 한국 가족주의 및 개인화 경향을 새롭게 재구조화할 필요가 있다.

이처럼 한국의 가족은 형태상으로 1세대, 2세대, 3세대 가족, 그리고 핵가족 내의 분화, 1인 가구의 확대 등으로 매우 빠른 변화 양상을 보인다. 가족주의의 내용도 이러한 가족 형태의 변화와 사회 변화로 인해 급격하게 변화해왔다. 한국 가족의 중심에는 도시형 핵가족이 있다. 한국 가족은 이 핵가족을 중심으로 가족주의를 이어가고 있다. 그 이전의 중심축이었던 직계가족 중심의 전통적 가족주의는 도시형 핵가족 가족주의를 바탕으로 재편되면서 하나의 주변 변수로 재배치되고 있다. 1인 가구의 증가로 일반적으로 예측되는 개인주의형 가족 이념도 실질적으로는 20, 30대뿐만 아니라 60대 이상의 1인 가구의 경우에 핵가족화되어 있는 부모나 자녀 세대 가족에 대한 물질적, 심리적 의존이 불가피하다는 점에서(장경섭, 2009: 301-302 참고) 핵가족 중심 가족주의의 틀을 벗어난 것으로 보기는 어렵다. 그렇지만 미래에도 이러한 관계가 이어질 것이라는 예측은 확실하지 않다. 가족을 단위로 하지 않는 개인화와 개인주의가 젊은 층을 중심으로 대폭 증대할 것이기 때문이다. 이렇듯 도시형 핵가족과 1인 가구를 해석의 중심으로 변경한다는 것은 기존의 복합적 형태의 가족과 가족주의 내에서의 가치 및 이념의 우선순위를 바꾸는 것을 의미한다. 아직은 핵가족 중심의 가족주의의 틀이 유지되고 있지만, 1, 2인 가구의 확대로 그 내용 변화가 예상된다.

또한 가족주의의 내용도 변화 중이다. 1980년대까지의 한국형 가족주의의 핵심 고려 사안이었던 일방적 효의 강조와 가장의 희생, 이를 바탕으로 한 권위주의, 위계주의의 온존, 자식의 자발적 부모 권위 인정과 개인주의의 미발달 등의 논점은 적실성을 상실한 지 오래다. 이 자리를 점차 도시형 핵가족의 가족주의가 대체해왔다. 2인, 3인, 4인 가구로 구성된 도시형 핵가족에서는 부부 중심의 삶, 이들의 (상호 이해, 행복 추구, 자아실현 및 이를 위한 상호 도움 주기 등의) 수평적, 공동체주의적 가치의 확대, 부모/자식으로 구성된 핵가족 중심의 일상생활 운용(가족 여행, 외식, 함께 주말 보내기 등), 핵가족 구성원들의 핵가족의 테두리 안에서의 자아실현 및 행복 추구 강화 등으로 가족주의의 내용이 변화해왔다. 이제는 이에 덧붙여 가족 구성원들 각자의 자유와 권리를 보장하고 그것을 타인들에게까지 확대할 수 있는 방안을 모색해야 할 것으로 보인다.

이러한 새로운 사태의 전개로 조선 후기 이후 일제강점기, 한국

전쟁, 근대화 기간 내내 선별적으로 강화되었던 개인의 생존과 영속을 위한 생활의 준거점으로서의 폐쇄적, 배타적 가족 중심주의는 더 이상 유효하지 않게 될 것이다. 복지 제도 도입으로 최소한의 사회적 안전망이 확충되고 있고, 전적으로 가족에게 전가되었던 교육, 의료, 노인 돌봄 등의 기능을 국가(공공)가 담당하고 있기 때문이다. 또한 가족 자체도 구성원을 물질적으로 보호하는 기능에서 벗어나 구성원 개개인의 자아실현과 행복을 위한 프로그램을 점차 확대 시행하고 있기 때문이다.

그럼에도 불구하고 한국형 가족주의가 유지되는 것은 개인보다 가족공동체 안에서의 삶이 구성원들에게 선호되고 있기 때문인 것으로 파악된다.[17] 물론 한국의 가족주의도 변화하고 있는데, 예전에 비해 느슨한 형태의 핵가족 중심주의가 작동되고 있으면서 동시에 구성원들의 개인화가 진행되고 있다. 다만 앞서 언급한 1인 가구가 앞으로 늘어나는 것과 연관된 해석은 열어놓을 필요가 있다. 그 이유는 1인 가구가 젊은 세대에서뿐만 아니라 나이 든 세대에서도 광범위하게 확산되고 있으며, 이 두 세대 공히 가족주의적 경향을 띠고 있지만 사회적 안전망의 확대로 물질적 가족 의존도가 점차 약해

---

[17] 이에 대한 논의는 4절에서 상론할 것이다. 어쨌든 가족주의 유지 사례는 기러기 가족, 캥거루족, 연어족, 연어 가족 등에서 쉽게 확인할 수 있다. 이는 가족이라는 둥지가 가족 구성원 각자의 개별적 삶에 있어서 중요한 요소로 고려되고 있는 것으로서 각자의 물질적 안전망뿐만 아니라 자아실현과 행복 추구 등을 위해서 개체성보다는 공동체성을 더 중시하는 경향을 보여주는 사례로 볼 수 있다. 물론 이러한 사례에 있어서도 가장의 일방적 희생과 가정 공동체성 파괴(기러기 가족), 자식의 독립심 약화 및 부모 의존성(캥거루족, 연어족), 신혼 부부의 타산적 태도 및 부모의 자녀 의존성(연어 가족) 등의 부정적인 요인들도 함께 지적되어야 한다.

지고 있기 때문이다. 특히 젊은 세대의 경우에는 보다 개인주의적인 특성을 띠고 있는데, 카카오톡, 페이스북, 트위터, 유튜브 등의 SNS 소통 공동체 참여의 일상화로 폐쇄적인 가족공동체를 상대화하고 열린 수평적 네트워크형 소통의 공동체에 참여하는 기회가 더 늘고 있기 때문이다.[18]

어쨌든 지금까지의 변화상을 중심으로 해석해본다면 이제는 도시형 핵가족 중심의 논의를 바탕으로 기존의 가족주의의 형태 및 내용을 재편성할 것이 요구된다. 또한 물질적 생존과 영속을 위한 생활의 준거점으로서 가족주의를 합리화했던 독특한 한국적 해석 방식은 설득력을 상실하고 있는 것으로 판단된다. 핵가족이 지향하는 가치가 달라지고 있기 때문이다.

개인과 가족공동체의 관계도 재설정할 필요가 있는데, 기존의 폐쇄적, 배타적, 위계적 가족공동체의 모습에서 벗어나 이제는 보다 자유롭고 평등한 개인으로 구성된 가족공동체가 일상화되고 있기

---

18 수평적이고 네트워크적인 관계가 주를 이루는 지식정보사회에서는 가족의 모습도 이에 상응하여 수평화·다양화된다. SNS는 익명성과 개방성을 기반으로 하기 때문에 개개인의 의사 표현의 자유와 인격적 평등 등 개방적인 공동체의 덕목들이 자리 잡는다. 이러한 관계 맺기에 익숙해진 개인들은 기존의 특정한 집단에서는 누리지 못한 자유로운 의사소통과 평등한 인간관계에 익숙해지면서 보다 더 수평적이며 친밀한 관계를 선호하게 된다. 따라서 가족의 경우에도 의무감보다는 친밀감에 기초한 친족 관계의 양계화(부계/모계화) 현상이 확대되며, 개인의 선택과 자율, 수평적 관계, 개방성에 기초한 새로운 가족공동체가 등장한다(권용혁, 2004c: 193-196; 조정문 외, 1999; 조정문, 2002 참고). 물론 가족 구성원이 개별적으로 사이버공간과 개인 통신을 통한 인간관계를 확대하면서 기존에는 가족 내에서 충족시켰던 정서적 기능을 가족 이외의 다른 친밀한 타인과 경험함으로써 '가족 속의 개인화' 현상이 더욱 심화되고, 가족 집단의 응집성이 침해되어 기존의 가족 관계는 소원해지는 경향도 나타난다(김미숙 외, 2006: 56-59; 김종길, 박수호, 2010: 149-150 참고).

때문이다(조정문·장상희, 2001: 411-421 참고). 게다가 자본과 노동, 그리고 정보와 문화의 탈국가화, 세계화로 인한 다문화가족, 이주가족 등 다양한 가족 형태의 출현을 고려한다면 가족 공동의 삶의 내용과 가치를 새롭게 재구조화할 필요가 있다.

4. 결론: 한국 가족주의의 변화상과 열린 공동체주의

이러한 한국 가족과 가족주의의 변화상을 바탕으로 새롭게 재구조화될 필요가 있는 사회철학적 논점을 제기하는 것으로 이 장을 마무리하고자 한다.

4.1.

앞의 2.1에서 지적했던 것처럼 한국의 강고했던 가족주의의 역사적 뿌리는 국가와 사회의 갈등과 단절로 인해 개별 가족들이 생존과 영속을 위해 채택했던 가족 전략의 부산물이었던 것으로 파악된다. 이 과정에서 한국 가족은 유교적 가족 이념의 특정한 내용을 상황에 따라 선별해서 강화했다. 조선 후기에는 부계 혈연의 가족, 씨족, 문벌 유대로 나타났으며(김동춘, 2002: 102-105 참고), 식민지, 분단, 전쟁 그리고 국가 주도 근대화 과정에서는 생존과 생활의 준거점으로서의 가족주의적 삶이 강화되어왔다(최우영, 2006: 26 참고). 이것은 신유학의 기본 정신인 예치, 도덕심 고양과 이를 기반으로 한 지역공동체의 자율성 고양 등과는 배치되는 경향으로 한국의 가족주의가 진행되어온 특수한 경로이기도 하다. 외부에 대해 폐쇄적이며 배타적인 그리고 내부적으로는 매우 위계적인 한국의 기존의 가족주의는 개인 및 가족공동체의 물질적 생존과 생활 그리고 번영을 위해 동원된 전략이었던 것으로 파악할 수 있다.

4.2.

한국의 가족주의는 여러 차례의 변화를 겪었다. 크게 보더라도 전통적인 가족 형태가 고려 성종 이후 중국의 유교적 가족주의의 영향으로 전통과 외래 이념이 섞이면서 조선 전기, 중기, 후기의 독특한 가족주의를 형성해왔다. 식민지 시기에는 일본 호적법의 영향으로 가구와 가족이 호구 중심으로 변화하기도 했으며, 이는 해방 이후 한국 가족법 개정에서 중요한 변수로 작용했다(이효재, 1990: 25-26; 문옥표, 2001: 87-89 참고). 근대 이후에는 급격한 사회 변화에 적응하면서 전개된 유교적, 도구주의적, 서정주의적 가족 이념들과 개인주의 가족 이념 등(장경섭, 2009: 293-302 참고)이 외부에 대해서 폐쇄적, 배타적 모습을 보이면서도 내부적으로는 그것들이 뒤섞여 있는 독특한 복합적인 형태를 띠고 있다. 이처럼 가족주의의 내용이 복합적으로 유지되는 것은 빠른 사회 변화 속에서 가족이 생존과 영속을 위해 상황에 따라 선택했던 전략들이 따로 또 같이 공존하고 있기 때문이다. 이에 덧붙여 1990년대 이후 한국의 가족주의는 세계화, 정보화로 인한 다문화가족, 비혈연가족 등 새로운 가족 유형의 부상으로 한층 복합적인 양상을 띠고 있다. 이러한 복합적 사태를 통합적으로 파악하기 위해서, 즉 한국 가족의 역사적, 현재적 모습을 적확하게 포착하기 위해서 우리는 한국 가족주의에는 사적 영역과 공적 영역, 개인과 공동체, 개인주의와 집합주의 등으로 제시된 서구 사회철학의 도식에 의거해서 단순 이분법적으로 파악할 수 없는 복합적 사태가 진행되고 있다는 점을 직시하는 것이 중요하다. 우리에게는 오히려 이러한 사태를 올곧게 파악할 수 있는 복합적 성찰 능력이 요구된다(권용혁, 2011b: 70-74 참고).

4.3.

현재의 가족 구성원들은 물질적 생존과 안정을 위한 것으로 옹호되었던 폐쇄적, 배타적, 권위적, 위계적 가족 중심주의를 더 이상 인정하거나 존중하지 않는다. 오히려 이제는 이러한 생존과 안정 때문에 도외시되었던 가족 구성원의 자아실현, 동등한 권리 및 자유 존중, 상호 이해와 배려 등 탈물질적인 가치들이 점차 확대되고 있다. 나는 이것을 '일차적, 기초적 물질 중심 가족주의'에서 '이차적, 비물질적, 수평적 네트워크형 가치 중심 가족주의'로 이동 중인 것으로 파악한다.

가족 구성원의 동등한 권리 및 자유 확대를 기초로 한 구성원의 자아실현 기회 확대와 구성원 상호 간의 소통, 이해, 배려, 화합, 신뢰, 친밀성, 행복 등 공동체적 소통과 연대를 중시하는 성찰적 내용이 기존의 폐쇄적, 배타적, 위계적 가족주의에 덧붙여짐으로써 가족주의의 내용이 점차 변화하고 있다. 이처럼 한국의 가족주의에 보다 성찰적인 가치들이 강화되고 있는 것은 사회적 상황의 변화와 직접적으로 연계되어, 최소한의 가족 복지에 국가가 개입하고, 개인의 권리와 자유의 확대를 옹호하는 법적, 제도적 장치가 실질적으로 정착되고 있기 때문이다.

4.4.

이처럼 가족의 물질적 생존과 안정뿐만 아니라 가족 구성원의 권리와 자유 그리고 자아실현과 행복 등이 중시되면서 가족 간의 소통 구조도 위계적, 권위적, 일방적 형태에서 수평적, 탈권위적, 쌍방향적 형태로 변화하고 있다. 가족공동체 내부에서의 소통 형태의 변화는 가족공동체 외부에서의 소통 구조 변화로 이어진다. 공동체 내부의 소통 구조가 수평화, 쌍방향화되고 그것이 습성화되면, 외부인과의 관계에 있어서도 그러한 상호 수평적이고 개방적인 관계가 일상화된다. 물론 가족의 생존과 물질적 안녕이 도전받을 때에는 다시금 내부 결속이 강화되겠지만, 교육, 의료, 노후 복지 등에 대한 사회적 안전망 확대로 가족의 내부 결속력도 예전에 비해 약화되고 있다.

한국 가족의 공동체성이 이처럼 변화하고는 있지만, 일방적으로 개인주의의 확대에 초점을 맞춘 법적, 제도적 논의는 현실 설명력을 갖지 못할 것이다. 한국의 가족주의는 구성원 개개인의 입지를 강화하는 방향으로 진행되겠지만, 공동체성을 잃지 않을 것이기 때문이다. 즉 한국의 가족주의는 개인의 우위나 공동체 없는 개인주의의 승리로 해체되지는 않을 것이기 때문이다.

한국의 근대는 개인이 승리한 시대였다기보다는 가족이 승리한 시대였다. 그리고 이 가족공동체와 가족주의의 내용은 보다 수평적으로 변화하겠지만, 앞으로도 그 영향력을 지속할 것으로 보인다.

앞으로 20년 이상 핵가족은 건재할 것이며 그 구성원들은 공동체적 덕목들을 더 중시할 것으로 보인다.

이런 점에서 한국 사회에서는 앞으로도 꽤 오랫동안 개인 및 개인주의가 주도적인 이념으로 부상할 것 같지는 않다. 따라서 가족과 개인이 공존하고 함께 사회적 연대를 위해 협력하는 다양한 전략을 구축할 필요가 있다. 이런 점에서는 가족 내부의 공동체성을 사회적 공통감으로 확대하고 그것을 제도적으로 지원하는 방안을 강구하는 것도 중요하다. 이것은 한국 가족이 역사적으로 축적해온 사회적 자산이기도 한데, 이것을 미래지향적인 규범에 맞게 재구성, 재해석하는 작업이 요구된다. 그 사회철학의 사례가 바로 한국형 가족주의를 역사적·성찰적으로 파악하고 재구조화하는 것이 될 것이다.[19]

현재 화두가 되고 있는 가족공동체 내부에서의 구성원들의 자유 및 권리의 상호 인정이나 이해, 수평적인 소통의 확대와 함께, 기존의 가족공동체의 생존과 안녕을 위한 구성원들의 일방적인 희생 강요가 아니라 느슨한 형태의 상호 희생에 바탕을 둔 상호 배려나 상호 자아실현 돕기 등의 가치들이 뿌리내린다면, 이것들 또한 사회의

---

[19] 그 한 시도가 친밀성과 연대성의 선순환적인 연계 해석이 될 것이다. 한국 사회에서는 가족적 친밀성과 사회적 연대성을 사적인 영역과 공적인 영역으로 이분법적으로 구분하거나 이 둘을 단절된 것으로 해석하는 것은 문제가 많다. 오히려 이 둘이 선순환적인 관계를 맺는 사례가 많이 전개되었기 때문이다. 사회 문제를 보는 시각에 가족적인 친밀성이 작동된 사례는 세월호 사건이나 서해안 기름 유출 사건 그리고 촛불혁명 등에서 나타난 전 국민적인 공감대 형성이나 협력과 연대 등에서도 확인된다. 이와 연관된 논의는 김동춘(2002: 100-113)을 참고 바란다. 이는 유교적 가족주의의 개방성을 재해석하고 복원하는 것과도 연결된다. 즉 수신제가치국평천하라는 전체 도식 내에서 강조된 가족의 도덕적 수양의 핵심이었던 인仁과 친친親親 개념도 원래는 폐쇄적, 배타적인 형태가 아니라 밖으로 확대되는 동심원적인 형태였음을 강조할 필요가 있다.

공통 자산으로 수월하게 확대될 것이다. 이럴 경우 가족 내부적으로는 새로운 가족주의가 재구조화될 것이며, 타 가족과 타자와의 개방적 소통과 수평적 연대도 자연스러워질 것이다. 가족공동체 내부의 상호 이해와 쌍방향적, 수평적 소통이 강화되면, 가족 구성원 사이에서만 작동되었던 폐쇄적이고 배타적인 상호 결속이 약화되고 소통의 형태가 탈물질화되면서 사태를 성찰적으로 파악할 수 있는 능력이 확대되어 추상적인 상호 이해와 연대를 개방적으로 실행할 확률이 높기 때문이다. 이러한 실행은 타 가족과 타자에 대해서는 보다 열린 소통과 상호 이해를, 사회적으로는 규범적인 공동체적 연대를 확대할 것이다.

4.5.

이러한 상황에서 요구되는 사회철학적 지향점을 모색하는 것이 어느 때보다 중요하다. 1990년대 이후의 경향을 개인주의로의 환원이나 폐쇄적 가족공동체주의로의 후퇴로 해석하는 것은 현실 적합성이 없어 보인다. 가족 내에서는 구성원의 자유와 자아실현을 보장하면서도 공동체적 상호 이해와 부조 그리고 연대의 덕목을 유지하는 형태로 가족주의가 변화하고 있다. 외부적으로는 타 공동체와의 개방적인 수평적 상호 이해와 연대의 기반을 확대하는 방식으로 가족주의를 재조정하는 것이 바람직하다. 이를 위해서 규범적으로 요구되는 것은 안과 밖이 함께 수평적이고 개방적인 소통 공동체를 제시하는 것이다.

이를 위해서는 한국의 가족주의를 보다 네트워크형에 가까운 열린 공동체주의의 이념과 연계해 재해석, 재구조화할 필요가 있다. 이는 상상의 공동체로서만 존재하는 이념형에 그치는 것이 아니다. 이미 그 싹이 한국 가족의 내부에서 자라나고 있다. 또한 이러한 열린 공동체주의는 그저 주어지는 것이 아니다. 가족 내에서의 노력을 통해서, 그리고 가족 밖의 사회와의 관계에 있어서도 가족 구성원들이 타 가족, 타인과의 연대를 일상화하고 이를 확대해 가족을 열린 공동체로 변경할 때 가능해진다. 이를 위해서는 복지 전략을 구성할 때 개인 단위뿐만 아니라 가족 단위로도 재화 및 제도를 마련해 타 가족과 타인을 돕는 행위를 장려할 필요가 있다. 따라서 사회복지 재원 및 제도의 시행에 있어서 개인 및 사회단체뿐만 아니라 가족을 복지 실행의 주체로 삼을 필요가 있다. 복지 실행 주체를 가족 내지는 공동체 단위로 할 경우 개인 단위의 재원 투입보다 훨씬 효과적일 수 있으며, 열린 공동체적 관계의 활성화로 이어질 수 있기 때문이다(권용혁, 2001: 239-243 참고).[20]

4.6.

결국 한국 사회에서 시민 개개인의 행복과 사회적 안전망을 확보하기 위해서는 개인과 가족 그리고 시민사회가 상호 보완적인 관계

---

[20] 이러한 한국 가족주의 변화상을 중심으로 한국 가족이 보다 자유롭고 수평적인 열린 공동체로 이행할 수 있는 가능성을 포착하는 사례를 찾고 한국 가족에게 제도적 지원을 하는 것이 필요하다. 다문화가족 구성원에게 중첩 국민권을 부여하는 것도 그 예가 될 수 있다. 이는 다문화가족 2세들이 지닌 혼성 정체성을 가족공동체의 개방성과 외부 수용성 확대를 위해 적극 인정하자는 것이다.

를 유지하고 협력하는 것이 중요하다. 시민은 일차적으로 가족 내에서 길러지기 때문이다. 가족이 가족 이기주의를 강조할 때 민주적 시민사회는 형성되기 어렵다. 오히려 한국의 가족주의의 덕목들 중 가족 내에서 일상화되어 있는 구성원을 위한 희생과 헌신, 이타적 사랑, 상호 협력, 공동체적 조화 추구 등의 도덕적 덕목들을 보다 개방적인 형태로 변형해 개인의 권리와 자유를 중심으로 작동되는 시민사회의 그물망을 보다 수평적이며 상호 협력적인 공동체적 연대의 형태로 짜는 데 활용할 필요가 있다. 이미 가족 구성원 사이에서 작동되고 있는 바람직한 소통 원리와 가치가 타자 혹은 이웃 가족의 행복과 안녕에 도움을 줄 때, 개인과 가족 그리고 시민사회 사이의 상호 선순환적인 보완이 가능해질 것이기 때문이다. 이 길이 바로 앞으로 개인도 가족도 함께 승리하는 시대를 만드는 길일 것이다. 나를 포함해 현 단계 한국의 사회철학자들에게 일차적으로 요구되는 것은 한국인의 일상적 삶 속에 뿌리내리고 있는 소중한 개념들과 덕목들을 재해석하고 재구조화해 현실 해석과 대안 모색에 활력을 불어넣는 일이 될 것이다.

5장 근대성 탐구

1. 개인과 가족

서구 근대의 개인은 두 개의 경로를 통해 형성된다.

종교개혁을 거치면서 성직자를 매개로 신과 소통하던 세속인들이 성서를 통해 직접 신과 소통할 수 있게 됨으로써 모든 사람은 신의 은총을 직접 받을 수 있는 대상이 된다. 신의 사랑을 받는 사람은 누구나 존경받을 가치가 있는 존재로 격상된다. 그 결과 인격의 존엄성이 보편화되어 그것을 세속적인 사람들도 공유한다. 서구의 근대적 개인은 이처럼 초월적 존재인 신과 동화함으로써 자신의 존엄성을 획득한다. 그는 초월적인 존재인 신 앞에서는 세속적인 의미에서의 개체성을 버린다. 신의 피조물로서 신의 말씀에 순응하는 존재일 뿐이다. 하지만 동시에 초월적인 존재인 신과의 교류를 통해 신이 자신에게 부여한 존엄성을 수용한다. 이 수용을 통해 세속적인 세계에서는 스스로 존경할 만한 가치가 있는 존재로 변한다. 세속적인 세계의 어느 누구도 신으로부터 부여받은 개개인의 존엄성을 침해할 수 없다. 이것이 바로 인격적(종교적) 개인의 탄생 스토리다.

또 다른 하나는 세계와 인간의 세속화, 자본주의화로 자기 이익을 추구하는 주체로서의 경제적 개인이 탄생한다는 스토리다. 이 주체들은 모두가 자기 이익을 극대화하기 위해 타자들뿐만 아니라 자신의 가치나 신념도 언제든 수단화할 수 있는 타산적 개인들이다. 이 개인들은 기존의 전통과 가치뿐만 아니라 성스러움도 시장에서의 유용성에 따라 취사선택할 수 있는 능력을 지닌 존재들이다.

이처럼 종교적 개인과 경제적 개인이 서구 근대인들을 균질화해 온 두 축이다. 근대화 = 종교화(막스 베버)와 근대화 = 세속화(공리주의)라는 두 종류의 근대화가 서구 근대화의 총체적인 과정을 포착하는 서로 다른 시각을 형성한다. 따라서 근대의 개인주의는 '인격의 존엄'이 강조되는 종교적 개인주의와 '자기 이익'이 강조되는 경제적 개인주의라는 두 축으로 구성된다(사쿠타 케이이치, 2013: 42-49 참고).

이에 반해 동아시아의 유교적 공동체론은 다른 역사적 경로를 통해 형성되었다. 격물치지성의정심格物致知誠意正心 수신제가치국평천하修身齊家治國平天下로 이어지는 개인과 공동체의 선순환 관계는 서구 문화처럼 초월적 존재를 요구하거나 그 존재와 동화되지 않는다. 또한 모든 전통과 가치뿐만 아니라 자신의 신념을 개인적인 이해관계에 따라서 폐기 처분하지도 않는다. 공동체 내에서 살아가는 사람들은 다양한 관계 속에서 스스로를 갈고닦아 현능한 자가 되고자 했다. 따라서 동아시아의 유교적 공동체론에서는 서구식의 종교적 개인도 세속적인 경제적 개인도 강조되지 않는다. 오히려 친소 관계에 바탕을 둔 인仁·애愛와 위계 관계를 나타내는 의義·경敬을 씨줄과 날줄로 하는 예禮라는 행위규범이 강조된다. 이를 바탕으로 동아시아 유교 문화권은 독특한 개인과 공동체의 관계를, 가족주의를 형성한다(권용혁, 2012: 161-172 참고).

개인과 공동체를 보는 관점의 차이로 인해 서구 사회와 동아시아 사회에서는 개인과 가족을 관계 지어온 방식이 매우 달랐다. 근대 이후 서구 사회에서는 개인을 구성단위로 하는 소사이어티 혹은 자발적 결사結社를 만드는 힘이 동아시아 사회보다 매우 강했다. 이 현상은 친자 관계와 부부 관계를 중심으로 유비적으로 설명할 수 있다.

서구의 근대적 개인들로 결합된 부부는 평등한 두 개인이 맺은 관계가 우선적이기 때문에 이후에 얻게 되는 자식은 차후에 가족으로 편입되는 부차적인 요소다. 이런 상황을 알고 있는 자식들도 집을 떠나 이차집단에 진입하고 그곳에서 동료들과 소사이어티를 형성하면서 또 다른 가족을 형성한다. 따라서 부모와 자식은 각자의 독자성과 비연속성을 강조한다. 그 결과 가족도 이차집단에서 부부 둘 사이의 계약으로 맺어진 소사이어티의 하나로 간주된다.

반면에 친자 관계(특히 아버지와 아들의 관계)가 중시된 동아시아 사회에서는 개인이나 부부 관계보다는 대대로 이어지는 공동체의 존속이 강조된다. 이 부자 관계 모델이 친족, 회사, 국가 등의 대인 관계 모델로 사회적으로 확산된다. 이 모델은 세대 간 연속성을 강조함으로써 가족을 소사이어티가 아닌 천륜과 인륜을 구현하는 운명 공동체로, 개인을 그 안에서 태어나 살다 죽는 존재로 간주한다(사쿠타 케이이치, 2013: 104-109 참고).

역사적, 문화적 맥락의 차이에도 불구하고 20세기 내내 한국 학계는 산업혁명 이후 근대를 주도해온 서구의 시스템과 사상을 수입하고 계몽하고 확산시키거나 그것을 현실에 맞게 비판적으로 해독해

내는 데 전력을 쏟았다 해도 과언이 아니다. 천 년 이상 갈고닦은 전통적 유산들은 일거에 탁상공론이 되었고 이를 대체할 새로운 사조가 자리 잡기 전까지는 생존과 적응을 위해 서구를 빨리 배우고 익혀 그들과 어깨를 나란히 하자는 주장이 우리의 피부에 와닿았던 것도 사실이다. 그런데 이 주장이 점차 설득력을 잃어가고 있다. 수입된 말과 글이 풍성하게 우리 앞에 전시되어 있지만, 그것들이 우리의 삶과 생각을 적확하게 대변해주지 못하기 때문일 것이다. 문제는 우리가 그 풍성함과 화려함에 매몰되어 그것들을 자기화할 기준 축을 조탁하는 작업을 소홀히 해왔다는 것이다.

이제는 차분히 20세기 우리의 모습을 정리할 필요가 있다. 현재의 삶과 행복을 뒷전으로 밀어놓고 생존과 물질적 번영이라는 목표를 위해서, 가족을 위해서, 사회와 국가를 위해서 일사불란하게 열심히 움직여온 우리의 모습을 반추할 시점이 된 것이다.

2. 근대화, 가족 그리고 가족주의

이 절에서는 한국 가족을 소재로 한국 사회에 있어서 매우 독특하게 전개되어온 근대의 특징을 정리한다. 동아시아 농업사회에서 공유되어왔던 가족공동체는 생활공동체이자 운명 공동체였다. 특히 유가적 '가'는 현재의 가족원뿐만 아니라 과거의 조상과 미래의 자손 그리고 가산家産으로 이루어진 초시간적인 제도체制度體였다(최재석, 1994: 521-528 참고). 나는 이런 가족 이야기를 출발점으로 한국 근대 가족과 한국 근대의 특징을 연계해서 정리하고자 한다.

가족은 우리의 삶과 사유를 가장 원초적으로 지배하고 있다고 해도 과언이 아니다. 인간의 뇌는 미완성의 상태로 태어나서 10여 년에 걸쳐 주변 환경에 영향을 받으면서 형성된다고 한다. 이 시기에 경험한 음식, 소리, 풍경 등이 자신의 원초적 기억으로 작용한다는 것이다(김대식, 2015: 79-80 참고). 인간이 태어나서 10여 년간 일차적으로 사회화되는 과정의 바탕이 가족과 이를 둘러싼 고향의 환경이라는 점에서 가족은 인간 정체성 형성에 있어서 결정적인 역할을 한다고 볼 수 있다. 그 이후에도 최소한 성인이 될 때까지는 개인이 가장 많은 영향을 받는 서식처가 바로 생활공동체로서의 가정이라는 점은 부인하기 어렵다.

다른 이야기로부터 실타래를 풀어가보자. 철학함이란 무엇일까? 우리의 정상적인 사유란 어떻게 형성되는 것일까? 모든 철학적인 물음은 자신이 태어나서 자란, 그래서 자신의 원초적인 정체성을 형성한 그 서식처와 연관되어 있다. 사유를 위해 동원되는 언어가 그렇고, 직간접 경험이 그렇다. 나의 정체성이 그렇고 그것이 변화되는 과정이 그렇다. 이 모든 것이 내가 살아오면서 체험하고 배운 것들과 연관되어 있다. 이처럼 우리의 정상적인 철학함이나 사유 행위는 자신을 둘러싸고 있는 현실과의 부단한 소통과 해석 그리고 재해석을 통해서 진행된다. 소통 과정에서 대부분의 사람이 동의한 내용을 성찰적으로 재구성한 것이 그 시대를 대변하는 철학이 된다. 우리 선조들도 그렇게 해왔으며 우리와 우리 후손들도 살아가면서 그렇게 재정리해갈 것이다.

근대성의 문제를 다룰 때에도 이러한 정상적인 철학함을 기반으로 하는 것이 당연하다. 20세기 내내 열심히 배우고 닦은 서구적 개념들은 이곳의 이야기와는 매우 다른 맥락에서 조탁된 것들이다. 그 개념 조탁의 역사, 새로운 해석의 역사 안에서는 비서구적인, 동아시아적인, 한국적인 맥락이 주요 변수로 고려되지 않았다.

연구자들은 이 다름을 직간접 체험을 통해 알고 있으면서도 현실을 축으로 새로운 언어를 재구성하는 작업을 소홀히 해왔다. 소통의 기준 축이 정리되지 않은 상황에서, 달리 말하면 정상적인 철학적 시각과 기준이 기본 축으로 뿌리내리지 못한 상황에서 서구적 개념이 계속 수입되었기 때문이다. 19세기 말 이래의 한국 역사 최대의 격변기 속에서도 철학 연구자들은 한국인의 삶과 고통 그리고 행복을 현실 속에서 설득력 있게 정리하지 못했다. 그 결과가 지금 인문학, 그중에서도 강단 철학의 위기로 나타나고 있는 것으로 보인다. 나 자신도 이 문제로부터 자유롭지 못함을 자성해본다.

그렇다면 무엇을 가지고 어떻게 철학해야 하는 것일까? 철학은 현실과 어떤 방식으로 조우해야 하는 것일까?

2.1. 근대화와 가족주의

20세기 후반기 내내 한국 사회의 화두였던 '근대화'의 이면에는 가족과 가족주의가 있다. 개인의 자유와 권리 그리고 이해타산 행위를 강조한 개인주의의 승리를 선언한 서구 근대와는 달리 한국 사회에서는 근대화와 가족주의가 함께 강화되어왔다. 가족주의와 유사가족주의는 20세기 후반 내내 한국인의 삶을 지배했다. 혈연(가족, 문중), 지연(향우회, 지역주의), 학연(초·중·고·대학 동창회)의 삼각 편대와 그 변종들이 한국 근대의 정치권력과 경제 권력을 지배했고 이

여파는 아직까지도 건재하다.

넓게 보자면 한국의 가족주의는 동아시아 유교 문화권에서 작동되어온 가족 중심의 삶의 형태를 반영하고 있다. 동아시아 사회는 집약적인 이식移植형 수도작의 발달로 가족을 노동의 기초 단위로 하는 소농 중심 사회와 유교 문화권이라는 공통점을 지니고 있다(미야지마 히로시, 2013: 37-43).

2.2. 가족과 가족주의의 시대적 변화 양상

이러한 부계 혈연 강화 현상은 17세기 중반에 시작되어 18세기 중반에 완성되었다. 그 이전의 시기에는 오히려 부계, 모계, 처계를 고려한 가족주의가 주로 작동되었다. 예를 들면 신라의 왕위는 아들·딸·친손·외손·사위의 5종 친족원에게 계승되었다. 또한 삼국시대 이래로 장기간의 처가살이[婿留婦家] 전통이 지속되어 사위(외손)도 아들(친손)과 똑같은 대접을 받았다(최재석, 2015: 22; 2002: 162-165, 206-208). 고려 시대뿐만 아니라 조선 중기까지도 재산상속은 남녀에게 차별 없이, 결혼 여부와 상관없이 동등하게 분배되었다.

고려 시대에는 장기간의 처가살이, 친가·외가·처가가 유기적으로 결합된 친족 형태 그리고 재산 균분상속과 윤회 제사輪回祭祀(자식들이 제사를 돌아가며 지내는 것) 등이 함께 맞물려 있었다. 이 전통이 조선 중기까지 이어진다. 「율곡선생남매분재기分財記」는 형제·자매들이 모두 균등하게 재산을 물려받은 사실과 각자가 책임져야 할 제사를 명시하고 있다(고려시대사연구회, 2006: 93). 장남 우대·남녀 차별은 17세기 중엽이 되어서야 서서히 나타나기 시작해서 18세기 중엽에 이르면 균분상속이 거의 사라지고 장남 우대·남녀 차별의 상속 제도가 지배적인 모습으로 정착된다.

이처럼 조선 시대에도 초기 250년 동안은 균분상속이 지배적이었고, 그 뒤 100년 동안은 균분상속과 차별 상속이 공존했다. 그런 다음에야, 즉 건국된 지 350년 정도가 지나서야 본격적인 차별 상속이 시작되었다(고려시대사연구회, 2006: 98). 시기적으로 확장해보면 천년 이상 처가살이와 균분상속이 유지되었으며 부계혈족 중심, 장자 중심 차별 상속은 비교적 짧은 시기에만 우세했던 전통이다. 이런 관점에서 호주제 폐지와 균분상속 명시는 오히려 또 다른 전통을 회복한 것으로 해석할 수 있다(고려시대사연구회, 2006: 99).

16세기까지는 제사도 자식 윤회 제사가 일반적이었으며 아들로 대를 잇기 위해 양자를 들이는 경우도 거의 없었다. 친가·처가·외가가 유기적으로 결합된 친족 형태에서는 유독 친가만을 고집할 이유가 없었기 때문일 것이다. 부계혈족 중심에서 부계 성씨를 절대화하는 관념도 조선 후기에 재산상속이 적장자 중심으로 이루어지고 문중이 강조되면서 생겨난 것이다. 신라 시대부터 조선 중기까지는 사위나 외손이 아들과 친손과 거의 동일하게 대우받았으며 부변父邊(부계 측)이나 모변母邊(모계 측) 모두 내 조상이고 내 후손으로 간주했다. 따라서 성씨도 아버지 성씨만을 따른 것이 아니라, 아버지와 어머니 성씨 중 사회적 지위 등을 고려해 자기에게 유리한 것을 선택할 수 있었다. 신라의 명재상 박제상朴堤上은 『삼국유사』에는 김씨로 되어 있고, 이차돈異次頓 역시 박씨라는 기록도 있고 김씨라는 설도 있다(고려시대사연구회, 2006: 124-125 참고).

17세기 숙종 대(1661-1720) 이후 중앙집권적 국가주의 지배가 전국적으로 시행되면서 향촌의 자치와 지배의 주도권을 잃은 향촌 사족들이 변화된 환경에서의 생존과 번영을 위해 부계 혈연 중심, 장자 중심, 문중 중심의 종법 질서를 강화했다. 그들은 혈연적 족계를 만들어 가문의 결속력을 확보하고 다른 혈족 집단과 배타적으로 경쟁하면서 동성촌을 중심으로 집결했다. 이후 백성들도 양반화를 시도하면서 대부분이 이 가족주의 질서와 예법을 수용했다.

경상남도 단성현 도산면 호적대장에 따르면 상층의 비중은 17세기 말 10퍼센트에서 18세기 전반 20퍼센트, 18세기 말 40퍼센트를 넘어선다. 이후로도 계속 증가하여 19세기 중엽에는 60퍼센트를 넘었으며 1867년에는 67퍼센트에 이른다. 역으로 도산면 남성 주호主戶 가운데 천민층인 노비는 1678년 40퍼센트가 넘었으나, 1780년에는 10퍼센트 아래로 급감했으며 이후로는 겨우 명맥만 유지되었다. 이 시기에 면천과 호적 만들기, 유학幼學화와 결혼 등 다양한 방법으로 전 백성의 양반화가 이루어졌음을 유추할 수 있다(권내현, 2014: 156-158 참고).

백성 대부분은 양반과의 대결과 투쟁을 통해 조선의 질서를 바꾼 것이 아니다. 그들은 일상적 삶에서 양반의 질서를 수용함으로써 그들과 동화되고자 했다. 특히 자녀 교육과 관직 진출을 통해 전 백성이 양반화를 추구하는 '계층 상승을 통한 계층 무력화'가 진행되었다. 이는 서구의 시민혁명이나 근대적 개인이라는 주체의 탄생을 통한 계급 질서 전복과 같은 역사적 과정과는 전혀 다른, 기존 계급 질서의 수용과 동화라는 계층 상승 방법을 택한 것이라고 할 수 있다(권내현, 2014: 199-200 참고).

동성 촌락은 18세기 정통 양반가의 거주지로부터 본격적으로 확산되었다. 19세기에는 평민층에서 성장한 동성 촌락이 가세해 1930년대에는 조선의 촌락 2만 8,000여 개 가운데 1만 4,000개 이상이 동성 촌락이었다고 한다(권내현, 2014: 191-192). 부계혈족 중심의 가문과 문중, 제사 등은 이렇게 해서 18세기 이래 거의 모든 향촌 사회에서 일상화되었다.

2.3. 가족 결집과 가족주의 강화

가족의 내부 결속력과 가족주의의 강화 현상은 국가가 국민의 삶을 돌보지 못하는 상황에서, 국민들이 자구책을 모색할 수밖에 없는 위기 상황에서 유사하게 반복적으로 나타난다. 일제강점기의 불안 속에서도, 한국전쟁 시기의 삶과 죽음의 현장에서도, 그리고 1960년대 이후 급격한 도시화에 내던져진 민중들의 삶에서도 가족은 생존과 안녕을 위한 마지막 보루로서 고수되어왔다. 사회적 안전망이 망가져버린 상황 속에 내팽개쳐진 개체들은 가족 단위로 뭉칠 수밖에 없었을 것이다.

국가가 국민을 보호하지 못할 때에도, 국가가 최소한의 기초적 삶을 보장하지 못할 때에도 대부분의 한국인은 가족을 단위로 삶을 꾸려온 것이다. 수백 년간 가꿔온 삶의 터전을 떠나 아무런 연고도 없는 황량한 도시에서 이방인이 되어 생존을 모색할 때 가장 먼저 동원된 것이 바로 가족과 가족주의 그리고 유사 가족주의였다.

20세기 후반 한국 사회의 탈농촌화, 도시화, 산업화의 물결과 가족 그리고 가족주의는 동전의 양면처럼 붙어 있다. 국가의 전략도 한몫을 했다. 서구 따라잡기를 국가 제일의 전략으로 삼은 위정자들도 모든 자원을 산업화에 쏟아부은 채 교육, 의료, 부양 등 국가의 국민에 대한 기초 의무를 방기해왔다. 그리고 그 짐의 대부분을 가족이 고스란히 넘겨받았다. 한국 사회에서 독특하게 진행되어온 급격한 근대화와 가족주의의 교호 현상은 이러한 역사적, 사회적 맥락에서 나타난 것이다.

이처럼 서구적인 것들과 전통적인 것들이 공존하고 섞이는 과정에서 그러한 상황에 적응하면서 묵묵히 살아온 사람들의 삶의 궤적을 정리할 필요가 있다. 이 작업은 철학과 현실이 소통하는 하나의 전형이 될 것이다.

3. 가족과 근대성[1]

한국의 근대와 가족 그리고 가족주의는 서로 연동되어 있을 뿐만 아니라, 오히려 가족이 근대 변화상의 축소판이라고 할 수 있다. 이에 대한 상세한 내용은 이 책 4장에서 다루었다. 결론부가 될 이 절에서는 한국 사회에서 독특하게 진행되어온 가족과 가족주의를 소재로 한국인의 삶과 사유의 특징을 보여주는 독특한 철학적 논점을 3장과 4장에서 선보인 개념들에 의거해서 재구성해보겠다. 이 논점은 한국 근대의 특징을 최소한 유비적으로 보여줄 것이다.

1 이 장에서 나는 한국 근대 가족의 변화상을 중심으로 현실 적합성을 지닌 철학적 개념화를 시도하고 있다. 이 철학적 주장들은 권용혁(2011b: 70-81; 2013a: 223-229; 2015b: 279-284)에서 내가 제안했던 논점들을 다듬어 재구성한 것이다.

3.1. 근대 가족의 특징 1: 복합적 사태와 복합 성찰성

역사적으로 보면 신라, 고려, 조선 사회를 거쳐오면서 가족과 가족주의는 매우 다양하게 변화해왔다. 시대에 따라 전통은 변해왔으며 지금도 변화 중이다. 이중 현재까지 영향력을 발휘하고 있는 것은 조선 후기에 정착된 부계가족주의다. 그것은 일제강점기나 한국전쟁 그리고 산업화 시기를 거치면서 독특한 형태로 변형되어왔다. 이에 덧붙여 도시형 핵가족의 일상화와 1인 가구의 확대, 그리고 다문화가족 등의 확산으로 가족주의의 내용이 보다 중층화, 중첩화, 혼성화되면서 매우 복합적인 양상을 띠고 있다.

이러한 복합적 사태를 통합적으로 파악하기 위해서는 이것을 설득력 있게 해석할 수 있는 개념을 구성할 필요가 있다. 이러한 복합적 사태 속에서 살아온 대다수 구성원의 생각과 행위 방식을 적절하게 개념화하는 것이 중요하다. 나는 복합적 사태에 처해서 그 다양한 층위마다 대응 양식을 일상화한 복합적 성찰 능력이 한국인들에게 작동한 것으로 파악한다. 한국인들은 자신이 처해 있는 복합적 사태에 적응하면서 살기 위해 복합적인 성찰을 해왔다고 나는 주장한다. 빠르게 변화한 한국 사회는 다양하고 이질적인 가족 형태들이 동시대에 중층화, 중첩화, 혼성화되는 독특한 복합적 사태를 형성해왔다. 한국의 가족 구성원들은 이 복합적 사태로 인해 야기된, 모순적이기까지 한 현실적 난제들에 직면해왔으며 이를 다층적, 복합적으로 해결해야만 했다.

예를 들자면 한국인들은 명절, 제사, 결혼식, 장례식 등 공식 행사에서는 대체로 전통적인 가족주의 가치관에 따라 행위한다. 핵가족 구성원들은 책임과 의무를 다하는 가장에 대해서는 그 권위를 인정하지만, 부모의 위계적이거나 일방적인 권유나 지시는 거부한다. 이들은 수평적이며 쌍방향적인 소통과 자아실현을 중시한다. 사회에서도 자신이 속해 있는 복수의 집단들 나름대로의 특성에 따라 자신의 정체성을 다양하게 구사한다. 모임에 따라서는 학연, 지연, 혈연 등의 연고주의를 작동시킨다. 그러나 낯선 타자와는 수평적인 소통이나 민주적 소통과 연대도 시도한다. 이처럼 자신의 정체성을 상황에 따라 다양하게 변용하는 가족 구성원들은 복수의 가치관을 체화하고 유연하게 사용해왔다.

이러한 논의에 의거해서 한국 사회의 역동성과 이로 인한 독특한 가치관 이동의 패턴도 설명할 수 있다. 사회의 역동적 변화는 이질적인 가치관들의 공존과 충돌을 야기한다. 그렇지만 역동적 변화가 야기한 다양한 규범과 이념의 중층적·중첩적·혼성적 진행 상황을 체험한 사람들은 그 이질적인 가치들 중 하나만을 선택·고수할 경우 복합적인 현실에 효율적으로 적응할 수도 그것을 설득력 있게 해석할 수도 없게 된다. 따라서 역동적인 사회 변화 과정에서 가족 구성원들은 현실 적응을 위해 자신의 정체성을 복수적으로 설정해왔다. 게다가 역동적인 사회 변화 과정에서 발생하는 특정한 주도적 가치들의 급격한 변화를 체험함으로써 구성원들은 특정한 하나의 가치나 이념을 고수하지 않고 그것들을 상대화하는 능력을 공유하거나 함께 길러온 것으로 해석할 수 있다.

이처럼 이질적인 가치관들의 수용과 상대화 그리고 상황에 따른 재서열화에 익숙한 사람들의 삶과 사유의 특징을 일컬어 '복합적 사태에 대한 복합적 성찰력의 작동 현상'이라고 설명할 수 있다.

이는 복합적 삶의 궤적과 단순 명료한 이론 사이의 괴리를 메꾸기 위해 고심 끝에 채택한 방안일 것이다. 기존의 이론으로는 포착되지 않는 복합적인 사태가 현실적으로 전개되고 이 와중에서 적응하면서 살아야 하는 민초들의 고민 속에 복합 성찰성이 작동된다.

나는 이 복합 성찰성을 이론이 현실과 유리된 상황에서 복합적 사태를 설명하는 도구로 다양한 이론을 이용함으로써 형성된 것으로 해석하고자 한다. 내가 제기한 '복합적 사태'와 '복합 성찰성'이 이론적인 차원에서는 모순적인 해결책들이 복합적 현실 사태들의 인정과 이에 대한 해명을 위해 다양하게 동원되는 상황을 개념화한 것으로 이해되었으면 한다.

3.2. 근대 가족의 특징 2: 가족주의의 변화와 새로운 연대성

2절에서 논의했듯이 지금까지도 영향력을 잃지 않고 있는 가족주의와 유사 가족주의의 역사적 뿌리는 조선 후기의 부계혈족 중심의 가족 결집 전략과 맥락이 닿아 있다. 둘 다 국가와 사회의 갈등과 단절로 인해 개별 가족들이 생존과 안정을 위해 채택했던 전략의 산물이었다는 점에서 유사성을 지닌다. 외부에 대해서는 폐쇄적이고 배타적이며, 내부적으로는 매우 위계적이면서 응집력이 강한 한국의 가족주의는 개인 및 가족공동체의 물질적 생존과 생활 그리고 번영을 위해 동원된 전략이었다(권용혁, 2013a: 223 참고).[2]

---

[2] 가족주의의 한계와 그 반사회적인 경향 등에 대해서는 권용혁(2011b: 74-77)을 참고하기 바란다.

그러나 1990년대 이후에는 가족주의의 내용이 변화하고 있다. 나는 이러한 변화를 4장에서 '일차적, 기초적 물질 중심 가족주의'에서 '이차적, 비물질적, 수평적 네트워크형 가치 중심 가족주의'로의 중심 이동으로 파악했다.

이에 따라 구성원 사이의 소통도 수평적, 탈권위적, 쌍방향적 형태로 변화하고 있다. 물론 한국 가족의 공동체성이 약화되고는 있지만, 그 영향력은 앞으로도 한 세대 이상은 유지될 것이다.

이러한 현상은 세대 간의 소통과 연대의 형태의 변화에서도 감지된다. 예를 들면 연어족이나 연어 가족이 느끼는 것도 부모 세대의 가족주의적 성향과 자식 세대의 타산 능력이 맞아떨어진 측면이 강하다. 20, 30대는 산업화의 수혜자인 부모 세대와의 관계를 통해 얻을 것이 많다는 점을 잘 알고 있다. 부모 세대는 가족 구성원과의 관계에서 행복을 추구하려는 경향이 강하다. 이 두 관점이 맞물리면서 세대 간 가족적 결속력이 유지될 것이다. 그러나 장기적으로는 친밀한 수평적 연대가 주류를 이룰 가능성이 높다. 부모 세대는 가족 내적인 배타적이고 위계적인 친밀성을 더 강조하겠지만, 젊은 세대는 친밀성에 기반을 둔 수평적 연대를 강조할 것이다. 따라서 시간이 흐를수록 친밀성과 수평적 연대를 강화하는 방식으로 세대 간 연대가 진행될 확률이 높다. 또한 이러한 경향은 더 개인화되고 보다 더 수평적인 관계를 요구하게 될 그다음 세대와 지금의 젊은 세대가 부모 세대가 되었을 때에도 일반적인 소통 방식으로 지속될 것이다(통계청, 2010; 2012; 2015; 2017).

이런 점에서 한국에서 개인 및 개인주의가 주도적으로 헤게모니를 실행할 시점이 빨리 올 것 같지는 않다. 또한 공과 사, 공동체와 개인, 사회적 연대와 친밀성 등을 이분법적, 배타적으로 구분해 이 둘의 호혜성을 간과하는 논법은 현실적인 설득력을 잃을 것이다. 오히려 현 단계에서는 이 두 개념 사이의, 가족과 개인 사이의 상호 공존과 연대의 전략을 구성할 필요가 있다. 개개인의 인간관계에서뿐만 아니라 사회적 관계에서도 이를 밀도 있게 고려해 법과 정책을 수립하고 시행할 필요가 있다. 이러한 호혜성이 앞으로도 수십 년간 비중 있게 진행될 것이기 때문이며, 규범적으로는 바람직한 호혜성 구축을 통해 보다 나은 사회적 소통 관계를 중장기적으로도 정착시킬 수 있을 것이기 때문이다.

물론 가족 구성원들 간에 이루어지는 친밀한 연대는 공유 경험을 바탕으로 하고 있다. 그렇기 때문에 공유점이 미약하거나 거의 없는 타인과의 연대는 이보다는 더 차가운 연대가 될 것이다. 이러한 차가운 연대가 민주적인 법과 제도를 준수하는 바탕에서 작동되는 방식이 기존의 민주주의적 연대 방식일 것이다. 그렇다면 이 둘을 호혜적으로 엮는 따뜻한 연대, 따뜻한 민주주의의 형태는 가능할까?

친밀성과 연대성의 호혜적 조합은 최소한 규범적으로는 구상할 수 있다(권용혁, 2015b: 281-283 참고). 현재 한국의 가족 문화에서는 개인화와 가족 지향성이 함께 진행되고 있다. 이 둘 중 한 극단으로 치닫는 사례도 수없이 존재하는 것이 사실이다. 그러나 이 둘이 호혜적으로 혼합되면 구성원들의 감성적 친밀성도 중시되고 자유와 권리도 기본적으로 보장되는 교호적 논법을 구상할 수 있다. 최근 급격하게 확산되고 있는 개인주의적 개인화가 아닌, 수평적이며 개방적인 공동체를 구성원 각자가 함께 지향하는 공동체적 개인화가 진행될 가능성이 있다. 나는 이러한 현상을 약한 개인주의와 수평적

이며 개방적인 공동체주의의 호혜적인 조합으로 파악한다.[3]

우리는 이러한 호혜적 조합이 작동된 사례를 외환 위기와 금 모으기 운동, 태안 앞바다 기름 유출 사건과 시민들의 협력, 세월호를 향한 전 국민적 관심이나 촛불혁명 등에서도 찾을 수 있다. 이러한 현상은 도시형 핵가족의 가족주의 안에서 길러진 정서적 친밀성과 이타적인 사랑과 배려나 희생 등의 습성이 사회적 공감의 형태로 확장된 것으로도 해석될 수 있다. 이렇듯 일시에 폭발적으로 형성되는 사회적 결집 현상은 그 자체로 한국 사회의 독특성을 보여주는 징표로 여겨진다.

이런 방식의 사회적 연대는 개인주의자들의 차가운 이성적 연대와는 다르다. 오히려 이것을 친밀성과 공감에 기초한 따뜻한 연대의 전형적인 사례로 간주하는 것이 적절할 것이다. 나와는 무관했던 타자를 부모나 형제 혹은 자식처럼 느끼면서 감성을 함께하는 '공감의 폭발적 공유 현상들'이 한국 근현대사에서 자주 나타나는 근저에는 가족주의적 삶에서 학습된 소통의 방식이 놓여 있다고 생각된다. 이것은 '친친'과 '인'이 국민국가적 단위로 확장·적용·재구성된 사례들로 해석할 수 있다.

그리고 이러한 '공감의 폭발적 공유 현상들'은 국민국가적 차원에서 '열린 공동체주의적 연대성'이 작동된 사례들로 간주될 수 있다. 이성적인 개인주의자들의 차가운 자유주의적 연대를 뛰어넘어 공감과 공동체적 감성의 활성화를 바탕으로 한 열린 공동체주의적 연대

---

[3] 나는 기독교적 신으로부터 부여받은 권한을 강조하는 로크식 개인주의를 '강한 개인주의'로, 반면에 동아시아의 관계주의 문화를 바탕으로 확장 중인 한국의 개인주의를 '약한 개인주의'로 개념화한다.

가 구현된 모습인 것이다. 한국의 가족주의가 21세기에도 '이차적, 비물질적, 수평적 네트워크형 가치 중심 가족주의'로 자리 잡는 한, 열린 공동체주의적 연대는 쉽게 사라지지 않을 것이다. 오히려 이제는 이러한 연대가, 따뜻한 민주주의의 사례들이 지속적으로 일상화될 수 있도록 제반 사회적 환경을, 사회적 규범과 이에 바탕을 둔 법과 제도를 만들고 이를 시행하는 일에 지혜를 모으는 일이 중요하다. 이 길이 바로 '한국을 세계 속의 한국으로 만드는 길'임을 간과해서는 안 될 것이다.

이념적으로만 보자면 이러한 연대를 강조하는 공동체는 차가운 개인주의적 결사체로 나아가지 않고, 일종의 따뜻한 네트워크형 공동체의 모습을 띨 것이다(심영희, 2011: 28-32 참고).[4] 개인과 가족이 서로 공동체적인 균형 관계를 유지한다면, 그러한 가족주의는 정서적 친밀성이 작동하면서도 수평적 네트워크형 연대가 가능해지는 독특한 형태가 될 것이다.[5] 새로운 공동체를 친밀성과 연대성을 재구조화해 구성한다면, 관계적, 실체적 귀속성도 강하고 관계적 네트워크형 확장성도 강한 열린 공동체주의적 연대성을 구성할 수 있다(권용혁, 2014b: 122, 각주 31 참고).

이처럼 가족 친밀성과 자유주의적 연대성이 선순환적으로 연계된 열린 공동체주의적 연대성이 작동할 수 있는 논리적 공간을 구상하는 것은 매우 중요하다. 그 공간이 타자들을 열린 공동체의 구성

---

[4] 특히 서구의 개인주의적 가족과 다른 점은 심영희(2011: 31, 〈표 9〉) 참고.
[5] 그것은 "친친, 인민仁民, 애물愛物"을 아우르는 대동인大同仁이거나 따뜻한 네트워크형 민주주의의 모습을 띨 것이다(미조구찌 유조, 1999: 65; 강유위, 2006: 245-261; 『禮記』「禮運篇」참고).

원으로 받아들일 수 있는 내용과 틀을 제공할 것이기 때문이다. 그것은 수평적이고 개방적인 소통 공동체가 될 것이며, 그것은 가족을 넘어서 친밀한 연대를 확장하고 폐쇄적이고 배타적인 국가주의를 개방적인 모습으로 변경하는 기준점이 될 것이다. 친밀한 연대성에 익숙한 가족 구성원들뿐만 아니라, 타자와 타 문화에 대해 개방적인 젊은 세대들이나 네트워크형 공동체를 온오프라인에서 직간접적으로 체득한 사람들도 이런 따뜻한 열린 공동체를 구현할 가능성이 높은 집단들이다.

3.3. 근대 가족의 특징 3: 열린 공동체

이러한 논점은 국가주의 이후의 열린 공동체론과도 연결된다. 예를 들면 다문화가족의 정체성은 두 문화, 두 국가 정체성의 '중첩성'을 기반으로 한다. 그것은 이쪽과 저쪽을 모두 포함하는 새로운 정체성을 추구한다. 성숙한 다문화가족 구성원들은 이곳과 저곳의 중첩성을 기반으로 국민국가의 폐쇄성과 배타성을 뛰어넘는 보다 열린 공동체적 정체성을 자신의 정체성으로 삼는다. 이런 사람들은 보다 확장된 시선으로 국민국가의 한계를 지적하고, 이를 넘어선 보다 이상적인 공동체적 대안을 제시한다.

이들은 자신들이 처해 있는 사태를 기반으로 보다 확장된 정체성과 다양한 열린 공동체적 대안을 모색하고 선호한다. 이들이 가족 내에서 대안으로 구상한 방안들은 대한민국이 국민국가적인 폐쇄성을 벗어나 어떻게 중첩 국가 혹은 복합 국가의 요소들을 고려한 열린 공동체의 모습으로 스스로를 재구성해야 할지를 알려주는 구체적인 지침들이 될 것이다.

이들이 제시한 중첩 국가적이며 통국가적인 열린 공동체의 모습은 공간적 경계뿐만 아니라 사유의 경계도 함께 확장해준다. 이들에 의해 확장된 중첩적인 논리적 공간을 중심으로 사유하면 중첩 공간, 중첩 국가, 중첩 국민이라는 개념을 구상할 수 있다. 이 중첩 국민들은 이 나라 사람이면서 저 나라 사람이기도 한, 그래서 보다 넓은 통국가적인 시야를 갖고 두 나라의 장단점을 파악하고 대안을 제시할 수 있는 능력을 지닌 집단이다.

이들은 두 사회에 다 참여해 보다 확장된 국민권을 주장할 수 있을 뿐만 아니라, 통국가적인 대안들을 제안할 수 있는 능력을 지니고 있다. 이러한 통국가인들에게 두 나라가 모두 중첩 국민권을 부여하는 것은 자연스럽다. 이들은 보편적 인권의 측면에서나 생활권의 측면에서나 모두 국민으로서의 자격을 갖춘 존재이며, 보다 넓은 시각에서 두 국가를 잇는 가교 역할을 할 수 있는 통국가적 단위의 기초 국민이 될 것이기 때문이다.

나의 견해로는 오히려 이들은 무국적적인 유목민적 개인들을 세계시민으로 상상하는 형식적·무실체적 구상과는 달리 삶 속에서 형성된 통국가적인 시야를 바탕으로 세계인의 모습을 보다 구체적으로 설득력 있게 기획할 수 있는 존재들이다(권용혁, 2015a: 204-206 참고).

세계시민적 정체성과 보편성도 이 중첩성과 중첩 정체성 그리고 이것들이 지속적으로 섞이는 다중첩성과 다중첩 정체성을 고려해 성찰하고 규범화하고 제도화할 때 실체화될 것이다. 단일국가 정체성에 익숙해 있는 우리 사회도 이제는 이러한 중첩성을 고려해 국가 정체성과 국민 개념을 재해석할 필요가 있다. 중첩성에 기초한 중첩 국민의 삶과 가치가 주변부가 아니라 중심부에 자리 잡을 때 진정으로 개방적인 국가 공동체의 모습이 구체화될 수 있다. 또한 이러한 중첩성에 기반을 둔 삶과 가치 그리고 정체성이 일상적으로 정착될 때 세계인 공동체를 지향하는 열린 공동체의 모습이 단계적으로 그려질 수 있다(권용혁, 2015a: 206-207; 이다혜, 2014: 211-213, 특히 〈표 1〉 참고).

나는 이러한 친밀성과 연대성의 조합을, 그리고 중첩 공간·중첩 국가·중첩 국민 개념을 타당하게 하는 철학적 토대를 '관계 중심성'(혹은 관계 존재론)에서 찾는다. 모든 인간은 필연적으로 특정한 공동체에서 길러진다는 점에서, 상론하자면 기본적으로는 이 공동체가 공유하고 있는 언어, 가치, 세계관을 체득하면서 자신의 정체성을 형성할 수밖에 없는 존재라는 점에서 관계 존재론은 설득력이 있다.

논리적으로 구성한다면 이 관계 존재론은 개체와 개인을 공동체 내 존재로 그리고 그 공동체 안의 다른 구성원인 타자들과 관계 맺고 있는 존재로 파악한다. 이 공동체가 국가를 넘어 세계로까지 실체적으로나 기호적으로 확대될 경우, 나를 포함한 모든 인간은 관계적 존재이자 연결된 존재로 설정된다. 여기서 나는 그 범위를 '사회적 관계 존재론'으로 제한하고 있는데, 열린 수평적 네트워크형 소통의 현실적 작동과 이 작동의 사회적, 세계적 확산 사태를 제시하는 것만으로도 나는 그것의 현실적 타당성을 확보할 수 있다고 본다(권용혁, 2014b: 123 참고).[6]

---

[6] 논리적인 상상력을 동원해 개념화하고 이론적으로 설명해야만 했던 기존의

내가 여기서 제안하고 있는 '열린 공동체주의'는 가족이라는 특정 공동체의 실체성과 이론적으로 무한히 펼쳐질 수 있는 열린 네트워크형 소통 구조에서 확보할 수 있는 이념적 보편성을 함께 고려하는 보편적 공동체주의를 그 틀로 삼는다. 이 '열린 공동체주의'는 개개인의 자유와 상호 수평적 소통이 보장되는 관계적 자유주의를 기초로 한 자유주의적 공동체주의를 출발점으로 삼는다.

나는 이것을 앞의 3.2에서 개념화한 '이차적, 비물질적, 수평적 네트워크형 가치 중심 가족주의'에서도 확인할 수 있다고 생각한다. 그리고 현재 진행 중인 실질적 세계화를 기반으로 기존의 실체적 공동체주의의 중층적, 중첩적 내용을 세계적인 단위로 확장해 재해석할 경우 실체적이면서 보편적인 내용을 구성할 수 있다.

나는 앞의 3.3에서 개념화한 '중첩 공간, 중첩 국민, 중첩 국가'를 기반으로 한 다중첩성과 다중첩 정체성을 최대한 확장하고 해석함으로써 실체적 보편성이 확보될 수 있을 것이라고 생각한다. 이는 결국 세계인을 서로 엮는 열린 수평적 네트워크형 공동체를 성찰적으로 재구성한 보편적 공동체주의로 이어질 것이다.[7]

'추상적인 인간'을 세계 어느 곳에서나 우리와 소통할 수 있는 '구체적인 인간'으로 직간접적으로 체험하는 현재의 세계화, 지식정보화 시대에는 인간을 특정한 시간과 공간 안의 인간으로 한정하려는 시도가 오히려 이론적으로도 현실적으로도 더 어렵다는 역설적인 상황을 맞이하고 있다. 이런 점에서는 오히려 관계 존재론이 최소한 세계 내 인간을 그 대상으로 한다는 논점이 설득력이 있다.

[7] 강조하자면 이러한 논점을 정당화할 수 있는 철학적 바탕이 바로 관계 중심성(관계 존재론)이다. 이를 기반으로 개인은 가족, 공동체, 사회, 국가 등과의 사이에서 받아들인 특정한 내용들을 보다 넓고 열린 차원으로 확장해서 해석할 수 있는 논리적 가능성을 갖는다(권용혁, 2014b: 126 참고).

이러한 논점이 가능한 이유는 실질적인 차원에서 세계화가 진행 중인 현재적 시점에서 특정한 실체적인 공동체들을 보편적인 세계공동체와 함께 성찰하는 것이 가능하기 때문이다. 실체와 논리가 함께 하나로 맞닿는 세계화가 앞으로 명실공히 진행된다면, 이 접목 단계에서는 실체적 내용과 사유의 보편성이 동일한 지평을 이룰 것이다.

따라서 실체적 공동체에서 출발하는 공동체주의적 입장은 지금까지 수행해온 성찰적 재해석과 재구성의 맥락을 유지하면서도 그 실체를 보다 확장해서 고찰한다면, 즉 가장 확장된 실체적 사태를 대상으로 성찰한다면 명실상부하게 '실체적 보편성'을 확보할 수 있다. 이러한 보편성은 미지의 타자들과의 수평적인 소통을 위해서 열려 있는 '열린 공동체주의'의 모습을 띨 것이다.[8]

'지금, 이곳'의 이야기를 소재로 그 시대를 살아가고 있는 사람들의 궤적을 추적하고 그 미래를 예측하는 일은 다양한 시각과 방식으로 구성되고 담금질될 것이다. 한국 가족을 소재로 한국의 근대성을 유비적-성찰적으로 조명해본 이 장도 이런 맥락에서 이해되었으면 한다. 몇 편의 글에서 제안했던 논점들을 다시 수정하고 보완해 선보인 몇 개의 개념 구상과 그 해석이 일리 있는 하나의 준거점으로

---

8 가족적 친밀성을 국가를 넘어 세계인을 대상으로 하는 대동인으로까지 확장하고, 시민들 사이의 차가운 연대성을 공동체적인 민주적 연대성으로 재해석하는 것도 이러한 논점에 따라 정당화될 수 있을 것이다(권용혁, 2014b: 126 참고). 대동 민주주의에 대한 보다 자세한 해석과 논의는 나종석(2017: 703-772)을 참고하기 바란다.

서 타당성을 확보하기 위해서는 논박과 성찰을 통해 지속적으로 조탁되어야 할 것이다.

다만 지금은 이러한 작업이 한여름 밤의 덧없는 꿈 이야기가 아니라, 최소한의 타당성을 확보한 하나의 기준으로 받아들여질 수 있기를 희망해본다. 설령 그 꿈과 희망이 실패할지라도 꿈꾸는 자만이 희망을 노래할 수 있는 것 아닐까?

> 이 세상 사람들 모두 잠들고
> 어둠 속에 갇혀서 꿈조차 잠이 들 때
> 홀로 일어난 새벽을 두려워 말고
> 별을 보고 걸어가는 사람이 되라
> 희망을 만드는 사람이 되라[9]

---

9 정호승(2014)의 「희망을 만드는 사람이 되라」 중에서.

III부 가족과 민주주의

6장 공적 영역과 사적 영역

1. 가족, 준準공적 영역인가?

한국 가족은 사적 영역인가, 아니면 공적 영역에 더 가까운 준準공적 영역일까? 가정oikos을 사적 영역으로 그리고 정치polis를 공적 영역으로 구분하는 서구의 고전적인 구분법에 의거하면 한국 가족은 사적 영역으로 간주될 것이다. 그러나 국가의 질서에 순응하는 신민臣民을 길러내는 기초 장소로서 가족이 강조되는 성리학적 논거에 의한다면 그것은 준공적인 영역으로 간주된다.

한국 가족을 이 둘 중 하나의 이론에 의거해서 단순화해 해석할 수 있다면 문제는 쉽게 해결될 것이다. 그러나 사태는 그렇게 단순하지가 않다. 한국 가족은 한편으로는 근대화의 진행 과정 속에서 서구의 근대 가족 형태와 유사하게 도시형 핵가족이 주류를 이루고 있다. 그러나 다른 한편으로는 제사와 족보가 일상화되고 교육열이 현재에도 지속되는 등 전통적인 모습을 변형·유지해오고 있다. 그뿐만이 아니다. 한국 가족은 한국의 독특한 근대화로 인해 이 둘이 혼합되어 독특한 가족주의를 형성했다.

나는 이 장에서 한국 근대 가족 안에서 전통과 근대 그리고 이 둘이 혼합되어 전개되고 있는 복합적인 사태를 밝히고 그 독특한 특징을 개념화하고자 한다. 한국 가족은 서구나 동양에서 개념화된 공/사 영역에 대응하는 내용을 그 안에 복합적으로 포함하고 있다. 따라서 그중 특정한 하나의 이론에 의거해서 한국 가족을 설명할 경우 한국 가족의 실체를 놓칠 수밖에 없다. 나는 이러한 상황을 고려해 한국 가족 안에서 작동되어온 다양한 내용을 기초 자료로 기존의 해석을 재구성하고자 한다. 나는 우선 공과 사 개념의 발생과 변화상을 정리한다. 서구에서뿐만 아니라 동양에서도 공과 사 개념은 사회의 변화에 따라 달리 해석되어왔다. 이 변화의 양상은 2절에서 살펴볼 것이다.

이러한 변화의 양상을 고찰하는 이유는 공과 사라는 개념이 고정되어 있는 것이 아니라, 사회 현실의 변화에 따라 그것을 설명하는 적절한 개념 틀이 재구성되고 이 틀에 의거해서 새롭게 재해석되어왔다는 점을 밝히기 위해서다. 이러한 논점은 한국 근대 가족을 고찰할 경우에도 적용된다. 한국 근대 가족은 매우 빠르게 변화해왔다. 그 변화에 맞추어 이를 해석하는 틀도 함께 변화해왔다. 나는 이 변화의 양상과 근대 가족 및 가족주의의 변화상을 3절에서 고찰한다. 이러한 논의를 통해 나는 한국의 가족 및 가족주의가 특정한 하나의 이론에 의거해서 설명할 수 있는 단순한 구조로 되어 있지 않다는 점을 보여줄 것이다. 그 내용은 전통적인 형태, 그것이 근대적 상황에서 재구조화된 모습, 근대 산업사회적 가족의 특성, 그리고 이 과정에서 새롭게 등장한 독특한 한국적 특성 등이 중층화, 중첩화, 혼성화되어 있어 매우 복합적인 모습을 띠고 있다.

　나는 4절에서 이러한 복합적인 모습을 보다 적절하게 설명할 수 있는 방안을 모색하고 있다. 현실 적합성이 검토되지 않은, 그런 점에서 현실을 토대로 구성된 것이 아닌, 외부에서 구성된 이론을 차용해서 현실 사태를 설명할 때 부딪치는 환원주의적 오류를 피할 수 있는 방안은 오히려 거꾸로 현실 사태를 정리하고 이를 바탕으로 기존의 이론들을 재구성하는 것이다. 이 작업은 사유 실험적이기 때문에 많은 이론적 보강이 필요할 것이다. 그러나 그 시도가 상당한 정도의 논리적 타당성과 현실 적실성을 지닐 경우, 그것은 현실 사태의 변화를 포착할 수 있는 보다 설득력 있는 대안적인 이론으로서의 가치를 지닐 것이다.

2. 공과 사: 그 변화상을 중심으로

2.1. 서구 전통에서의 공과 사

　아리스토텔레스는 공적인 것과 사적인 것의 특징을 그것이 정치적인 활동인지 아닌지에 따라서 구분한다. 구성원의 생존을 위한 생산과 자손을 재생산하는 기능을 담당한 가정은 비정치적인 활동의 영역이다. 이 영역은 남녀의 결합과 주인과 노예의 결합으로부터 자연스럽게 가장 먼저 생겨난다(아리스토텔레스, 2002: 1252b9). 이런 가정들이 모여 마을이 구성된다. 그리고 여러 마을이 모여 완전한 자급자족적인 공동체인 국가가 구성된다. 이 국가는 훌륭한 삶을 위해 존속한다(아리스토텔레스, 2002: 1252b27). 국가는 그 이전에 구성된 공동체들이 추구하는 최종적인 목표다. 따라서 국가는 본질상 가정과 개인에 우선한다(아리스토텔레스, 2002: 1253a18). 인간은 본성적으로 국가 공동체를 구성하는 동물이기 때문이다(아리스토텔레스, 2002: 1253a1).

정치 공동체인 도시국가의 구성원인 시민의 활동에 있어서는 가정보다 국가 공동체의 일에 참여하는 것이 보다 더 중요하고 본질적이다. 가정은 생명의 유지와 재생산을 위한 활동이 이루어지는 비정치적인 사적인 영역으로 간주된다. 이를 위한 최소한의 요소가 주인과 노예, 남편과 아내, 아버지와 자식이다(아리스토텔레스, 2002: 1253b). 이들은 함께 식탁을 공유하기에 식구이지만, 노예는 소처럼 육체적인 노동을 하며 아내는 가정의 살림살이와 아이를 낳는 일을 담당한다. 주인은 이들의 통치자로서 가정을 대표해 공적인 국가 공동체의 문제에 참여한다. 가정이라는 사적인 영역을 소유한 가장들만이 공적인 활동을 한다. 정치는 보다 자유로운 상태에서 좋은 삶의 실현을 위한 정신적 활동을 요구하는데, 이는 생존의 절박함에서 벗어나야 가능하기 때문이다. 이러한 구분법은 로마 시대에도 그대로 통용된다.

이렇듯 가정과 폴리스를 엄격하게 구분하고 폴리스에서의 삶을 보다 중시했던 아리스토텔레스적인 이분법은 근대 시장과 자유주의의 등장으로 수정된다. 로크에 따르면 인간은 모두 평등하고 독립적인 존재로서 누구나 자신의 생명과 자유 그리고 소유물에 대한 권리를 지닌다(로크, 1996: 11, 13 참고). 따라서 가족도 동등한 자격을 지닌 개인들로 구성된다. 가정에서 절대적인 권력을 행사했던 가부장권도 상대화된다. 부부는 평등하다. 자식들은 자유로운 성인이 될 때까지만 부부의 지배를 받는다. 부부는 그들을 부양하고 교육할 의무를 지닌다(로크, 1996: 55, 58, 59 참고). 근대 이전까지 강력하게 작동했던 가부장의 절대적인 지배권은 사라진다. 오히려 그는 가족 구성원의 자유와 평등을 보장해야 한다.

자유롭고 평등한 근대의 도시민들은 국가 공동체의 활동에 참여해 이러한 권리를 보호받기 위해 법을 만들고 정부를 구성한다. 따라서 가족의 다른 구성원의 희생을 담보로 했던 그리스·로마식 가장 중심의 공적 정치 활동은 더 이상 통용되지 않는다. 모든 개인은 정치 공동체의 구성원으로서 공적 영역에 참여할 수 있는 자격을 지닌다. 정치 활동의 기본 단위가 가정의 대표자로서의 가장이 아니라 근대적 도시민인 개인으로 변경된 것이다.

자유롭고 평등한 도시민들이 모여, 즉 자신들의 생명과 소유물 그리고 권리의 담지체인 개인들이 모여 자신들의 권리를 향유하고 이것이 침해당하는 것을 막기 위해 시민 정부를 구성한다. 도시민들은 자신들의 권리의 일부분을 양도해 법을 만들고 법을 집행하는 기구를 구성한다. 도시민에 의해서 만들어진 국가권력이 정당하게 개입할 수 있는 부분이 공적 영역이다. 국가권력이 개입하지 않아야 하는 부분이 사적 영역이다. 이 개입의 범위는 시민들의 정치 활동에 의해서 규정된다. 따라서 자유주의의 공/사 개념은 가족을 기준으로 구획되지 않는다. 오히려 자유주의는 국가를 도시민 개개인의 사적 영역을 보호하기 위해 구성했다는 점에서 사적 영역은 더 이상 부차적인 영역이 아니다. 그것은 국가에 의해서 보장받아야 하는 중요한 영역이다. 이런 점에서 사적인 것은 공적인 것과 서로 연동되어 있다.

근대 시장경제의 발달은 또 한 번 공/사 영역의 재구조화를 요구한다. 시장의 확대로 사적 영역은 사생활의 근거지인 가족 영역과 상품생산과 교환이 이루어지는 시장경제 영역으로 분화된다. 시장이 사회적 영역으로 스스로를 확장함으로써 가족은 비시장적인 것, 비정치적인 것을 담당하는 사적인 영역으로 축소된다. 임금이나 봉급 등의 개인소득으로 꾸려지는 산업사회의 핵가족은 생산 기능을 상실하고 소비 기능만을 전담한다(하버마스, 2002: 261). 핵가족화된 가족은 고전적 위험들, 특히 실업, 사고, 질병, 노후, 사망 등을 복지국가적 보장과 보조에 의존한다. "부르주아 가족이 이전에 사적 위험으로 감당해야 했던 기본 욕구들에 대해 오늘날 가족 구성원은 개별적으로 공적 보장을 받는다. … 이처럼 가족은 자본형성의 기능과 더불어 점차 양육, 교육, 보호, 양호, 지도의 기능들도 상실한다."(하버마스, 2002: 262) 국민들에 대한 돌봄, 교육, 안전보장(보험), 노후(연금) 등의 사회적, 국가적 보장 정책의 정착으로 개별 가족 구성원들은 사회나 국가에 의해 더욱더 직접적으로 사회화된다.

결국 가족에게 남아 있는 것은 구성원 간의 친밀성이다. 이 사생활에서의 친밀성을 기반으로 가족은 개인을 길러낸다. 불평등한 성별 역할 분업을 토대로 한 로맨틱한 사랑이 결혼의 핵심으로 등장한 것도 이와 연관된다.[1] 그러나 핵가족에서 부부가 가족생활의 중심이

---

[1] 이것은 결혼이란 자신의 개체성을 버리고 타자와 합일을 이루는 이성 간의 자연적인 사랑을 기반으로 한다는 헤겔식 논점에 기반을 두고 있다. 그러나 '자연적인 인륜 공동체'로서의 가족(헤겔, 2006: 26)은 여성과 남성의 성역할 분업을 기반으로 한다. 사회적 삶과 정치적 삶은 남성이 주도하는 반면에, 여성은 가정을 보살피는 일을 맡게 된다. 이것은 결국 정치라는 공적 영역과 가정이라는 사적 영역을 구분하고 공적 영역을 우선시하는 공화주의적 논점으로 이어진다(킴

되면서 부부간의 협의가 중요해진다. 기존의 남녀 역할 분담에 의거해서 규정된 전통적인 가족 규칙은 의문시된다. 남녀가 모두 사회 노동에 참여해 실질적으로 남녀가 사회적으로 평등해질수록 가부장적 핵가족에서 당연시되었던 부부간 성별 분업이나 자아실현의 포기 등은 지탱되기 힘들기 때문이다. 가족 구성원들의 개인화, 평등화가 진척되면서 부부간의 정서적 교감과 친밀성이 중요해진다. 가정에서 누가 무엇을 할지도 함께 결정해야 할 협의의 대상이 된다. 보다 중요한 문제는 각자가 자신의 인생의 중심이면서 동시에 어떻게 사회적 존재로 타인과 함께 살 것인지를 결정하는 것이다. "문제의 핵심은 '당신 자신이 되는 것', 그리고 똑같이 자신의 자아를 모색하는 그 누군가와 지속적으로 '함께 사는 것' 사이에 균형을 맞추는 것에 있다."(벡, 벡-게른스하임, 2002: 145)

자유롭고 평등한 당사자들이 정서적 교감과 친밀성을 바탕으로 가족을 구성한다는 것은 가족 관계가 내부적으로 민주화된다는 것을 의미한다. 의무처럼 부과되던 기존의 친족 관계와 가족 규범이 엷어진다. 그 자리를 친밀성과 애정에 기초한 가족 구성원 사이의 평등, 상호 존중, 자율성, 소통을 통한 의사 결정 등이 대신한다(기든스, 1998: 148 참고).

이것은 정서적으로, 성적으로 평등한 부부간의 친밀한 관계(기든

리카, 2008: 540 참고). 이에 비해 자유주의적 논점은 개개인의 자유와 권리, 기회의 평등을 중요하게 여긴다. 이러한 논점에 의거하면 가족은 공적 영역인 국가가 개입하지 말아야 할 영역이 아니다. 가족은 구성원 개개인의 생활과 사적인 영역을 형성하고 돌보아주는 기능을 해야 한다. 반대로 가정 내에서 구성원 각자의 사생활을 보호하고 학대를 방지하기 위한 국가의 개입은 정당화된다(킴리카, 2008: 548 참고).

스, 2003: 154 참고)를 중심으로 사적 영역이 민주화된다는 것을 의미한다. 개인화된 부부는 서로의 사적 영역을 인정하고 이해함으로써 둘 사이의 친밀한 관계를 확대한다. 이것은 부부가 타자의 개인성, 자율성을 포용하고 배려함으로써 구축된 상호 신뢰를 바탕으로 민주적인 관계를 유지한다는 것을 뜻한다. 가족 구성원들 사이의 친밀한 관계를 기초로 수평적인 관계를 확대하는 것은 사적 영역에 있어서 감성적 차원에서 민주화가 이루어지는 것이다. 가족 구성원들이 서로 자율성을 기르고 타인과의 수평적 관계를 내면화하면, 그것은 공적 영역의 민주화에도 활력을 불어넣는다. 사적 영역에서의 민주적 관계의 내면화가 공적 영역에서의 민주적 관계의 요구와 확장으로 이어질 것이기 때문이다.

서구의 가족은 내부적으로는 개인화가 진행되고 외부적으로는 사회적 영역과 복지국가가 확대되면서 더 이상 사적인 영역으로 머물러 있지 않다. 그것은 항상 공적인 영역과의 상호 연관성 속에서 자신의 위상을 재규정한다. 근대적 개인이 공적 개인과 사적 개인으로 분화하면서 변화하듯이 가족도 공/사 영역을 모두 포함하면서 변화 중이다.

2.2. 동아시아 전통에서의 공과 사

동아시아 전통에서의 공과 사 개념의 해석은 서구에서의 해석과는 상당히 다르게 전개된다. 공과 사에 대한 전통적인 해석은 『한비자』「오두편五蠹篇」에 전거를 두고 있다. 그에 따르면 "스스로를 위해 둘러싼다는 의미로 'ㅿ' 자를 만든다[自營爲ㅿ]"고 했으며, "스스로를 위해 둘러싼 것을 나눈다는 의미로 '公' 자를 만든다[八厶爲公]"고 했다(허신, 2009: 465).

전국 말에서 후한 시대까지는 공公에는 1) '사를 등지다', 즉 '에워싼 것을 개방하다'는 뜻이 있었다. 이로부터 '공共', '통通', '평분平分'의 뜻이 생겨났다. 2) '공共'의 의미로부터 공동 작업장·제사장 등을 표시하는 공궁公宮·공당公堂 및 이를 지배하는 군주나 관부 등 지배 기구를 뜻하는 해석이 덧붙여진다(미조구찌 유조, 2004: 16-17).

중국의 공사는 특히 1) 유형으로부터 공정公正에 대한 편사偏私라고 하는 정正·부정不正의 윤리성이 형성된다(미조구찌 유조, 2004: 19). 특히 송대에는 이러한 공사 개념으로부터 천리天理의 공, 인욕人慾의 사라는 보편 명제가 형성된다(미조구찌 유조, 2004: 21). 주자는 공과 사에 정사正邪, 시비是非의 차등적 윤리성을 부여함으로써 공과 사를 천리와 인욕을 대변하는 대칭 쌍으로 구조화한다. 공은 인·천리로서 인간 사회에서는 인의예지이며, 봉건적인 사회관계에서는 신분제 질서 그 자체가 된다(미조구찌 유조, 2004: 23 참고).

물론 인욕이 꼭 부정적인 사邪로만 간주된 것은 아니다. 주자와는 달리 명말 청초의 이탁오, 황종희 및 대진 등은 사회적 욕망인 사私를 긍정한다(미조구찌 유조, 2004: 25-36 참고). 특히 대진(1723-77)은 기己 = 사私, 사私 = 욕慾이라는 결합에 메스를 가하여 '기'와 사, 사와 '욕'을 분리시켰다. 즉 '기'와 '욕'을 긍정적 개념으로, 사를 부정적 개념으로 확립한 것이다. 그는 사회적 욕망에는 선천적으로 사회적 조화 능력이 내재되어 있음을 강조한다. '천하의 공을 이루는 것'은 천하와 함께 생을 이루는 것이고, 모든 생이 상호 충족되는 상호 충족 관계가 인仁 = 공公의 상태로 규정된다. 인을 타자와 자기의 사회적 욕망의 상호 관계로 파악하여 "자기의 생을 이루고자 하면서 또한 남의 생까지도 이루어주는 것이 '인'이다. 자기의 생을 이루고자 하여 남의 생을 해치고도 아무렇지 않게 생각하는 것, 이것이 불인이다"라고 하였다. 오랫동안 인자仁慈, 즉 하위자를 측은하게 여기는 상위자의 마음으로서 혹은 충서忠恕, 즉 자기로부터 타자로 향하는 동정의 마음으로 여겨져온 인이 자기와 타자, 개체와 개체 사이, 즉 횡축의 사회적 상호 관계의 장에서 파악되기 시작한 것이다(미조구찌 유조, 2004: 36-38 참고). 이 상호성에 근대적인 평등의 사상이 유입됨으로써 만물 일체적인 공통선의 조화가 중국의 독자적인 근대 사상이라고 할 만한 민생주의로 이어진다(미조구찌 유조, 2004: 41).

같은 맥락에서 태평천국의 평등의 공도, 옌푸와 캉유웨이의 평등·자유도 천리나 공·리 속에 포용된다(미조구찌 유조, 2004: 43-45 참고). 캉유웨이는 민권도 민 개개의 사권私權, 이른바 시민적 권리가 아니라, 국민 내지 민족 전체의 공권公權이라는 형태를 취한다. 바꾸어 말하면 민권 = 사의 주장은 황제 한 개인의 공을 부정하면서 국민적인 천하의 공을 향하여 몰사沒私적으로 지양되어, 결국 나선적으로 발전한다. 그곳에 있는 것은 여전히 몰개沒個적인 천하의 공이다(미조구찌 유조, 2004: 47). 이처럼 개사個私 없는 천하 보편의 공이 청나라 말기에 반反개사 = 반反전제라는 국민적 '자유평등의 공'으로서 중국적으로 근대화되었다(미조구찌 유조, 2004: 49).

종합하자면 중국의 공사는 공동체인 공사로부터 군君·국國·관官과 신臣·가家·민民 사이의 정치적인 공사로 정비되어가는 과정에서 천天의 무사·불편을 정치의 원리로 받아들여 공 = '평분', 사 = '간사', 즉 공평·공정에 대한 편파·간사라고 하는 도의적인 배반·대립

을 포함하기에 이른다.²

청나라 말기에는 민의 자연권인 민권이 천하 공의 실질이 되었다. 황제 등 위정자 계층의 정치권력은 소수의 권력이라는 이유로 사로서 배척되어 천하는 명실상부하게 민의 천하가 되었다. 이에 따라 공은 도의적으로도, 원리적으로도 민의 것이 되었다. 조정·국가가 사로 간주되는 것은 천·천하를 공으로 여기는 관점에서 나온 것이다(미조구찌 유조, 2004: 71).

이처럼 원리적인 중국의 공은 민권·민생이 동심원적으로 민족·국가를 초월해 천하적인 공계公界를 공유하고 있는 것으로 재해석된다.

이에 반해 일본의 공과 사 개념은 윤리적 평가가 결여되어 있다. 후쿠자와 유키치에게 있어서의 번藩-국國은 대외적으로는 '사의 정실情實'을 벗어날 수 없었으며(후쿠자와 유키치, 2012: 91, 〈그림 2〉 참고), 그는 국가의 공을 최종적이며 최대인 영역으로 간주한다(후쿠자와 유키치, 2012: 390-391 참고). 그는 오히려 천하의 공으로 일본의 번이나 정부를 재편하는 것에 반대한다. 현실적으로는 정부가 존재하고 국민의 사사로운 정인 편파심과 보국심을 제거할 수 없기 때문이라고 한다.

마루야마 마사오는 이러한 해석을 천지의 공도公道와 사사로운 정(보국심)의 이원적 긴장으로 보며, 국제사회에 대한 권력정치적 대응은 어디까지나 '사사로운 정' 또는 '사의 정실'에서 발하는 것이라고

---

2 즉 조정·국가의 공의 상위에 천하의 공이 위치해 있어 조정·국가의 공은 공의公義·공정公正·공평公平이라는 원리적·도의적인 천하의 공으로 스스로를 정당화했는데, 이는 천하의 공에 비해 그 위상이 일성一姓·일가一家의 사에 지나지 않았다(미조구찌 유조, 2004: 58-60 참고).

본다. 그는 오히려 그것을 깨어 있는 인식으로 평가한다. 즉 그는 천지의 공도에 대한 국가 실존 이유 또는 문명의 보편성에 대한 자국 독립의 '특수주의'를 높게 평가한다(마루야마 마사오, 2007: 708, 709).

미조구치 유조는 일본의 공과 사의 특성을 윤리성의 부재로 파악한다. 오오야케公와 와타쿠시私는 그 자체로서는 드러냄에 대한 숨김, 공식적인 것에 대한 비공식적인 것, 관사官事·관인官人에 대한 사사私事·사인私人 혹은 근대에 들어와서는 국가·사회·전체에 대한 개인·개個라고 말하는 것처럼 어떤 윤리성도 갖고 있지 않다. 공과 사의 얽힘이나 대립은 있지만, 그것은 종종 의리義理와 인정人情에 비유될 수 있는 것으로 결코 선과 악이라든가 정正과 부정不正이라든가 하는 차원의 대립은 아니다(미조구찌 유조, 2004: 19). 이런 맥락에서 후쿠자와의 "번과 번의 교제에 있어서는 저마다 스스로 사적으로 마음대로 하는 것을 벗어나지 못한다. 그 사私는 번외藩外에 대해서는 사이겠으나, 번 내에서는 공公이라고 말하지 않을 수 없다"는 주장도 이해될 수 있다. 여기에서 사용되는 일본적 공公과 사私는 선과 악, 정과 부정이라는 뜻을 포함하고 있지 않다. 따라서 이러한 일본적 공公은 번으로부터 국가로 미끄러져 들어가고, 이윽고 너무나도 일본적인 천황제 국가주의로 이행된다(미조구찌 유조, 2004: 20).

이러한 일본의 공과 사 개념은 중국이나 한국의 전통적 해석과는 매우 다른 것으로서 천하의 공 개념과 그 윤리적 공공성, 공평성을 중시하지 않는다. 오히려 이러한 공과 사 개념 파악은 규범적 판단에서 벗어나 있는 서양의 고전적인 공과 사 개념과 유사한 측면도 있다. 그러나 이로 인해 공이 번에 이어 국가로 이어지며 결국에는 천황제 국가주의로 연장되지만, 그것의 특수주의가 옹호되면서 천하의 공이나 보편적인 특성을 고려하지 못하는 한계를 지닌다. 이러한 역사적 해석 방식이 강하게 각인된 일본 사회의 주류 집단과 주류의 이데올로그들은 큰 것, 힘 있는 것, 강한 것에 대한 비판적 독해 능력을 잃고 영역 폐쇄적인 특수주의에 매몰되어 아직도 이를 벗어나지 못하고 있는 것으로 보인다.

이에 반해 조선의 성리학은 오히려 주자학의 공 개념 중 그 도의적 특성을 더욱 강화함으로써 천리의 공에 규범적인 우선성을 두고 있다.

3. 한국 가족에 있어서의 공과 사

3.1. 전통 가족에 있어서의 공과 사

조선 시대의 '공' 개념은 중국 '공'의 세 측면(지배 영역으로서의 '공', 보편적 윤리 원칙으로서의 '공', 그리고 더불어·함께의 의미로서의 '공')을 다 수용한다. 조선의 성리학은 송대의 주자학을 계승·발전시킨 것으로서 공과 사 개념도 대략적으로 주자학적 입장을 수용하고 있다. 특히 이 셋 중 지배 권력으로서의 공이 공정성·공평성을 갖추어야 한다는 도의적 요구를 중국이나 일본보다 강하게 표출하고 있다(이승환, 2002: 55 참고).

또한 이 공사관은 '연속성'과 '상대성'을 지닌다. 중심으로부터 가까운 관계는 사私로 인식되는 반면 바깥은 언제나 공으로 인식되는데, 이는 동심원적 관계망에서 상대적이며 연속적인 특징을 지닌다.

'공'이란 언제나 "작은 범위를 둘러싸고 있는 큰 범위"를 가리키는 개념일 뿐이며, '사'란 "큰 범위 안에 있는 작은 범위"를 뜻한다(이승환, 2002: 57).[3]

성리학에서는 '사적 영역'이 '공적 영역'으로 동심원적으로 확산되어가는 연속적 구도를 강조한다. 성리학에서는 '혈친에 대한 의무[親親]'를 인류의 대도大道라고 보았고, 이를 '자연의 이법[理]'이라고 보았다. 이 친친의 도리를 확장하여 만백성들에게 인仁을 펼쳐나가는 일을 성왕의 정치라고 보았다. 친친에서 인정仁政으로 나아가는 것을 수신-제가-치국-평천하의 순서처럼 연속적이고 일관된 과정으로 파악한다(이승환, 2002: 57).

효를 위해 복수를 강조하는 '복수의 의리관'으로 친친과 존존이 대립할 때 노론 계열의 송시열이 군주에 대한 의무인 충보다 혈친에 대한 의무인 친친(효)을 강조한 것도 같은 맥락에서 해석할 수 있다. 효를 천리로 보았기 때문이다(이승환, 2002: 59 참고). 친친이라는 혈친에 대한 사적인 의무가 군주에 대한 공적인 의무보다 중요하다는 논점은 친친이라는 인륜적 질서가 존존이라는 국가의 지배 질서보다 중요하다는 논거에서 유래한다. 인륜적 대도로서의 친친이 자연의 리[天理]이자 천륜天倫이기 때문에 국가의 지배 질서도 이것을 더 중요하게 여겨야 한다는 해석이다.

---

[3] 이것은 고대 그리스식 공 = 국가 = 정치 영역/사 = 가정 = 경제 영역이라는 배타적인 이분법과는 다른 것이다. 이 지배 영역으로서의 공은 원칙적으로는 보편적 윤리 원칙으로서의 공에 의해 규정된다. 따라서 가족이라는 영역에서 작동되는 효가 국가 영역에서 작동되는 충보다 공적으로 앞서는 것은 전자가 천리의 공에서 우선순위를 차지하기 때문이다. 따라서 지배 영역으로서의 공은 천리의 공에 의해 언제든 상대화될 수 있다.

이것은 성리학이 사회통제를 위해 법치보다 덕치德治나 예치禮治를 강조한 것과 같은 맥락이다. 인정仁政을 통한 덕치는 사회 통합의 기본 단위를 가족으로 삼고 가족의 규범을 천리, 인륜과 연계해서 해석한다. 가족 단위로 수행되는 규범을 구성원들 개개인이 스스로 내면화함으로써 가까운 관계로부터 확장되는 예치의 논리가 개인과 가족 그리고 국가로 동심원적으로 이어진다.

그러한 가족 관계의 핵심을 인으로 본 것은 인이 자기를 중심으로 가까운 관계에서 점차 확산되는 속성을 가지고 있기 때문이다. 유교 사회규범의 기본인 오륜五倫이 부자, 부부, 형제 등 가족 관계의 규범을 중요하게 여기는 것도 가족 구성원 사이의 질서를 근간으로 사회질서를 유지하고자 했기 때문이다. 사회적 관계는 이 가족 관계를 확대한 것이다. 효를 기반으로 군사부일체君師父一體를 동일시하는 것도 같은 맥락에서 나온 것이다.

이처럼 가족제도를 통해서 사회질서를 확보하기 위해서는 가족 관계의 질서유지를 지원하고 보호하는 것이 중요하다. 『대명률大明律』에는 가족과 친족의 질서를 보호하기 위한 상세한 규정이 있다. 『대명률』은 가족 질서의 위반 행위에 대해 비친족 간의 유사한 위반 행위보다 더 엄한 법적 제재를 가하고 있다(최홍기, 2006: 46-47 참고).

조선의 가족은 자손을 낳는 인구의 재생산 기능과 구성원의 생활을 유지하는 경제적 생산이라는 기능을 할 뿐만 아니라, 국가의 질서유지를 위한 핵심적인 기초 단위로 작동된다. 이런 점에서 조선의 가족은 가족의 역할 중 앞의 두 기능만을 강조하는 서구의 전통적인 공/사 도식에는 없는 또 다른 기능을 수행하고 있었다. 서구적 구분법에 따른다면 한국의 전통 가족은 공과 사의 기능을 함께 수행한 것이다. 이처럼 한국의 전통 가족과 사회에서는 공과 사가 서로 맞물려 있으면서 동심원적인 구조로 나선형으로 확장된다.

가까운 사람과의 사적인 관계를 기반으로 규범을 사회적으로 확장하는 것을 목표로 하는 인의 정치[仁政]는 관계를 맺는 방식이 궁극적으로는 천리와 연결되어 있다. 인의 정치의 윤리적 핵심 내용이 바로 천리의 공이다. 가족 규범 안에 이처럼 이미 천리의 공이 내포되어 있기 때문에 가장 가까운 사적인 인간관계에도 이미 천리의 공이 연계되어 있다. 그러나 문제는 천리의 공과 연계되어 있는 규범들이 충돌할 경우 무엇을 공으로 무엇을 사로 파악할지가 매우 유동적이라는 데에 있다. 친친과 존존이 충돌할 때 친친을 중시하는 것은 그것이 천하의 공이기 때문이라고 주장하는데, 친친이 지니는 공과 사의 얽힘을 구분하는 방식이 상황에 따라 변화할 수 있다는 것이 문제다. 조선조 예학 논쟁이 그 한 사례일 것이다.

어쨌든 조선의 성리학은 유교의 공사 개념 중 천리의 공, 인욕의 사라고 하는 윤리적인 도식을 보다 강화해 공과 사를 구분 짓는 것을 기본 축으로 삼고 있다. 천리의 공과 인욕의 사라는 공과 사의 윤리적 판단도 주자학의 입장을 따른다. '개인'은 정치에서는 '사'에 속하지만, 보편적인 윤리 원칙에서는 '사'에서 벗어나 끊임없이 무아지공無我之公을 추구해야 하는 도덕적 존재로 파악되었다(이승환, 2002: 61).

따라서 개인이 사사로운 이익이나 욕망을 추구하는 것은 정도에서 벗어난 사도로서 비난의 대상이 된다. 오직 자기 절제와 수신을 통해 천도로 정해진 가족 규범을 익히고 따르는 것이 권장된다. 조선 중기 이후 정착된 유교적 가족주의에서는 개인이란 위계적이고 차등적인 공동체 관계 속의 일부분으로서만 존재한다. 개인은 가통 속에서 자신의 생멸을 이해하는 수동적인 존재에 지나지 않는다.

가족 계승의 축인 적장자 계승 제도에서 강한 권한을 지닌 가부장권도 이런 점에서는 개인에게 주어진 권한이 아니다. 그것은 가장이라는 지위가 갖는 권한을 적장자가 수행하는 것에 지나지 않는다. 적장자가 가족을 다스린다는 것은 유교적 가족 질서를 유지하면서 체제적 질서의 유지에 이바지한다는 것을 의미한다. 제가齊家를 통해서 가계를 빛내는 것이 조상에 대한 효이므로 이를 위해서는 가족 성원의 결집과 협력이 요구된다. 이것을 구체화한 것이 종법 제도다. 이 종법 제도 아래서는 가부장을 포함한 모든 성원이 가족 규범 체계를 받아들이고 이를 충실히 수행할 것이 요구된다.

유교적 가부장제는 가족이 수행하는 막중한 역할을 통찰하여, 종법 제도를 바탕으로 하는 가족-친족 제도를 통해 유교적 질서를 구현하고 유지하고자 하는 것으로 국가 체제의 적극적인 지원 정책 속에서 발전된 것이다. 예치와 법치를 통해서 체제적 질서를 유지하는 데 있어서 국가기구가 수행하기 어려운 역할을 가부장제 가족으로 하여금 대신 수행하도록 하는 유교적 통치 정책 속에서 가부장제가 작동된 것이다(최홍기, 2006: 54).

이것은 제가치국齊家治國의 이념으로서 가부장제 가족이 통치 체계의 일부가 된다. 가부장권은 왕권이 연장·확대된 것으로 이해된다. 이러한 유교적 가족제도는 유교적 이념이 추구한 사회체제와 함께 육성되었다(최홍기, 2006: 55 참고).

이러한 공 중심의 공과 사에 대한 해석 방법은 근대 이후에도 많은 영향력을 행사한다. 국가나 관官 주도에 대해 묵인하는 정서와

위로부터의 일방적인 권력 행사의 일상화, 사익 추구를 공론화하지 못하는 분위기, 부권과 남성 중심의 권위주의의 일상화뿐만 아니라, 학구열과 고시 열풍 등을 통한 입신양명이나 관료주의 및 엘리트주의의 확산, 그리고 민주화 시기 양심적 지식인들의 멸사봉공滅私奉公, 무아지공의 자세 등이 그 유산이다(이승환, 2002: 62-63 참고).

3.2. 한국 근대 가족에 있어서의 공과 사

1960년대 이후 급격한 산업화, 도시화로 부부 중심의 도시형 핵가족이 주류를 이루지만, 가족 내 가치나 규범은 전통적인 것과 근대적인 것이 복합적으로 섞여 있다. 사회경제적 구조가 너무 빠르게 변화하면서 이 변화를 설명할 수 있는 틀도 빠르게 변화함으로써 다양한 가치관과 이념이 병존하면서 섞이는 것이 일상화된다.

한국의 근대 가족은 한편으로는 전통적인 생활양식과 의식구조를 유지하면서도 다른 한편으로는 도시적 삶 속에서 근대적 생활양식과 의식구조를 삶의 지침으로 삼아야 했다는 점에서 이 두 형태를 상황에 따라 취사선택하고 혼용하는 중층적, 중첩적, 혼성적인 독특한 가족관을 형성하고 있다(권용혁, 2012: 177 참고).

따라서 가족 내에서 공과 사를 대하는 태도도 경우에 따라서 복합적으로 전개된다. 집안 대소사나 향우회 등 혈연이나 지연과 관련된 문제 처리에 있어서는 전통 규범을 따르는 것이 일반적이며,[4] 개인

---

4 이 전통 규범은 성리학적 공동체주의 및 그 규범에 의거해 있는데, 이러한 동아시아적 공동체주의도 현재 시점에서 부단히 재해석되고 있다. 예를 들면 한국 근대 가족에서 가족 규범도 시대에 따라 직계가족 규범에서 핵가족 규범으로

중심의 도시적 삶터에서는 공사를 엄격하게 구분하는 서구 근대적 논점에 따르는 것이 일반적이다.

근대 이후 강화된 가족주의를 예로 들어도 상황은 유사하다. 근대 내내 지속된 '선성장 후복지'의 결과 전적으로 가족에게 부가된 사회 복지의 기능을 수행해야 했던 한국의 근대 가족은 생존과 물질적 충족을 위해서 가족 단위로 결집해왔다. 이 과정에서 가족은 생존을 위한 주요한 전략적 단위이자 인식 및 행위의 절대적 준거지로서 사회 전반적으로 자리 잡았다.[5] 개인이 가족 내에서 생존과 번영을 추구하는 이러한 근대 가족의 사태는 가족 외적인 영역과 가족 영역을 구획하고, 개인이 아니라 가족을 사회의 기초 단위로 한다는 점에서 독특한 현상으로 볼 수 있다. 하지만 이러한 가족을 서구적인 의미에서의 사적 영역으로 보기는 힘들다. 가족이 돌봄, 교육 지원, 의료, 노인 부양 등의 사회적 기능을 수행하기도 하고, 구성원들의 사회적 적응과 성공을 위해 공동의 노력을 기울이는 단위이기도 했기 때문이다. 오히려 이런 점에서 가족은 사회로부터 구성원을 보호하는 사적인 역할과 사회적 성공을 돕는 준공적인 역할을 동시에 수행하는 단위였다.

1990년대에 산업화가 정착되고 정보화가 진행되면서 실질적인 민주화가 본격화된다. 이에 따라 가족 문제도 빠르게 변화한다. 제도

그리고 핵가족과 개인성이 공존하는 규범들로 변화해왔는데, 이 과정에서 전통 규범들도 그 내용을 현실 변화에 맞춰 바꿔왔기 때문이다(권용혁, 2013a: 205-215 참고). 이런 점에서 전통적인 공동체성의 특징을 현재적 시점에서 부단히 비판적으로 재해석하는 것도 중요하다(조경란, 2005: 111 참고).

5 이러한 가족주의 강화는 가족의 동심원적 공조를 강조한 성리학적 공사 개념과도 연관된 것이며, 조선 후기 문중 강화 현상과도 이어진다. 근대 가족의 가족주의도 이와 유사한 맥락에서 이해될 수 있다.

적으로는 2005년 호주 제도의 폐지로 가족의 범위를 호주가 아닌 개인을 기준으로 함으로써 가족 내에서 개인의 권리가 확보된다. 호주제도는 가족의 위계성을 합법화했던 전형적인 제도였다. 호주제가 폐지됨으로써 가족 구성원들은 남녀나 연장자 중심의 위계적 서열 관계를 벗어나 자유롭고 평등한 법적 지위를 획득한다. 그만큼 구성원 개개인의 개인성이 강조되고 가족 구성원 개개인의 자유와 권리가 보장되는 생활공동체로 변화할 토대가 마련된 것이다(양현아, 2011: 473-474 참고). 또한 가족이 형태상으로도 직계가족에서 핵가족으로 변화했으며, 1인 가구가 확대되면서 핵가족과 1인 가구가 주요 형태로 등장한다. 가족 구성원 간의 관계도 이에 부응해서 변화하고 있다(통계청, 2010; 2015).

이러한 상황에서는 생존과 물질적 안정을 위해 강한 응집력을 강조했던 가족주의 강화 논리는 점차 설득력을 잃어간다. 구성원들이 가족이라는 집단을 위한 희생과 헌신 그리고 복종보다는 개인의 자유와 권리 그리고 자아실현 등의 가치를 더 중요하게 간주하기 때문이다. 또한 개인과 가족공동체의 관계도 변화하고 있다. 사회의 변화와 가족 형태의 변화로 가족 구성원 간의 관계가 보다 자유롭고 평등한 수평적 관계로 바뀌고 있기 때문이다.

생존을 위해 가족이라는 집단에 개인이 종속되는 집단주의적 가족주의에서 벗어나, 구성원의 자유와 권리 그리고 자아실현 등을 우선시함으로써 가족공동체가 구성원 상호 간의 사랑, 친밀성, 행복 등을 고려하는 비물질적인 공동체성을 강화해가고 있는 것으로 보인다(권용혁, 2013a: 225 참고).

이러한 상황에서는 가족에서의 공과 사의 문제도 재구조화된다. 가족 외부에 대해 가족은 사생활을 보장받는 사적인 영역으로 간주되지만, 가족 내부 구성원의 사생활도 가족이 함께 보장해야 하는 이중적인 구조가 형성된다. 이는 기존의 강화된 가족주의에서는 부차적인 것으로 간주되었던 개인성이 주요 변수로 등장한다는 것을 의미한다. 이것은 가족 내의 가부장적 위계성이 약화되고 가족 구성원 사이의 수평적이고 친밀한 관계가 강화되는 것과 직접적으로 연관된다.

4. 결론

2절에서 논의한 바와 같이 공적 영역과 사적 영역에 대한 규정은 지역에 따라 그리고 시대에 따라 많은 변화를 겪어왔으며 앞으로도 변화할 것으로 예상된다. 그것은 한국 가족의 경우에도 마찬가지다.

가족을 공적인 영역과는 배타적으로 구분되는 사적인 영역으로만 간주할 것인지, 아니면 그 구성원들의 사적인 권리를 반영하는 것이 더 중요한 것인지에 따라 서구적인 공/사 개념은 아리스토텔레스-공화주의적 입장과 자유주의적 입장으로 구분된다. 근대 이후 자유주의가 등장하면서 가족이 구성원의 사적인 권리를 보장하도록 국가나 사회가 개입하는 것이 허용된다는 점에서 가족 안에는 공/사 영역 둘 다 포함된 것으로 보아야 할 것이다. 특히 최근에는 국가가 가족 구성원의 사생활을 보장하기 위해 개입하는 경향이 강화되고 있다는 점에서[6] 가족의 문제가 사회적인 문제로 간주되고 있다.

6   최근 서구에서는 국가가 가족 내 아이들의 인격권을 보장하기 위해 가족 문제

동양에서의 공 개념은 지배 영역으로서의 '공', 보편적 윤리 원칙으로서의 '공', 그리고 더불어·함께의 의미로서의 '공'으로 풀이된다. 사 개념은 이에 대응해서 연속성과 상대성을 갖는 개념으로 자리매김된다. 특히 성리학은 '천리의 공', '인욕의 사'라는 도의적인 측면과, 사적 영역이 공적 영역으로 확산되어가는 연속적 동심원적 구도를 강조한다. 개인은 사익 추구에서 벗어나 천리의 공을 추구해야 하는 도덕적인 존재로 파악된다. 가족도 이러한 공사 개념의 동심원적 구조 속에서 파악된다. 이 구조로부터 민권도 사권이 아닌, 국민 내지 민족 전체의 공권이 중요하게 여겨진다. 즉 개사 없는 천하의 공이 주장된다.

이처럼 동서양의 공/사관의 내용이 시대에 따라 변화하고 있다. 서양에서는 전통적 공/사 이분법의 내용이 변화해 사의 일부분이 공의 영역으로 이전되고 있다. 동양의 공/사관도 공의 민주성을 강화함으로써 민과 공을 함께 해석하는 민주적 형태가 제안되고 있다. 다만 그럼에도 그 확연한 차이는 동양의 공/사관이 천리의 공, 인욕의 사라는 논점을 강조함으로써 개인의 사적인 이해관계를 지양해야 하는 부정적인 것으로 간주한다는 점이다. 이러한 논점은 조선의 성리학에서도 그대로 수용된다.

어쨌든 근대 이후 가족의 현실은 전통적인 생활양식과 근대적인 생활양식이 혼합된 채 변화해왔다. 한국 근대 가족은 한편으로는 전통적인 삶의 방식을 유지하면서도, 다른 한편으로는 근대적 핵가족

> 에 개입하고 있는데, 이는 국가가 사적 영역에 개입해 심판관 역할을 한다는 것을 의미한다. 이러한 개입으로 국가는 가족 구성원의 동등한 권리를 보호하는 보호자 역할을 하고 있는 것이다(기든스, 1998: 158; 백, 2000: 159-160 참고).

의 삶도 함께 수행하고 있다는 점에서 최소한 이러한 두 가지 공/사 개념 쌍을 함께 고려해야 하는 상황에 있다.

발상의 전환을 한다면 한국 근대 가족의 사태가 지니는 혼성성과 복합성을 보다 적절하게 해명하기 위해서는 공적 영역과 사적 영역을 최소한 오분화해볼 수 있다. 이러한 세분화가 한국 가족의 진행 과정을 보다 설득력 있게 설명할 수 있을 것이기 때문이다.

즉 사적 영역과 공적 영역의 이분법적 구도를 1) 사적 영역 2) 사적 영역 위주에 공적 영역이 혼합된 영역 3) 사적 영역과 공적 영역 4) 공적 영역 위주에 사적 영역이 혼합된 영역 5) 공적 영역으로 세분화하여, 분석의 중심축을 1)과 5)로 보지 않고 사적 영역과 공적 영역의 공존과 상호 상대적 연관성을 논의하는 3)을 기본 축으로 2)와 4)를 현실 해석 틀로 볼 필요가 있는 것이다.[7]

그 이유는 서구와는 달리 한국 근현대의 가족은 국가라는 공적 영역으로부터 벗어나 있는 사적 영역이 아니었기 때문이다. 그것은 오히려 국가라는 공적 영역이 요구하는 바를 충실히 수행하는 준공적인 영역으로도 기능해왔다는 점을 고려한다면, 사적 영역과 공적 영역의 상대적, 동심원적 연속성을 고려할 필요가 있다. 이럴 경우 사적 영역과 공적 영역을 서구적 형태로 이분법적으로 구분하거나 한 영역이 다른 영역을 포섭하는 형태의 서구적 논점보다는 이 둘의 중

---

[7] 이 오분법은 한국 근대 가족이 처해온 중층적, 중첩적, 혼성적인 복합 상황을 평면적으로 배열·재해석하고 있다는 점에서 한계가 있다. 20세기 내내 진행된 이 복합적 사태의 시기별 진행 과정을 분석하고 주도적인 흐름을 요약할 경우 한국 가족의 실체적인 모습은 입체적으로 (삼차원적으로) 표현되어야 할 것이다. 한국 근대 가족 및 가족주의의 시대별 변천사에 대한 개괄적인 설명은 권용혁(2013a: 205-223)을 참고하기 바란다.

첩성, 중층성을 함께 고려하는 3)의 방식을 기준점으로 삼는 것이 현실적인 설득력을 지닐 것이다.

이를 보다 형식화한다면 'A 대 B 혹은 A에서 B'라는 이분법적, 단선적 이행 논리에서 탈피해 'A, A〉B, A and B, A〈B, B'라는 최소 오분법적, 복합적 이행 논리로 변환하는 것을 의미한다. 그리고 이 다섯 영역은 직선적인 비교 우위를 통해서 위계화되는 것이 아니라, 다섯 가지 분류가 혼성적, 중첩적으로 진행되고 있음을 인정하자는 것이다. 또한 변화의 형태도 사적 영역에서 공적 영역으로의 단순한 직선 이행이 아니라, 중첩적이고 혼성적인 상태가 상호 균형을 이루어가는 복합 이행 형태를 띠고 있는 것으로 파악하자는 것이다.

예를 들어보자. 한국 근대 핵가족에서의 가장의 행위는 복합적, 중층적인 것으로서 공적 영역과 사적 영역이 섞여 있는 3) 유형으로 볼 수 있다. 그중 직계가족과의 위계적 관계 유지와 집안 대소사 처리에 있어서는 유교적 공/사의 동심원적 구조에 따라 행위한다. 이는 4), 5) 유형에 가깝다. 핵가족 내에서는 가장으로서의 권위와 민주적 태도를 경우에 따라서 수행한다. 이는 4), 2) 유형에 가깝다. 다른 사회적 압력으로부터 벗어나 가정을 휴식과 정서적 유대의 공간으로 간주할 때는 1) 유형에 가깝다. 또한 근대의 폐쇄적, 배타적 가족주의는 가족을 1) 유형인 사적 영역으로 간주하지만, 그 내용에 있어서는 가족 구성원의 사회적 성공을 보조한다는 점에서 4) 유형인 준공적인 영역에 가깝다. 이처럼 근대 가족이 수행하고 있는 사안에 따라 해석을 달리할 수 있는 최소 오분법은 단순 이분법에 의거한 해석보다 사태를 보다 더 적절하게 해명할 수 있는 장점을 지닌다.

이 경우 동서양의 공/사 개념의 혼성화로 개념적 혼란을 일으킬 수 있다. 두 개의 이질적인 개념을 섞어서 논의하면 주장의 논리적 일관성을 확보하기 힘들다.[8] 그러나 동서양의 특정한 공사관을 유일한 기준점으로 삼는 경우 더 큰 문제가 발생한다. 그것은 사태의 복합성을 전혀 고려하지 못하기 때문이다. 복합적인 한국 가족을 다룰 경우 단일 논리의 일관성에서 벗어나 동서양의 공사관을 포함해서 재구성할 수 있는 '복합 논리의 구조'를 만드는 일이 일차적으로 요구된다.

따라서 근대 이전에 작동되었던 동양의 공사관을 근대에는 적용할 수 없다는 비판, 근대에는 서구의 공사관을 적용해야 한다는 비판은 한국 근대 가족의 복합적 현실을 고려하지 않은 너무나 특정한 이론 중심의 일면적인 주장임을 유념할 필요가 있다. 전통과 근대가 따로 또 같이 중층적, 중첩적, 혼성적으로 존재하는 한국의 근대 가족이 처해 있는 복합적 사태를 사유의 대상으로 한다면, 특정 서구 이론에 의거해서 현실을 재단하고 그 개념의 논리적 일관성을 강조하는 것은 사태에 맞지 않는 옷을 입히는 작업이다. 오히려 이 복합적 현실에 상응하는 개념 틀을 만드는 것이 사태의 설명력을 더 높일 수 있는 방안이다. 그래서 나는 여기에서 한국의 근대 가족이 이러한 복합 성찰성을 작동시키는 유형을 공적 영역과 사적 영역의 오

---

8   이 둘 사이의 차이도 엄존한다. 동양의 공사관은 천리의 공, 인욕의 사라는 테두리를 고수하고 있는데, 이는 공과 사를 선과 악으로 보았기 때문이다. 따라서 이 둘을 분리하고 그중 사욕 및 사권을 재해석해 현재적 상황에 맞게 재구성할 필요가 있다. 동아시아의 인권 담론의 재구축을 시도하는 조경란의 논변도 이러한 맥락에서 이해될 수 있다(조경란, 2005: 109-113 참고).

분화로 재구성해본 것이다.

특정한 서구의 공사관에 의거해 한국 근대 가족의 사태를 재단하는 것보다 이러한 최소한의 오분화가 한국 근대 가족에게 주어진 복합적 사태를 복합적으로 수행하는 당사자들의 사유 방식을 적절하게 설명하는 틀이 아닐까? 이런 혼성적 방식이 두 개 이상의 이질적인 개념 틀이나 규범을 현실적으로 적절하게 배열하면서 삶을 유지해야 하는 삶의 조건을 지닌 자들을 적절하게 표상할 수 있는 것으로 보인다. 물론 이러한 나의 주장은 실험적인 형태를 띠고 있기 때문에 그 현실 적합성이 문제될 경우 적절하게 수정되어야 할 것이다. 그럼에도 불구하고 나는 이러한 한국 근대 가족 구성원들의 복합적 삶의 조건과 대처 방식을 크게 보면 근대의 진행 과정에서 가족이 처한 복합적 사태를 고려해서 자신의 역할을 복합적으로 수행하는 능력으로 파악하고자 한다. 따라서 여기에서 제안하고 있는 최소 오분법도 이러한 한국 근대 가족이 처해 있는 복합적 현실 사태 속에서 구성원들이 주어진 상황에 의거해서 나름대로 복합적으로 성찰해온 사유의 궤적을 포착해내고자 하는 시도로 이해되었으면 한다.

7장 국민국가 시대의 민주주의

1. 가족과 사회의 민주화

한국 사회의 민주주의와 규범적 지향점은 한국 가족의 특성 및 변화상과 직간접적으로 연계되어 있다. 한국의 근대화는 가족을 기반으로 성취되었다고 해도 과언이 아니다. 근대화를 지탱해준 일등 공신이 바로 가족이었다. 근대 내내 가족이 분해되거나 개인들로 개별화되지 않고 생존 공동체이자 생활공동체로서 견고하게 유지되어왔다. 급격한 도시화와 산업화 과정에서 가족이 가족 구성원을 돌보는 기초 안전망의 역할을 수행한 것이다. 국가의 일관된 선성장 후복지 정책으로 국가로부터 기초적인 돌봄도 받지 못한 개인들은 가족 단위로 생존 전략을 세울 수밖에 없었다. 도시의 시민들을 중심으로 근대국가를 구성해온 서구 국가들과는 달리 한국은 다른 길을 걸어왔다. 국민은 서구적 의미의 도시민이 아니었다. 위로부터의 도시화, 산업화, 근대화 과정에서 고향을 떠나 도시로 이주한 국민들은 가족을 생존과 안정 그리고 번영의 기초 단위로 삼아왔다.

1987년 형식적 민주주의의 정착 이후에도 부권 중심의 권위주의적 가족주의가 외환 위기 이후까지도 지속되었다. 전통적인 공동체적 삶을 중요하게 여겨온 남성 가장들은 가족 내 민주주의를 선호하지 않았다. 가장의 책임과 희생은 그 대가로 권위적이며 위계적인 부권의 행사를 당연시했다. 중공업 중심의 산업화 시대, 계급 노동의 시대가 저물어가고, 그 자리를 지식정보화가 메꿔가면서 가족 내 권위주의도 점차 완화되고 있다. 이와 함께 기초적인 사회보장 제도가 작동되면서 책임과 희생은 약화되고 있다. 그 대신 가족 구성원들의 자아실현과 자유가 확대되면서 가족 내 민주화가 확산 중이다. 이런 점에서 한국 가족은 한국 사회의 축소판이라고 해도 과언이 아니다. 한국의 민주주의가 형식적 민주주의를 넘어서서 사회 각 영역에서의 실질적 민주화로 이어지고 있는 지금, 가족 내에서도 실질적 민주화가 진행 중이다.

　한국 근대 가족은 급격한 사회 변화에 적응하면서 생존을 위해 가족 구성원들 간의 유대와 공동체성을 유지해왔다. 이 과정에서 개인보다 공동체를 우선시하는 공동체주의적 특징을 보여온 것도 사실이다. 그러나 폐쇄적이며 배타적인 가족주의는 점차 약화되고 있다. 국민국가 단위의 기초적인 복지 정책이 가동되면서 가족에게 전적으로 전가되었던 돌봄과 부양 등의 책임과 의무가 덜어지고 있다. 호주제 폐지와 가족 관계법의 변화로 가족 구성원들의 권리가 정착되고 있다. 도시형 핵가족이 주류를 이루고 있으며 1인 가구도 빠른 속도로 증가하고 있다(권용혁, 2013a: 217-218 참고). 이러한 변화와 함께 가족 구성원들의 기본적인 권리와 자유가 보다 더 존중되고 있다. 가족을 위한 희생과 헌신, 수직적, 위계적 권위주의 등의 문제가 약화되고 상호 인격적인 대우와 수평적인 사랑과 친밀성이 보다 강화되면서 가족 구성원 간의 관계도 실질적으로 민주화되고 있다. 가족의 민주화와 사회의 민주화가 동심원적인 구도를 그린다면, 한국 가족의 변화상을 통해 한국 민주주의의 미래 모습을 그려볼 수 있지 않을까? 이 장은 이러한 가설에 힘입어 한국 민주주의의 규범적 미래상을 그려보고자 한다.

2. 한국의 가족과 민주주의

2.1. 가족-민주주의 기획

생활을 위한 경제적 생산과 후대를 잇는 역할을 담당했던 전통 가족의 기능이 약화된 오늘날, 가족은 오히려 소비 공동체로서 구성원 간의 정서적 교감과 친밀성을 강조한다. 이러한 정서적 교감과 친밀성에 바탕을 둔 도시형 핵가족의 부부 관계는 서로 열린 마음으로 대화하고 상호 이해를 넓혀갈 때 잘 유지된다. 파트너 간의 상호 개방과 이해 그리고 신뢰를 바탕으로 한 대등한 관계 맺기가 민주적 관계 맺기의 핵심인데, 이것은 공적인 영역에서의 민주주의의 핵심 내용과 일맥상통한다(기든스, 2000: 126 참고).[1]

---

1 평등과 상호 존중, 신뢰를 바탕으로 하는 열린 대화를 핵심으로 하는 민주주의의 원칙은 이런 점에서 부부 중심의 수평적인 핵가족 관계와 친화성이 있다. 특히 핵가족에 있어서의 부부 평등의 원리는 사회의 민주화의 연장선상에서 다루어지는데, 이처럼 가족과 민주주의를 연계하는 것은 사적인 영역과 공적인

이러한 논점에 따르면 남녀평등의 원리와 민주주의의 원리들이 가족에 있어서도 관철된다. 가족 내에서의 실질적인 민주화가 사회의 민주화로 이어진다는 점에서 가족은 민주주의가 잉태되고 정착되는 곳이기도 하다. 가족 안에서 정서적 교감과 친밀성이 민주적인 형태로 진행되는 것과 사회의 다른 공적인 영역들이 실질적으로 민주화되는 것은 궤적을 같이한다. 이런 점에서 가족의 민주화와 사회의 민주화는 선순환적인 관계를 맺는다.

이것은 역으로 시민적 자유와 평등이 가족 내부에서도 실질적으로 작동된다는 것을 의미한다. 실질적인 민주화의 단계에서는 민주주의의 원리가 공적 영역에서뿐만 아니라 사적 영역에서도 작동된다. 가정의 민주화는 평등, 상호 존중, 자율성, 소통을 통한 의사 결정, 폭력으로부터의 자유 등을 주요 의제로 삼는다.

사회적 차원에서의 개인화, 민주화가 가족 구성원에게도 적용되면 삶의 방식이 개별화되고 도덕적 권위의 판단 기준이 개인에게로 이동한다. 자기 나름의 삶의 방식이 정상적인 생활 방식이라는 생각이 널리 퍼지면, 모든 기준은 개인을 단위로 이동한다. 그 결과 개인들은 기존의 규범들을 거부하고 새로운 형태의 규범들을 만들어간다. 이 규범들은 개인에 기초해 있으며 개인의 동기에 따라 설계되고 정당화된다. 사적 영역으로 간주되었던 가족 구성원들 간의 관계 영역이 상호 영향력을 주고받는 관계임을 의미한다. 이제는 서구에서도 가족이 사적인 영역에 머물러 있지 않고, 오히려 가족의 민주화가 사회의 민주화와 연장선상에서 파악되고 있는 것이다. 가와 국이 동심원적인 구도로 전개되었던 동아시아 전통의 성리학적인 특정한 논점이 이제는 서구 가족 분석에 있어서도 차용되고 있는 것은 아닐까? 사태에 대한 해석은 이렇듯 늘 열려 있다. 그것은 또한 일정 부분은 순환되는 것 같기도 하다.

도 폐쇄적이며 위계적인 관계에서 '능동적 개인화'(기든스, 1998: 161 참고)에 기초한 개방적이며 수평적인 관계로 변화한다. 구성원들 사이의 정서적 교감과 친밀성도 이 변화에 맞춰 재구성된다. 개개인의 권리 존중 및 자율적인 결정권 보장과 같은 민주주의의 기본 원칙이 법적, 제도적으로 보장된 서구 사회에서는 개인의 개인화와 개인주의화를 바탕으로 실질적인 민주화가 가족 내부에서도 일상화되고 있다(기든스, 2003: 278-279 참고).

그러나 이에 비해서 한국 가족의 경우 구성원들의 개인화가 진행되고 있지만 동시에 공동체적인 유대 관계도 함께 작동되고 있다. 당면한 문제는 새롭게 등장한 개인화와 지속적으로 유지되어온 공동체적 특성을 현실에 의거해서 재해석하는 것이다.

이 절에서는 가족 내 개인화가 강화되고 있음에도 공동체적 속성이 함께 존재하는 한국 가족의 모습을 바탕으로 개인과 공동체를 함께 고려하는 미래지향적 민주주의의 모습을 제시할 것이다.

2.2. 한국의 가족과 민주주의

근대적 개인을 기초 단위로 하면서 작동되어온 서구적 근대화와 민주화의 진행 과정과는 달리 한국의 근대화와 민주화가 전개되어 온 모습은 한국 근대의 가족이 변화해온 모습과 더 밀접하게 연관되어 있다. 한국의 근대화 모델은 국가에 의해 추진된 개발독재식 위로부터의 개혁 모델이었다. 1960년대부터 1987년까지 지속된 상명하달식의 권위적인 근대화, 산업화 전략은 양적인 경제성장을 이루었지만, 시민사회의 미발달과 국민 개개인의 자율성과 자발성을 억

누르는 결과를 가져왔다. 국가를 위해 개인을 희생할 것이 강요된 상황에서 개인은 사회 안전망의 보호 없이 오직 자신이 속한 가족 공동체 내에서 생존과 생활을 꾸려갈 수밖에 없었다. 그만큼 한국의 가족은 다른 가족이나 타인을 배려하거나 돌보기는커녕 오직 자기 가족의 생존과 안녕만을 도모하기에도 버거운 상황에서 폐쇄적이며 배타적인 가족주의를 유지해왔다.

국가처럼 가족도 공동체를 위한 개인의 희생을 강조함에 따라 성숙한 시민의식을 지닌 개인주의가 발달하지 못하고 오히려 한국인은 근대의 진행에도 불구하고 가부장 중심의 권위적이며 위계적인 공동체적 특성을 유지해왔다. 애국심을 앞세운 국가주의와 가족의 이익을 앞세운 폐쇄적 가족주의는 동전의 양면처럼 유사하게 작동되어왔다.

그러나 이러한 상명 하달식 근대화, 산업화는 역설적이게도 사회의 기능 분화를 일으키면서 중산층이 팽창하고 노동자 등 사회의 저변 대중층이 성장함으로써 약화된다. 1987년 6월 항쟁 이후 한국의 민주화는 개발독재와 권위주의에 반대하는 시민들과 노동자들을 중심으로 하는 민중 세력의 성장과 저항으로 가능했다. 1987년 민주화와 1990년대 이후가 근대 대의 민주주의 체제와 제도 정치가 확립되고 형식적 민주주의가 자리 잡는 시기였다.

1987년 6월 항쟁 이후 정착되어온 실질적 민주화는 이제는 질적으로 다른 단계의 문제에 직면해 있다. 형식적 민주화의 달성 이후 한국의 민주주의는 "민주화 이후의 민주주의"(최장집, 2002: 30-38 참고), "민주주의의 내포적 심화"(강정인, 1998: 67-77 참고) 등으로 개념화된다. 그 이후 근대 내내 일상적으로 작동되어온 위계적 권위주의, 폐쇄적 집단주의 등이 점차 제거되고 개인의 자유와 평등을 보장하는 제도적 민주주의를 바탕으로 각 영역이 실질적으로 민주화된다(권용혁, 2010: 76-77 참고).

가족의 경우에도 근대 내내 지속되어온 가족공동체를 위한 희생과 배려, 가부장의 위계적 권위주의와 폐쇄적 가족주의 등의 가치들이 약화되고 구성원 개개인의 자유와 권리의 보장과 자아실현이 중요해진다.

산업화의 주도 세력이었던 노동자계급의 경우도 미혼의 20대 청년기 노동자들이 1980년대 중반부터 1997년 외환 위기 전까지 3, 4인 가구의 생계 부양자가 된다. 특히 1990년대에는 노동자계급의 중산층화가 진행되면서 남성 가장 중심의 도시형 핵가족이 보편적인 가족 형태가 된다(홍찬숙, 2012: 9-10 참고).[2] 근대 내내 가족에게 전가되었던 사회복지 기능이 1989년 전 국민 의료보험 제도 시행 및 1990년 국민연금 도입 등으로 점차 제도화되고 1990년 가족법 개정과 2005년 호주제 철폐로 장자 중심 상속 제도와 호주 제도 등 남성 중심, 부계 친족 집단 중심의 제도들이 철폐되면서 폐쇄적, 위계적 가족주의도 점차 약화된다. 게다가 지식정보사회의 정착으로 카카오톡, 트위터, 페이스북, 유튜브 등 다양한 SNS형 네트워크 소통 방

---

2 그렇지만 가부장 남성 문화는 권위주의적, 집단주의적이었는데, 남성 가부장에게는 특히 부계 친족 집단의 정체성이 강하게 작용해왔기 때문이다. 2005년 호주제가 폐지되면서 비로소 부계친족제도가 제도적 정당성을 상실한다(홍찬숙, 2012: 15-16). 이런 점에서 권위주의 정치체제와 가족 내 친족 체제의 작동은 유사한 형태를 띠고 있었다. 핵가족 내 가부장적 남성 중심주의와 부계 친족 체제가 동심원적인 구조를 이루고 있었으며, 이 친족 체제가 비민주적 정치체제와 유사 기능을 수행함으로써 위계적 권위주의가 근대 내내 일상적으로 지속될 수 있었던 것이다.

법이 확대되고 그 안에서 자유롭고 평등한 관계 맺기에 익숙해진 개인들은 사적인 공간을 중요하게 여김으로써 위계적이며 폐쇄적인 가족주의에서 탈피해 개인화되고 있다(권용혁, 2013a: 215 참고).

가족공동체 내부의 위계성이 약화되고 개인의 권리가 제도적으로 보장되면서 가족 안에서 민주적인 관계가 점차 일상화되고 있다. 이것은 가족 구성원의 개성과 자아실현을 상호 인정하고 이를 기반으로 기존의 위계적, 배타적인 공동체적 덕목들을 재구조화하는 방식으로 가족공동체의 가치들이 변경된다는 것을 의미한다.

한국의 가족공동체는 장기적으로는 개인과 공동체가 선순환적으로 작동되는 네트워크형 공동체의 형태를 띨 가능성이 높다. 젊은 세대일수록 자유롭고 수평적인 쌍방향 네트워크형 소통에 익숙하기 때문이다. 이러한 이념형 가족공동체는 한국 사회가 지향해야 할 민주적 공동체의 모습의 축소판이 될 것이다. 가족 구성원이 민주적 공동체의 덕목을 가족 내에서 내면화할 때, 민주적 인간은 가족 내에서 길러질 것이다.

3. 민주주의와 친밀성 — 또 하나의 해석 시도

한국 근대 국민국가가 이처럼 형식적 민주주의의 정착 이후 실질적 민주화의 단계로 이동하고 있다면, 가족도 실질적으로 민주화되고 있는 것일까? 가족 구성원 간의 관계에 있어서 친밀성이 가장 중요한 요소라면, 이 친밀성을 민주주의와 연계할 수 있는 것일까? 친밀성을 기반으로도 민주주의를 심화할 수 있는 것일까? 이 절에서는 한국 가족에 있어서의 친밀성의 내용 변화상을 정리하고 이를 기반으로 가족 민주주의, 더 나아가서는 국가적 단위의 민주주의의 규범적 가능성을 고찰해보겠다.

3.1. 전통적 해석: 동아시아 친친/존존, 인

한국 근대 가족이 유지해온 친밀성의 구조를 파악하기 위해서는 전통적으로 가족 구성원이 어떠한 소통 형식을 취하고 있었는지를 살펴보는 것이 중요하다. 이 전통적인 소통 형식이 변형된 채로 아직도 작동되고 있기 때문이다.

유교적 우주론과 인성론에 따르면 도덕적 본성에 있어서 인간은 모두 평등하지만, 타고난 기질적 품성에 따라 차이가 나며 이에 따라 차등화된다.[3] 이러한 차등주의와 더불어 인간관계의 친소에 따라 차별주의가 존재한다.[4] 이 차등주의와 차별주의를 종과 횡으로 삼아 '의義'(행위규범: 경敬)와 '인仁'(행위규범: 애愛)의 원리가 전개된다. 그 바탕이 되는 행위규범이 '예禮'다. 그중 '인'은 수평적으로 원근에 따라 친소 관계를 구별하며, 인의 행위규범인 '애'는 긍정적인 관계를 지향한다. 이 둘을 바탕으로 친소 간의 관계가 작동된다.

---

[3] "하늘과 땅이 높고 낮은 데서 건곤의 질서가 정립하며, (같은 이치로 인간을) 높고 낮음에 따라 배열하는 데서 귀천의 질서가 성립한다[天尊地卑, 乾道定矣, 卑高以陳, 貴賤位矣]."(『周易』「繫辭上」: 최홍기, 2006: 36에서 재인용).

[4] 이 인은 자기를 중심으로 가까운 데서 먼 데로 확산하는 속성을 갖고 있는 것으로 이해된다. 따라서 그 '인'을 바탕으로 성립하는 사회관계는 원근의 거리에 따라 친소의 차별이 생기는 것이 불가피하다고 이해된다(최홍기, 2006: 37에서 재인용).

존조경종尊祖敬宗을 근간으로 하는 예기의 친친과 존존 개념은 유가의 친친과 존존 이론에 중요한 전범을 제시한다(박래경, 2008: 135). 친친은 개인이 인간으로서 지켜야 하는 가장 보편적이며 공적인 것이지만, 국가의 존속 차원에서 보면 친친은 부차적이며 사적인 것일 수 있다. 따라서 친친과 존존 사이에는 긴장이 존재한다. 군주의 입장에서는 혈연관계가 종통이면서 왕통이다. 따라서 군주는 혈연적 친친 관계와 왕통의 존존 원리를 함께 균형 잡는 존재로서의 중첩적 위상을 지닌다. 군주는 이 둘 사이의 관계를, 즉 혈연과 국가, 사적 존재와 공적 존재로서의 긴장 관계를 지혜롭게 처리해야만 했다(이봉규, 2002: 33-35; 박래경, 2008: 136 참고).[5]

조선의 송시열은 인륜적 대도로서의 친친이 자연의 리[天理]이자 천륜이기 때문에 덕치를 앞세운 국가의 지배 질서도 이것을 더 중요하게 여겨야 한다고 보았다(권용혁, 2013b: 170 참고).

그러나 친친의 규범 안에 이미 천의 공이 내포되어 있기는 하지만, 천리의 공과 연계되어 있는 규범들이 충돌할 경우 우선순위를 어떻게 설정할지는 항상 문제시되어왔다.

이러한 친친과 천리의 공 사이의 동심원적 구조가 민주주의의 시

---

[5] 중국 사회(특히 통치 집단)의 기본 성격인 가家가 국國이고 국이 가가 되는 종군합일宗君合一, 가국동형家國同型이 종법 국가, 종법 사회의 전범이 되고 이를 바탕으로 예치가 이루어진 것에 대해서는 박래경(2008: 142-145)을 참고하기 바란다. 결국 이 둘은 현능함에 따라 등급화된다고 본다. 그 전거는 『예기』 「중용」에 나오는 "仁者人也, 親親爲大. 義者宜也, 尊賢爲大. 親親之殺, 尊賢之等, 禮所生也", 즉 "인仁이란 사람끼리 친애하는 것이다. 친족을 친애하는 것이 가장 중요하다. 의義란 사태가 마땅한 것이다. 현능한 자를 존중하는 것이 가장 중요하다. 친족을 친애하는 정도의 차이와 현능한 자를 존중하는 등급이 예가 생겨나는 곳이다"라는 구절에 나타난다(박래경, 2008: 153-154).

대에도 긍정적으로 평가될 수 있을까? 만약 천리의 공을 민의 공으로 재해석한다면(미조구찌 유조, 1999: 47-48 참고),⁶ 친친의 내용 중 일부도 민의 공과 동심원적으로 연계될 수 있는 여지를 갖는다.

3.2. 한국 가족의 친밀성과 민주주의

한국 가족의 경우 전통적인 친친의 규범이 핵가족 내에도 존속되고 있다. 전통적인 친친 규범은 동심원적인 구도를 그리면서 가족 이외의 관계로 선순환적으로 이어지는 데 비해서 근대의 가족주의는 오히려 배타성과 폐쇄성을 강화해 이 선순환적 고리를 단절해온 측면이 있다. 그 핵심에는 개인이 가족 단위로 생존 전략을 구사할 수밖에 없었던 시대적 상황이 놓여 있다.⁷

근대 이후 폐쇄적, 배타적 가족주의가 강화되어온 것도 이것과 연관된다. 그러나 이러한 가족주의의 내용도 변화하고 있다. 사회복지 제도의 확충과 가족법의 개정 등으로 국민의 삶의 조건이 개선되는 상황에서 생존을 위한 일차적 결속이 약화되고 오히려 탈물질적 가치들을 중시하는 가족주의로 그 내용이 달라지고 있다. 핵가족 내에서 구성원들의 개인화가 강화되고 부부 중심의 사랑과 친밀성이 중요하게 여겨지면서 구성원 간의 관계도 보다 수평적이며 민주적으

---

6 여기서 논의된 민권의 사私는 개체의 사 일반은 아니다. 그것은 국민이나 민족 전체의 공公과 연계된 사이다. 이런 점에서 민권은 공권이다.
7 조선 후기 이후 강화된 독특한 가족주의의 내용에 대해서는 최우영(2006: 20-26)과 김동춘(2002: 102-105)을 참고하기 바란다. 이와 연계된 근대 이후 가족주의 강화 현상에 대해서는 함인희(2001b: 25-27)와 장경섭(2009: 293-302)을 참고하기 바란다.

로 변화하고 있다.

사회적, 제도적 조건이 개선되고 그와 더불어 개인화가 확장되고 있는 현재 상황에서는 생존의 조건을 담보로 강요되었던 구성원들의 책임과 의무, 희생과 헌신, 권위와 순종 등의 덕목들이 약화된다. 이제는 가족 구성원들이 자유롭고 평등하면서도 정서적으로 친밀한 관계를 기반으로 가족공동체를 새롭게 재구성하고 있는 중이다.

그 새로운 덕목들은 그 이전의 덕목들에 덧붙여져 보다 복합적인 모습을 띠고 있는 것도 사실이다. 그렇지만 그 지향점은 점차 명료해지고 있다. 21세기 한국 가족은 구성원들의 자유와 권리를 우선적으로 보장하는 방향으로 변모하고 있다(권용혁, 2013a: 219-222 참고). 그러한 징후를 나는 가족 내에서 작동되어왔던 친밀성의 변화 양상에서 찾고 있다. 가족 안에서 길러진 구성원 간의 친밀성은 사적 영역에서 형성되고 작동되고 있으며, 내용도 조금씩 변화해왔다.

1950-60년대에는 전통적인 친친적 규범이 주류를 이루어왔다. 그것은 폐쇄적, 위계적, 일방적 관계라는 특성을 띠고 있는데, 가부장을 중심으로 한 부모의 희생과 헌신, 내리사랑의 형태가 그것이다. 이에 비해 자식에 대해서는 무조건적인 효도가 가장 중요한 덕목으로 간주되었다. 이러한 규범들도 혈연관계 내에서 작동되는 가까운 사람들 사이의 내밀한 사적 규범이라는 측면에서 친밀성의 일종으로 해석할 수 있다.

1970-80년대에는 도시형 가부장 중심의 핵가족이 주를 이루는데, 그것은 폐쇄적, 위계적이지만 부부간에는 가족 중심의 쌍방향적인 정서적 친밀 관계가 강조된다. 핵가족 부부간에는 전통적인 친친 덕목과는 달리 가족을 위한 상호 헌신적이며 희생적인 사랑을 강조하

는, 정서적 친밀성이 작동된다. 이것은 개인의 개체성이나 자아실현보다도 가족공동체의 생존과 안녕을 위해 상호 희생하고 협력하는 공동체적 관계라고 볼 수 있다. 그러나 실질적으로는 주를 이룬 것은 경제적 주도권을 지닌 부권 중심의 위계적인 친밀한 관계이다. 한국 근대 도시형 핵가족의 폐쇄적, 권위적 가족주의 규범이 이를 대표한다.

1990년대 이후는 부부간의 수평적, 쌍방향적 소통이 강화되고 구성원들이 개인화됨으로써 폐쇄적이지만 가족 구성원들 사이에는 보다 유연하고 수평적인 친밀성이 강조된다.[8] 도시형 핵가족은 대부분 부부 중심의 2, 3, 4인 가족으로 구성되어 있는데, 이들 간에는 개인화에도 불구하고 사적이면서도 강한 공동체적인 유대 관계가 작동된다. 구성원들이 개인화되고 있으면서도 개인적인 삶보다 공동체적인 삶을 선호하고 있음이 나타나는 것이다.[9]

[8] 한 세대인 20년을 하나의 단위로 구분한 가족주의의 특징 변화에 대해서는 권용혁(2013a: 210-215)을 참고하기 바란다. 여기에서 시도되고 있는 친밀성의 변화 분석은 이를 기반으로 재구성한 것이다. 물론 전통적 친친 개념과 서구적 친밀성 개념을 동일선상에서 해석할 수는 없다. 그렇지만 원래 친밀성 개념이 사적이며 내밀한 관계에서 작동되는 정서적 관계를 지칭하는 개념임을 상기한다면, 친친과 친밀성을 별개의 개념으로 파악할 필요는 없다. 오히려 친친 개념에 내포되어 있는 공과 사의 동심원적인 구도를 염두에 둔다면, 사적인 친밀성 개념을 개인주의와 개인화가 성숙된 서구의 현대적 상황에서 공적인 민주주의와 연계해 재해석한 기든스의 시도도 이것과 유사한 구도를 보인다.
[9] 서구와는 다르게 진행된 한국적 상황에서의 개인주의와 개인화의 전개 양상에 대한 경험적 분석은 최근의 논의에서도 확인된다. 다만 저자에 따라서는 현 단계를 근대적 개인주의와 현대적 개인화가 동시적으로 일어나는 압축적인 과정으로 파악하거나(홍찬숙, 장경섭), 개인주의 없는 개인화(심영희)로 파악하는 등 약간의 논점의 차이를 보인다. 그렇지만 그 핵심은 한국의 가족에서는 서구에서처럼 개인주의에 기반을 둔 개인화의 형태가 주를 이루고 있지는 않다는 점이다(심영희, 2011: 28-30; 홍찬숙, 2012: 17; Chang & Song, 2010: 560 참고). 이에 대한

이러한 한국 가족의 친밀성은 개인화와 개인주의에 기초하고 있는 서구적 친밀성(기든스, 2003: 154-157 참고)[10]과는 다른 맥락에서 진행된다. 한국의 가족에서는 서구 가족에서처럼 개인과 개인주의를 기반으로 한 친밀한 사적인 관계 형성이 주를 이루지 않는다. 강한 공동체적 관계 중심의 정서적 친밀성이 작동하는 가운데 구성원들의 개인화를 반영한 수평적, 쌍방향적 친밀성이 확대되고 있다. 그 관계는 나를 중심으로 개별 인격체들 사이에서 맺어지는 친밀한 관계가 아니라, 가족공동체를 중심으로 복합적으로 구성된 것이다. 이것은 전통적인 친친적 규범이 작동되는 가족주의가 반영된 것이다. 가족 관계에서 사적인 비밀의 배타적 공유, 정서적 경험의 공유, 가족 생존을 위한 공동 대처 전략의 공유 등도 그러한 전통적인 가족주의가 반영된 사례로 볼 수 있다(권용혁, 2014a: 24, 51-54 참고).[11]

한국의 가족에서는 한편으로는 이처럼 친친적 규범에 기초한 폐쇄적인 공동체적 관계가 아직도 작동되고 있다. 그렇지만 다른 한편으로는 법적, 제도적, 사회적 환경 변화로 가족 구성원들 각자의 개

나의 상세한 분석은 권용혁(2014b: 114-126)을 참고하기 바란다.
10 물론 이와는 상이한 친밀성 해석도 존재한다. 그 하나가 '차가운 친밀성'이다. 현대사회에서 정서의 상품화와 치유 산업의 확대로 낭만적 관계들이 시장 내부에서 구성되고, 그 관계들이 대량생산, 대량소비되는 상품이 되면서 이를 지칭하는 '차가운 친밀성'이 대두된다는 것이다(정승화, 2010: 225-226 참고). 그러나 여기에서는 이러한 다른 해석은 논외로 하겠다. 여기에서는 친밀성 개념을 기든스의 재해석으로 국한해서 고찰한다.
11 한국 가족은 일본 가족에 비해 구성원들의 프라이버시의 영역을 최소화하고 사적인 비밀과 사생활을 보다 많이 공유하는 경향이 있는데, 이는 개인의 권리나 자유보다 공동체 의식과 소속감을 더 강조하기 때문이다. 따라서 한국 가족에서의 친밀성은 개인주의적 성향보다는 공동체주의적 성향을 띠는 것으로 파악할 수 있다.

인화가 진행되면서 구성원들 간의 친밀성의 내용이 변화 중이다.

문제는 작은 폐쇄적 단위에서 작동되고 있는 공동체적 친밀성의 내용이 가족공동체를 벗어나서도 작동될 수 있을지를 고찰하는 것이다. 이 친밀성을 개방적, 수평적, 쌍방향적인 형태로 변경할 수 있는지, 그리고 가족 이외의 타자에게까지 확대할 수 있는지를 고찰하는 것은 중요하다. 그것은 협소한 친밀성의 범위를 확장하는 것이기도 하지만, 한국 가족의 친밀성 변동과 민주주의의 관계를 연결 짓는 것이기도 하기 때문이다.

4. 결론을 대신해서

전통적인 인과 친친 그리고 애라는 개념은 원래 개별 혈족적인 관계에 한정되지 않고, 국가와 천하를 관통하는 원리로서 확장하는 동심원적 논리로 구성되어 있다.[12] 이런 점에서 사적 영역과 공적 영역을 엄격하게 구분하고 공적 영역에서만 민주주의를 작동시키려 했던 아리스토텔레스 이래로 적용되어온 서구적 공/사 구분은 동아시아에서는 그 이전부터 인정되지 않았다.[13] 오히려 동아시아에서

---

12 『대학大學』「팔조목八條目」의 수기치인의 순서인 격물格物, 치지致知, 성의誠意, 정심正心, 수신修身, 제가齊家, 치국治國, 평천하平天下에서도 알 수 있듯이 나에서부터 시작해 천하의 도리를 동심원적으로 연결하는 방식은 인 개념에도 적용된다. 공과 사가 분리되어 있는 것이 아니라 연결되어 있으며, 이에 따라 나와 가족공동체에서 작동되는 사적인 규범이 천하의 공으로서도 작동된다는 논리가 성립한다.
13 중국의 공과 사는 천리의 공으로 수렴되는데, 이것은 사로부터 공으로 동심원적으로 이어진다. 따라서 사와 공은 원래 공동체적인 특성을 함축하고 있다. 중

는 나와 가족을 소통시키는 규범을 국가와 천하에로까지 이어갈 수 있는 방안을 모색하는 것이 주요 쟁점이었다. 물론 동아시아에 있어서도 그 주요 규범의 내용은 시대의 변화에 따라 달라져왔다(미조구찌 유조, 2004: 15-52 참고). 한국도 마찬가지다. 근대 이후 개인과 가족 그리고 국가는 주요 작동 원리들을 사회적 상황의 변화에 따라 변경해왔다(최재석, 1994: 272, 357; 최홍기, 2006: 234; 양현아, 2011: 496, 521-534 참고).

특히 물질적 생존의 조건을 강화해야만 했던 시대를 벗어나 삶에 대해 보다 성찰적인 태도를 취하는 시대로 접어든 한국 사회에서는 가족의 소통 구조도 변화하고 있다. 한국 사회의 실질적 민주화에 힘입어 한국 가족도 변화하고 있다. 위계적이며 권위적인 가부장권이 약화되고 구성원들이 개인화되면서 보다 수평적인 소통 구조와 규범들이 강조되고 있다. 이런 맥락에서 '친밀성 혹은 낭만의 혁명'이 진행된다. 그럼에도 개인보다 가족공동체를 우선시하는 삶의 태도도 유지되고 있는 독특한 형태가 지속되고 있다.[14]

이런 점에서 한국의 가족은 서구적 형태의 개인주의에 바탕을 둔 민주주의의 길로 나아갈 것 같지가 않다. 오히려 개인화와 가족주의가 혼합되면서 기존의 위계성이 매우 약화되고 구성원들의 감성적 친밀성이 강조되는 따뜻한 네트워크형 공동체의 모습을 띠게 될 확

국의 근대사상도 공동체적인 대동사상(예를 들면 만물 일체의 인)으로부터 나왔으며, 중국 사상의 핵심 개념인 천, 리, 자연, 공 등의 개념도 이러한 공동체적인 것의 표상이다(미조구찌 유조, 1999: 65 참고).

14 이러한 경향은 특히 배우자 선택에 있어서 한편으로는 사랑과 친밀성이 강조되지만, 다른 한편으로는 가족 및 친족 네트워크와 남녀 성별 역할을 고려하는 것 등이 복합적으로 작동되고 있다(함인희, 2001a: 23, 25 참고).

률이 높아 보인다(심영희, 2011: 28-32 참고).[15]

　이렇듯 개인화와 공동체성이 연계된 21세기형 공동체 가족이 정착될 경우 한국의 가족은 그 내용에 있어서는 공동체 내부의 정서적 친밀성을 바탕으로 구성원 각자의 개성과 자아실현 및 자유 등이 강화되는 따뜻한 공동체의 모습을 띨 것이다.

　이러한 가족적 삶에 바탕을 둔 덕목들이 사회적으로 확산될 경우, 한국 민주주의의 모습도 개인주의에 바탕을 둔 민주주의의 형태가 주를 이룰 것 같지는 않다. 오히려 개인과 가족이 공동체적인 상호 보완적 균형 관계를 맺는다면 정서적 친밀성이 작동되는 수평적 네트워크형 민주주의의 형태가 한국 가족에서 일반적으로 작동될 수 있을 것으로 예상된다.[16] 또한 이러한 형태가 정착된다면 그것은 선

15　이 장의 핵심 논점을 담고 있는 이 부분에서는 한국의 21세기형 공동체 가족 모델의 가능성과 장점이 논증되고 있다. 한국 가족은 개인화와 동시에 가족 지향성을 함께 지니고 있다는 것이다. 한국 근대 핵가족의 가족주의가 가족의 공동 이해를 최우선으로 간주하는 것이었다면, 21세기형 공동체 가족은 개인이 모여 평등한 가족을 이루되, 구성원들의 개인주의적 성향보다 공동체적 성향이 더욱 강조된다.
서구의 개인주의화된 가족은 공동체성이 매우 약하고 개인의 독립성이 강한 형태로 개인을 바탕으로 한 친밀한 관계가 강조된다(기든스, 2003: 155-156 참고). 이에 반해 한국의 가족은 개인화가 진행되어 물질적, 정서적으로는 평등한 관계를 지향하지만, 개인주의보다 가족 지향이 강한 형태를 띠고 있다(심영희, 2011: 30, 〈표 8〉 참고). 이러한 공동체성이 강한 한국 가족은 한편으로는 서구의 가족처럼 평등한 물질적 과제해결 기능을 가지면서도 다른 한편으로는 서구와는 달리 정서적 과제해결 기능도 강하게 갖는 장점을 지닌다(심영희, 2011: 31, 〈표 9〉 참고).

16　물론 이를 위해서는 제도적, 문화적 환경 변환이 현실적으로 이루어져야 할 것이며, 이를 위한 다양한 정책과 구체적 대안이 제정되고 실행되어야 할 것이다(심영희, 2011: 33-38 참고). 철학적 정당화의 차원에서 논의하자면 전통적인 개념의 재구성이 필요할 것이다. 예를 들자면 개인과 공동체를 상호 보완적으로 연계하는 관계 중심적인 특성은 "친친, 인민, 애물"을 아우르는 전통적인 '인' 개

순환적으로 사회적 관계에도 확대, 적용될 수 있을 것이다. 한국 가족에 있어서의 친밀성의 구조 변동은 이런 점에서 그 나름의 방식으로 사회적 차원으로 확장될 수 있다.

어쨌든 한국 사회가 실질적으로 민주화되는 것과 더불어 사적인 영역이라고 할 수도 있는 가족 구성원들의 관계도 민주적 관계로, 수평적·인격적·개방적 관계로 변화하고 있다. 이런 점에서 한국의 가족은 정서적인 친밀성을 바탕으로 개방적이며 수평적인 네트워크 관계를 중시하는 공동체로 변화 중이다.

문제는 이러한 가족이라는 작은 단위에서 작동되는 개인적인 친밀한 관계(전인격적인 친밀한 관계)와 사회적, 공동체적 연대 관계를 연계할 수 있는 방안을 구체화할 수 있는지의 여부에 달려 있다. 이 연계의 성공 여부는 친밀한 공동체적 소속감(귀속성)에 기반을 둔 열린 네트워크형 공동체적 연대의 공간이 가능함을 논증하고 그것의 현실화가 가능하다는 점을 밝히는 데 있다.

나는 여기에서는 시론적으로 개인적 귀속성과 연대성을 기반으로 친밀성과 민주주의를 연결 짓는 방식을 제안하고자 한다. 한국 근대 가족에서 작동되어온 친밀성은 좁은 범위의 소단위에서 내적으로

념을 현재적으로 재해석함으로써 재구성할 수도 있다. 옛날부터 다양하게 정의되어온 '인' 개념은 기본적으로는 개체 중심적이지 않고 오히려 관계 중심적이다. 그 관계는 만물 일체적인 공동체적 지평을 포함하고 있기도 하며, 보편적 특성과 평등의 지평도 지니고 있다. 이러한 논점을 현재적 관점에서 재구성할 경우 한국 가족의 친밀성의 구조 변동을 설명할 수 있는 설득력 있는 개념으로 인 개념을 재구조화할 수 있을 것이다(신정근, 2011: 81-90 참고). 신정근의 책에는 공자 이전부터 20세기까지 재해석되어온 인에 대한 다양한 해석이 정리, 요약되어 있다. 이 다양한 해석 중 일부를 현재적 시점에서 재구성하는 것도 온고이지신의 한 형태가 될 것이다.

강한 유대 관계를 유지하는 원동력이었다. 그러나 그것은 폐쇄적이어서 확장성이 없었다. 이에 반해 사회적 연대성은 친밀성이 작동되지 않는 개인주의화된 개인인 타자들과의 수평적 관계에서 형성되는 것으로서 친밀성에 비해 매우 넓은 범위에서 개방적이며 수평적인 네트워크 형태로 작동되지만 공동체적 유대 관계는 친밀성에 비해 매우 약하다.

이 둘을 연계하기 위해서는 실질적으로 친밀한 공동체적 소통과 연대가 작동하면서도 그것이 자유롭고 수평적인 네트워크형 형태로 확장되는 열린 공동체주의적 모습을 상정해야 한다. 이를 도식화하자면 다음과 같다.

가족 친밀성	자유주의적 연대성	열린 공동체주의적 연대성
관계적, 실체적 귀속성 강함	관계적, 실체적 귀속성 약함	관계적, 실체적 귀속성 강함
관계적 네트워크형 확장성 약함	관계적 네트워크형 확장성 강함	관계적 네트워크형 확장성 강함

이 도식을 개인에 적용하면 개인들은 친밀성과 연대성을 상황과 사안에 따라서 복합적으로 추구할 것이다. 상황과 사안에 따라서 친밀성에서 연대성으로, 혹은 연대성에서 친밀성으로 중요 방점을 이동하면서 행위할 것이다. 또한 경우에 따라서는 친밀성과 연대성을 함께 고려하면서 행위하기도 할 것이다.

만약 친밀성과 연대성이 동심원적인 선순환 관계를 맺을 수 있다면 그것은 열린 공동체주의적 연대성으로 수렴될 가능성이 있다. 이 경우는 가족과 사회를 이분법적으로 엄격하게 구분하는 방식이 아니라 이 둘을 연결 짓는 방식으로서 '가족의 사회화' 혹은 '사회의 가족화'라는 형태로 개념화할 수 있다. 그 가능성을 열어놓은 채로 옛 개념을 현재적 상황에 맞게 재구성하는 작업이 요구된다. 아마도 그것은 '대동인'이거나 '인간됨을 지향하는 공동체의 민주주의'라는 모습을 띠지 않을까? 민주주의의 모습을 이렇게 상상하는 것은 한갓 춘몽일 뿐일까?

IV부 근대 그리고 21세기

8장 한국의 근대화와 근대성

1. 서구 근대성의 상대화 — '전통 속의 근대' 복원 기획

1.1.

서구의 근대는 도시민들이 주도했다. 그들은 토지와 자연환경에 기반을 둔 자급자족적인 삶의 양식에서 벗어나 도시의 시장을 중심으로 생산과 소비를 하는 데 익숙해 있었다. 그들은 시장에서의 상거래 행위에 익숙한 이익집단들로서 이해타산에 매우 밝았으며 자신의 이익을 극대화하기 위해서는 타인뿐만 아니라 자신까지도 도구화할 수 있는 능력을 지닌 개인들이었다. 모든 것을 냉정하게 계산할 수 있는 개인, 스스로 주체적으로 판단하고 행위하는 개인이 근대인으로 상정된다. 이 개인은 더 이상 분해되지 않는 존재로서 모든 사고와 행위의 기초 단위로 간주된다. 사회는 개인들이 모여 만든 인위적인 단위였다.

이와 함께 신 앞에서는 모든 인간이 신의 피조물로서 평등하다는 이념을 믿은 그들은 자신들의 자유와 생명과 소유물을 신으로부터 보장받는다는 주장을 덧붙인다(로크, 1996: 13 참고). 어떠한 현세의 권력도 이러한 권한을 침해할 수 없다는 논점을 서구의 개인들은 근대의 이념으로 삼는다.

이처럼 스스로를 자유롭고 평등한 이성적인 개인으로 정당화한 근대의 시민들은 상호 협의와 계약을 통해 새로운 근대적 제도와 법을 구성한다. 주종 관계에 기초한 봉건적 제도뿐만 아니라, 위계적이며 권위적이었던 가족주의 및 지역공동체의 질서도 자유롭고 평등한 시민들이 함께 만든 근대적인 질서로 대체된다. 이 근대의 시민들은 기존의 공동체에 복속되거나 그 질서에 복종하는 존재가 아니다. 오히려 그들은 공동체보다는 개인을 우선시한다. 개인의 자유와 권리를 보장하지 않는 공동체는 그 존재 이유를 잃는다. 따라서 개인보다 공동체를 앞세우는 전근대의 가족주의, 공동체주의 등은 역사적 과정 속에서 사라질 수밖에 없는 낡은 주장으로 평가된다(Reese-Schaefer, 1995: 162 참고).

1.2.

문제는 한국에는 이러한 일반적인 서구 근대의 논점이 곧바로 적용될 수 없다는 데 있다. 한국의 역사에서는 이러한 근대적 시민이자 개인이 형성되지 않았다. 17세기 이래 정착된 소농 사회에서는 (장남을 중심으로 아버지와 형제 그리고 자식 세대가 함께하는) 삼대가 생산과 소비를 함께하는 생활공동체가 기본 모형이었다. 삼세동당이 현실적인 이념형이었다. 그러나 대부분은 개별 가족이 경영의 기초 단위였다.

 소규모 경지면적을 단위로 하는 경작은 가족노동 기반의 노동 집약적인 형태를 띠고 있어서 토지 생산성은 높고 노동생산성은 낮은 농업 경영 방식이다(나카무라 사토루, 2005: 34 참고). 핵가족 단위의 집약 노동과 수확물의 사적 소유가 기본이었다. 한국형 소유와 경영의 근대적 형태의 기원은 이와 같은 소농 단위의 생활공동체였다.

 소농 단위의 가족 경영이 삶의 기초 단위가 되면서 가족 단위로 자립성이 확보된다. 전 백성의 양반화는 소농 경영과 가족 단위의 자립성의 확보 위에서 가능했다. 특권 의식에 젖어 있던 양반 중심의 사회질서와 가치관을 소농 단위의 백성들이 모방·수용하면서 역설적으로 모든 백성이 양반을 추구하는 '양반화 열풍'이 조선 후기에 일상화된다. 구계급의 질서를 무너뜨렸던 서구 근대의 개인 및 사회와는 달리 이 땅에서는 백성들이 양반의 예법을 일상화함으로써 20세기에는 오히려 거의 모든 가족이 명실상부하게 양반화된다(권내현, 2014: 191-192).

 근대화의 진행과 가족주의의 강화도 서구와는 다른 방식으로 전개된다. 산업화, 도시화가 본격화되었던 20세기 중후반에도 대부분의 한국인은 가족 단위의 생존과 번영의 전략을 구사한다. 이 와중에 거의 모든 가족이 양반 문화의 핵심인 제사 문화를 일상화한다. 족보의 보존 및 확산, 종친회 등 문중 문화의 복원, 부계 조상 숭배 문화와 부계 혈연 중심의 가족주의 강화 등도 함께 진행된다. 거의 모든 국민이 가족 단위로 양반의 의례를 생활 속에서 일상화한 것이다.

1.3.

가족 단위의 생존과 번영의 전략은 조선 후기와 일제강점기뿐만 아니라 해방 이후에도 지속되었다(최우영, 2006: 21-26; 최우영, 마스다 카즈미, 2013: 201-203 참고). 농촌에서 도시로의 이동과 산업화의 과정에서 가족 단위의 결속과 문제 해결에 익숙해진 것도 이러한 노동 집약적, 소농적 삶의 방식과 질서 및 가치관이 있었기에 가능했다.[1] 조선 후기에 확산된 계층 상승을 통한 평등화(온 백성의 양반화)도 자유와 평등을 기치로 한 민주주의와 친연성을 갖는다.

1.4.

이렇듯 '전통 속의 근대'를 복원하는 작업은 근대에 대한 논의를 풍성하게 한다. 이것은 크게 보자면 기존의 서구 근대와 비서구 전근대라는 이분법과 서구 근대 중심의 비서구 해석 방식에서 벗어나 비서구에서의 근대의 전개 과정을 보다 객관적으로 파악할 수 있게 한다. 여기에서 나는 '전통 속의 근대'의 역사적 맥락을 추적함으로써 한국 근대의 역사적 실체를 보다 객관적으로 이해하고 이에 상

---

[1] 동아시아 소농 경영의 주체들은 소규모 농지를 노동 집약적으로 운영하면서 가족 단위로 결속하여 노동력을 강도 높게 투입하는 데 익숙해 있었다. 이 소농 경영을 통해서 축적된 사회적 관계와 소통 방식은 동아시아적 맥락에서 고찰될 필요가 있다. 이를 바탕으로 한중일 사회조직 비교와 근대화의 양상 설명이 가능할 것이기 때문이다. 동아시아 한중일 가족 및 친족 결합의 특성 비교에 대해서는 미야지마 히로시(2013: 214-231)와 최우영, 마스다 카즈미(2013: 199)를 참고 바란다.

응하는 특징을 포착해내고 있다. 이러한 논의를 뒷받침하는 몇 가지 사례를 다음 절에서 고찰해보자.

2. 한국 근대화[2]와 근대성의 역사적 맥락 복원 시도

2.1.

'계契'의 운용 방식에서도 한국인들의 독특한 소통 방식과 사회적 결합 방식이 나타난다. 한국 사회에 깊게 뿌리내린 계는 역사적으로 사회적 상황에 따라 변화해왔다. 고려 말-조선 초까지는 족계族契, 동계洞契 등의 사교계의 형태가 대부분이었다. 16세기 말부터는 조상을 받드는 기능을 지닌 종계宗契가 강화된다. 17세기 중엽 이후에

---

[2] 이런 점에서 '근대화'는 러스토우식 개념 규정과는 달리 해석되어야 한다. 러스토우의 경제성장 5단계 이론은 "전통 사회 → 도약을 위한 준비 단계 → 도약 단계 → 성숙 단계 → 고도 대중 소비 단계"로 구성되어 있다. 여기서 2-3단계는 영국식 산업화 단계를 지칭하고, 4-5단계는 미국식 소비 자본주의 단계를 의미한다. 이중에서 성숙 단계 이상은 유럽 사회에 해당하는 것이었고, 대부분의 신생 독립국가에는 영국식 산업적 근대성 ― 산업화 단계 ― 을 적용했다. 이러한 '근대화'와 근대성 유형은 서구의 특정한 시기에 진행된 서구의 유형을 단계화해 세계적으로 일반화하려는 시도였다(강정인 외, 2004: 98-99 참고).

나는 여기서 '근대화'를 '지금, 이곳'과 연관된 특징들이 시작된 시점과 연관해서, 즉 역사적 전통 속에서 포착된 근대적인 것들을 밝혀내는 시점과 연관해서 사용하고자 한다. 따라서 나는 현재와 연관된 근대적인 것들이 작동되었던 시점에서 '근대화'가 진행된 것으로 파악하고자 한다. 이런 맥락에서 한국에서의 근대화의 시점은 최소한 17세기 소농 경영이 일상화된 시기까지 거슬러 올라갈 수 있다. 그 시점은 중앙집권 체제와 관료제가 작동된 시점으로도 거슬러 올라갈 수 있다.

는 계의 종류도 학계學契, 상계商契, 송계松契 등으로 다양해진다. 계의 구성원들도 계층을 넘어 기층민으로까지 확장된다(김필동, 1999: 371-378). 조선 후기에 이르면 계의 기능 중 기금 조성과 영리 활동이 강화된다. 19세기 후반에는 구성원들 사이의 신분적 지배도 거의 사라진다.

20세기 초 각종 회사, 학회, 사회·종교·언론 단체들을 결성하거나 참여하는 것이 무리 없이 이루어진 것도 이러한 계의 전통과 관습이, 특히 결사체 조직 원리들이 영향을 끼친 것으로 이해된다(김필동, 1992: 347).

한국의 계는 기본적으로 결사체 성격의 계가 주류였지만, 이와 함께 족계나 동계처럼 신분이나 지역에 기반을 두고 형성된 공동체적 성격의 계도 있었다. 이후 일부 계는 일본 또는 서구로부터 소개된 근대적인 조직 형태들과 섞여 변형되는데,[3] 이러한 혼성화가 지속된 것은 계의 원리 자체에 근대적인 요소들이 존재했기 때문이다.

계의 근대적인 요소들은 계의 조직 원리였던 개체성의 원리(성원 자격이 미리 정해져 있는 것이 아니라 개인의 자발성에 의해서 계가 조직된다), 평등성의 원리(계의 구성원은 기본적으로 평등한 자격을 가진다), 합리성의 원리(계의 목적이 많은 경우 특정되고 있으며 또 규약을 제정해 운영된다) 등이다. 이러한 원리들은 근대적 결사체의 원리들과 동일한 것들이다(김필동, 1992: 261-266).[4]

[3] 서구 근대적 개념의 수용사를 보더라도 이식된 개념들에 대한 수용자인 한국인들의 선택적 대응과 수용은 일상적인 과정이었다(김필동, 2014: 187-190 참고).
[4] 그 외에도 다른 조직으로부터의, 그리고 계원 간의 자율성이 존재한다. 계원 개개인의 개체성, 평등성으로부터 민주성이 도출된다. 이러한 특징을 이어받은

2.2.

전국적으로 재지 양반들이 군郡을 단위로 등록한 명부인 '향안鄕案'도 이중적인 연결망의 기능을 수행했다. 그들은 한편으로는 유향소의 향회鄕會를 중심으로 공론을 수렴하고 이 공론을 향사鄕事에 적극 반영하게 함으로써 자신들의 의사를 지방 사회의 통치에 반영하고자 했다(오영교, 2001: 63-65 참고). 다른 한편으로는 등록 명부 중에서 좌수座首와 별감別監이라는 대표자들을 선출하고, 그들이 군의 수령을 보좌하면서 재지 양반들은 지방 통치의 일익을 담당했다. 이처럼 향안 조직의 운영은 국가의 개입 없이 자치적으로 행해지기는 했지만, 동시에 그것은 국가가 공인했던 공적 조직이었다. 이런 점에서 그 조직은 자치적이면서도 공적인 조직이었다(미야지마 히로시, 2013: 240-243 참고).

그것이 가능했던 이유는 조선의 향촌을 지배했던 사림은 성리학적 공공 원리에 의거해 합리적·제도적 기획을 추구한 이념적인 세력이었기 때문이다. 조선 시대의 향촌은 기본적으로 공공적 자치의 성격을 지니고 있었고, 그것을 강력하게 지향하는 세력이 사림이었다. 이 사림들은 성리학적 공의를 실현한다는 차원에서 백성을 지배하는 것을 사士 일반의 보편적 사명으로 보았다. 즉 그들은 중앙의 국가로부터 유기적으로 분화된 공공적 자치 질서를 확립하는 것을 과제로 삼았다(최우영, 2012: 183-184).

다양한 계가 현재까지도 존속하고 있는 것으로 보인다.

2.3.

해방 이후 도입된 근대적 법과 제도들을 변형·수용한 한국인들의 적응 능력과 활용 능력은 이미 그 이전 시기에 다양한 사회적 결합 양식을 운용해온 데서 축적된 것이다. 이러한 것들에는 근대적 결사체들이 전제하고 있는 것과 공유될 수 있는 요소들이 존재했다. 또한 해방 이후 근대화, 도시화, 산업화 과정에서 함께 작동된 혈연, 지연, 학연 등의 끈질긴 결속력도 그 이전 시기에 자리 잡은 가족주의나 유향소 그리고 유가 학파들 등과 밀접하게 연관되어 있다.

앞서 고찰한 바와 같이 20세기 이전의 한국 사회에 존재했던 다양한 계와 향안 그리고 가족주의의 인적, 사회적 결합의 형태는 현재 한국의 결사체들에서 작동되고 있는 사회적 결합의 특성들과 매우 유사한 것들이다. 특히 계의 조직 원리인 개체성, 평등성, 합리성, 자율성 등의 특성들과 향촌의 자치와 공공성의 시행 그리고 가족주의에서 축적된 친밀성에 기반을 둔 연대성(권용혁, 2016: 97-98 참고) 등은 앞으로도 적극적으로 재해석되고 계승될 수 있는 것들이다.

지금까지 우리 학계에서 중점적으로 논의된 서구적 결사체 및 사회적 결합의 형태에서 개인의 자유, 평등, 합리성 등의 근대적 민주주의의 원리를 도출해내는 설명 방식이 갖는 한계는 그것이 도출된 역사적 맥락이 ('모던modern'의 원래 의미인) '지금, 이곳'과 연결된 역사적 맥락과 전혀 다른 경로를 지닌다는 데 있다. 따라서 그러한 설명 방식으로는 '지금, 이곳'에서 진행되고 있는 근대를 객관적으로 적절하게 설명할 수 없다.[5]

한국의 경우는 오히려 소농 주체들을 중심으로 개인과 가족 그리고 국가가 동심원적으로 연결되었던 인적, 사회적 네트워크에서,[6] 계 등의 결사체 조직 구성과 운영 규칙에서 추구했던 원리 등에서 그리고 중앙정부 및 관료주의와 재지 사족들의 상호 소통 및 대응 관계 등에서 해방 이후의 급격한 근대화에서 작동되었던 동력을 추출할 수 있다.[7]

5   예를 들자면 프랑스, 영국 등에서 등장했던 사적 부르주아들의 핵가족 친밀성에 근거한 사적 개인과 이들이 (커피 하우스나 살롱 혹은 만찬회나 신문을 통해) 형성한 공론장이나 사회적 결사체의 운영 조직 및 규칙 등은 그 나름 서구의 근대적 특성으로 해석될 수 있지만, 동아시아적 맥락에서는 매우 이질적인 형태여서 동아시아의 현실과 연관된 해석도, 해석의 타당성도 확보할 수 없다. 이곳의 역사적 경로에는 그러한 사태가 존재하지 않았을 뿐만 아니라, 그러한 사태의 변화 과정도 전혀 다르기 때문이다(사이토 준이치, 2014: 103-112 참고). 이러한 맥락과 관련해서는 유교적 공론 정치와 하버마스의 공론장 개념의 차이점을 비교한 논의로 윤형식(2013: 122-154)을 참고하기 바란다.
6   이와 연관된 최근의 문화사회학적 연구는 이철승의 논점을 참고하기 바란다. 그는 조선 중후기의 소농 사회에서 작동되었던 협업 네트워크의 특징과 20세기 후반 한국의 산업화를 연계할 수 있는 몇 가지 논점을 제안하고 있다(이철승, 2021: 28-42 참고).
7   특히 앞에서 언급한 계의 조직 원리들은 현재까지도 각종 결사체의 조직 원리로서 현실성과 타당성을 확보할 수 있다는 점에서 계의 의미를 재조명할 필요가 있다. 오히려 고려 시대나 조선 전기, 중기, 후기를 통해서 변화해온 계의 형태가 그 이후 일제에 의해 금융 산업이나 축산 조합 등이 이식된 후 현실에 대응해서 변화한 모습, 그리고 해방 이후 서구의 자본주의와 민주주의를 수용한 후 변형된 모습 등을 고려한 논의가 필요하다(김필동, 1992: 13-27, 311-317, 345-351; 김경일, 1984: 203-205; 김삼수, 1974: 4장, 5장 참고). 김필동은 20세기 초 일부의 계가 (보인사 규범과 진양계가) 변화된 형태에 주목하고 있다. 한말 각종 사회단체들이 활발하게 조직될 수 있었던 배경에는 이러한 계의 원리가 있었다는 것이다. 이 장에서는 이 논의의 현재화와 그 의의를 다루지는 못했다. 해방 이후 계의 변천사, 그중 특히 계의 결사체적 특성의 위상 등에 대한 기초 해석 자료들에 대한 검토와 그에 상응하는 현재적 해석 등은 또 하나의 연구 과제가 될 것이다.

2.4.

이처럼 한국의 근대화의 진행 과정 및 이에 기반을 둔 한국 근대의 특징은 서구의 이념 및 제도의 수용만으로 형성된 것이 아니다. 그 수용에 앞서 수용의 밑바탕이 된 역사적 경험과 그 경험의 축적물들이 있었으며 그것들이 새로운 것들과 뒤섞여 변형되면서 독특한 형태를 띠어온 것이다.

한국 가족이나 계의 변천사가 보여주듯이 그 과정에는 다양하게 변화해온 전통적 모습들, 그리고 일제나 서구에서 이식된 외부적 환경과 섞이면서 변화해온 모습들이 중층, 중첩, 혼성화되어 있다. 그 복합적인 모습을 적확하게 그려내는 것이 정상적인 학문적 성찰의 기초가 될 것이다. 한국의 가족 및 가족주의와 마찬가지로(권용혁, 2013a: 205-215 참고) 계도 이런 맥락에서 중점적으로 다루어질 필요가 있다.

당연하지만 이처럼 이질적인 요소들이 뒤섞여 진행된 한국식 근대화는 서구에서 정형화된 근대적 이념형에 따라 해석될 수 없다. 한국의 근대화와 근대성은 전통적인 특성과 식민지 및 서구 근대성이 중층, 중첩, 혼성화되면서 또 하나의 독특한 근대를 형성해온 것으로 파악하는 것이 온당하다.

이런 점에서 나는 전통의 변형과 외부로부터 이식된 새로운 형태, 이 둘의 섞임을 통해서 새롭게 형성된 형태들, 그리고 그것들의 현실적 변화 모습 등을 입체적으로 구성할 때 객관적 사태의 모습을 포착할 수 있을 것으로 본다. 이러한 복합적 현실 사태 속에서 한국의 근대화와 근대성을 구축하는 것이 요구되고 있다.

3. 근대와 근대성: 정상적인 시각 조정

나는 기존의 서구식 근대성 이론 틀에 의거해서 논의되고 있는 한국의 근대성에 대한 사회철학적인 개념화를 시도하기에 앞서, 기존의 근대화와 근대성에 관한 이론들이 갖는 장단점을 검토하고 보다 현실 적합성이 담보되는 이론을 구상하고자 한다. 그 기저에는 한국사가 진행되어온 복합적 사태가 놓여 있다. 이 복합적 사태를 온전히 하나의 실체로 파악하는 철학적 사유가 진행되어야 한다.

이 절에서 나는 이러한 맥락에서 한국의 근대화와 근대성을 구축하기 위한 시론으로서 현실 적합성이 담보되는 합리적인 시각을 제안하고, 이것을 2절에서 다룬 구체적인 사례와 연계해 논의해보겠다.

3.1.

서구 중심의 근대성 논의는 비서구의 근대성 논의를 위한 존재론적, 인식론적, 윤리적 기준으로 작동되면서 전 세계적으로 위세를 떨쳐왔다. 특히 1840년 아편전쟁 이후 중국을 축으로 한 동아시아 문화권도 무력을 앞세운 서세 동점의 파괴력 앞에 기존의 질서 체계를 상실하고 그 기획과 실행의 주도권을 서구에 넘길 수밖에 없었다.

그렇지만 이러한 서구적 근대성의 비서구 사회로의 확산과 비서구의 전략적 수용의 과정을 서구 논변의 세계적 차원에서의 객관화나 보편화로 이해할 필요는 없다. 서구적 근대성의 본원성 주장과 비서구에서의 이 주장의 모방과 수용과 따라잡기 전략을 유일한 단선적인 흐름으로 절대화할 필요가 없다는 것이다. 근대는 다양한 형태로 진행되었으며, 서구의 특정한 시기에 특정한 지역에서 발생한 근대성을 모든 시기와 다른 지역의 원형으로 간주할 이유가 없기 때문이다.

3.2.

세계적으로 (생산력과 상업의 발전, 중앙집권적 관료제 국가의 출현 등) 근대의 특징들이 처음 드러난 시기인 초기 근대는 다양한 지역에서 발생했다. 또한 최소한 문화권마다 (평등 의식이나 자아 관념, 사회체제에 관한 개념 등이 출현한) 다양한 원형 근대가 진행되어왔다. 따라서 18세기 말 영국의 산업혁명과 프랑스의 정치혁명 등에서 발생한 근대성 논의를 절대적인 기준으로 삼아 그것을 시간적, 공간적으로 확대해석하는 것은 그 타당성을 확보하기 어렵다.[8]

그 시기만 하더라도 "실제의 발전은 경제, 정치, 교육, 가족과 같은 다양한 근대적이고 자율적인 영역이 다양한 사회에서 다양한 발전의 시기에 다양한 방식으로 규정되고, 규제되고, 생겨났다"(아이젠스타트, 2009: 7)는 점을 고려한다면, 하나의 특정한 근대성에 본원적인 우위를 부여하는 것은 최소한 환원주의적 오류를 범한다.

오히려 특정한 지식의 원형화·진리화에 반대해 모든 지식의 지정

---

8 여기에서 사용한 초기 근대, 원형 근대, 본격 근대 등의 개념에 대한 논의는 김상준(2014: 17, 〈그림 1〉)에 따른 것이다. 이에 대한 개괄적인 요약은 4절(4.3)에서 하겠다.

학적 (지리-역사적) 위상을 전제로 하는 관점이 현실적 설득력을 갖는다.

"내가 (위치인 동시에 출발점인) '인식적 위치'라는 말을 사용한 것은 지식이란 탈근대적 비-장소postmodern non-place로부터 생산되는 어떤 것이 아님을 말하기 위한 것이다. 그와는 반대로 지식은 언제나 인식의 식민적 차이를 가로질러 지리-역사적으로 그리고 지정학적으로 위치한다. 이런 맥락에서 지식의 지정학은 … 지식이 유효하고 정당한 것이 되려면 서구의 표준을 따라야 한다는 유럽 중심주의적 전제를 떨쳐내기 위해 필요한 관점이다."(미뇰로, 2010: 94)

중심주의가 일단 주변으로 확장되면 그것을 극복하기가 어렵다. 그 이유는 중심의 논리가 선행 기준으로 고착되기 때문이다. 이 경우 중심은 주변을 창조하고, 자신의 세계관을 주변에 주입시키고, 또 자신의 도덕적 우월성을 주변에 부과하기 때문이다(강정인 외, 2004: 55-58 참고).[9] 따라서 이 중심/주변의 구도를 벗어나기 위해서는, 혹은 각 지역과 문화마다 주어진 사태를 기반으로 지식을 탐구하기 위해서는 지식의 지정학에서 출발하는 것이 당연하고 정당하다.

라틴아메리카의 역사적 경로 속에서 근대성의 문제를 볼 경우 본

---

[9] 이러한 난점이 바로 비서구적 근대가 당면하고 있는 문제 상황이다. 지식의 경로 의존성을 강조하는 미뇰로도 이러한 난점을 극복하려는 하나의 시도를 한 것으로 볼 수 있다. "아시아나 아메리카에 사는 사람이 (서구) 주류 사상의 계보에 끼어들기는 매우 어려운데, 사상이란 언어는 물론이고 그 언어를 사용하는 사람들의 기억과 지식의 무게까지 포괄하는 것이기 때문이다. 물론 물리적 공간도 중요한데, 만일 당신이 볼리비아나 중국에 산다면 당신은 그 지역의 언어, 기억, 관심사, 텔레비전 방송, 일상생활에 젖어들기 때문이다."(미뇰로, 2010: 95)

격 근대 시기에 동반된 식민-피식민 구도를 동시에 검토의 대상으로 삼는 것은 지식의 지정학에 따른 것이다. 본격 근대 시기의 근대성과 식민성은 동전의 양면이었기 때문이다(미뇰로, 2010: 102 참고).

이처럼 이질적인 것들이 구조화되어 있는 사태를 대상으로 할 경우, 역사는 역사적-구조적 이질성이 전개되는 일련의 매듭으로 인식된다. 이 경우 유럽 중심의 거대 서사 대신에 지역의 역사와 언어의 관점에서 사건들을 이해할 수 있다. 또한 다양한 경합적 관점과 역사적 과정을 포용하는 공간이 열리게 되고, 역사를 (진보, 행복, 부 같은) 근대성의 수사학과 (불황, 죽음, 빈곤 같은) 근대성을 구성하는 식민성의 논리가 섞여 있는 역사적-구조적 이질성의 총체로 볼 수 있게 된다(미뇰로, 2010: 103 참고).

지식의 지정학을 원용해 한국 사회의 진행 과정을 논의한다면 근대 초기의 한국 사회는 소농 중심 사회이자 동아시아 내에서도 독특하게 전개되어온 중앙집권적 관료제 사회였다. 특히 조선 사회는 건국 이후 언로言路가 확보된 문치 중심의 정치 구조가 정착되면서 자율적인 유교 문인 관료층이 왕과 협치하는 관료제 사회였다. 이런 점만으로도 17세기 이후 한국 사회는 근대화된 사회였음을 확인할 수 있다. 나는 이러한 역사적 맥락에서 포착된 특징을 바탕으로 근대성을 (서구적 도식에 의거하지 않으면서) 독자적으로 구축할 수 있다고 본다(아이젠스타트, 2009: 9 참고).

3.3.

제2차 세계대전 이후 전개된 비서구 세계의 현실도 마찬가지다.

유럽에서 발달한 근대의 문화적 내용과 일단의 기본 제도들이 비서구의 근대화에 있어서도 지배적일 것이라는 가정은 지지를 받지 못했다.

"근대화되는 사회에서 실제로 전개되는 상황은 근대성이 서구적 내용으로 될 것이라는 균질적이며 패권적인 가정을 부정했다. 이들 대부분의 사회에서 가족생활, 경제 및 정치 구조, 도시화, 근대 교육, 매스컴, 그리고 개인주의적 성향 등 광범위한 제도적 차원에서 구조적 분화라는 일반적 경향이 발달하였지만, 상이한 발달 시점에서 이런 분야가 정의되고 조직화되는 방법은 매우 다양했다. 이런 다양성으로 인해 제도적·이념적 유형이 다양화되었다. … 이 유형은 결정화되는 방법이 사실상 각 사회의 특정한 문화적 전제, 전통, 그리고 역사적 경험에 의해 큰 영향을 받았지만, 독특하게 근대적이다."(아이젠스타트, 2009: 92)

다중적 근대성이라는 개념은 역사란 문화적 내용의 다중성을 연속적으로 구성하고 재구성하는 이야기라고 본다. "다중적 제도 유형과 이념 유형의 지속적 재구성은 사회적, 정치적, 그리고 지적 활동가와 밀접히 연관된 특정한 사회 행위자에 의해, 그리고 또한 상이한 내용의 근대성을 추구하는 사회운동에 의해 진행되며, 운동은 사회가 어떻게 하여 근대적으로 되는지에 대해 매우 상이한 견해를 갖는다. 독특한 유형의 근대성은 행위자들이 각 사회의 보다 광범위한 부문에 개입함으로써 결정화된다."(아이젠스타트, 2009: 93)

이런 점에서 근대화와 서구화는 동일한 것이 아니다. 서구적 유형의 근대화와 근대성은 다른 지역이나 국가에 참조점이 되지만, 그것이 유일한, 진정한 근대화와 근대성은 아니다. 비서구 사회는 유럽

팽창의 영향을 받으면서, 그리고 유럽의 근대성 내용과 대결하면서 새로운 국지적 유형을 발달시켜왔기 때문이다.[10]

3.4.

동아시아 유교 문화권의 입장에서는, 혹은 한국적 공간과 시간을 대상으로 하는 근대화와 근대성 유형을 모색하는 입장에서는 이 지역 나름대로의 독특한 초기 근대의 모습이나 원형 근대의 모습을 고려하는 근대성의 유형화가 더 현실 설득력을 갖는다는 점만을 지적하고자 한다.[11]

---

[10] 프랑크의 1400년부터 1800년대까지의 세계경제 비교 분석에 의하면 유럽인들이 글로벌 경제라는 장을 만든 것이 아니라 그 이전부터 세계경제라는 장이 존재했으며, 최소한 1800년 이전까지 세계경제를 아시아가 주도했는데, 그 중심에는 중국이 있었다는 것이다. 이처럼 유럽 중심적 시각을 상대화하고 보다 인류 중심적인 관점과 시각을 정립하기 위해 그는 세계 여러 지역의 인구·생산·소득·생산성·무역·기술·경제 제도·금융 제도 등을 비교 분석하고 있다. 그는 거의 모든 부분에서 아시아 지역의 발전과 유럽으로의 유입 및 재유입 등이 진행되어왔음을 논의한다(프랑크, 2014: 45-46, 144, 231, 278, 280-360 참고).

[11] 한국 사회에서 원형 근대성의 층위는 유교적 근대가 두드러진다. 조선 후기에 이르면 중국의 송대 그리고 명말 청초에 비견해볼 수 있는 성속聖俗의 유교적 통섭 전환의 징표들이 사회 도처에서 중복적으로 드러난다. 이러한 징표들을 종합해보면 조선에서 역사적 근대의 시점始點은 최소한 개항 이전 16-17세기로 거슬러 올라간다. 특히 조선의 예송 시대(현종에서 정조대에 이르는 17-18세기)는 도덕 정치를 둘러싼 군권과 신권의 긴장 관계가 절정에 이른다(김상준, 2011: 70 참고).

서구식 산업화가 도입된 이후에도 농민 분해의 전개 양상은 유럽과 달랐다. 한편으로는 농촌에서 소생산+수공업을 유지하고 다른 한편으로는 자녀들이 도시로 나가 비농업 산업 분야에 고용되면서도 가족적 유대를 유지하여 지역적으로 확장된 가족 형태를 유지했다. 일단 외양으로 농업 인구의 감소는 빠르게 이루어졌지만, 막상 그 안을 들여다보면 소농 가족의 세대 분리는 당 세대에 완료 이처럼 다중심성과 모든 중심의 다분화를 고려하는 '열린 다원적 다중심성'을 이론적 틀로 삼을 때, 한국의 근대화와 근대성의 문제도 유럽 중심주의나 서구 중심주의를 상대화하고 자신의 역사·사회적 맥락에서 진행되는 사태를 중심으로 정리할 수 있다. 이럴 경우에야 비로소 동아시아 지역에서도 존속해온 중심주의에서 벗어나 중심과 주변이라는 이분법적 틀이 아닌 다원적, 다중심의 틀로 근대성의 문제를 파악할 수 있는 길이 열린다.

이 틀은 특히 한국의 근대성을 나름의 맥락에서 파악할 때 중요한 출발점을 제공한다. 예를 들자면 식민지 근대화론이나 내재적 발전론이 서구 중심의 근대성론을 기축으로 한 재해석이라는 한계를 갖는다는 점도 지적할 수 있을 뿐만 아니라, 19세기 이전까지 동아시아 패권주의의 맥락에서 작동해온 중화 중심주의도 극복할 수 있는 여지가 생기기 때문이다(정연태, 2012: 21-67; 황정아, 2016; 미야지마 히로시, 배항섭 엮음, 2015: 10-23, 62-92 참고).[12]

되지 않고 2, 3세대에 걸쳐 서서히 이루어졌다. 급격한 도시화·산업화 과정 속에서도 소농 가족의 틀이 상당 기간 유지되었던 것이다. 세대 분리가 이루어진 후에도 가족 유대는 몇 세대 간 유지되는 것이 보통이었다. 한국의 1960-70년대 산업화 과정도 소농 해체+기업농화의 길이 아니라, 소농 가족이 공동체를 유지하면서 시골에서는 소농+부업 체제를 유지하고, 자녀들은 도시에서 산업부문에 취업하여 점차 자립하는 방식이었다. 오늘날의 한국에서 미국형의 대규모 기업농은 존재하지 않는다. 자립 소농이 주축이다. 미래에도 크게 다르지 않을 것이다(김상준, 2011: 84).

12 배항섭은 근대적인 것들과 전근대적인 것들이 뒤엉켜 있는 역사적 경험을 유기적·내재적으로 이해할 필요가 있음을 지적하면서, 비유적 표현이지만 오히려 전근대로 근대를 심문함으로써 근대를 새롭게 이해할 것을 제안한다. 그는 그 심문 사례로 조선 시대의 과거제도, 관료제에 입각한 중앙집권적 정치체제, 조선 후기의 일물일권적一物一權的·배타적 토지소유권 등을 들고 있다.

이런 맥락에서 한국의 경우 최소한 소농의 가장이 경영의 주체로서 전면에 등장하는 17세기 이후를, 혹은 확대하면 과거제도 시행을 통해 정치적 공론장이 세계 어느 지역보다도 활발하게 작동된 조선의 문치 중심 관료 제도가 정착된 이후를 근대의 시점으로 잡는 것이 가능해진다. 한국의 근현대사는 이러한 유교적 근대라는 역사적 토대 위에서 일본을 통한 서구적 근대의 깊은 영향을 받고, 나아가 1945년 이후 서구적 근대의 변형인 미국적 근대의 영향을 받은 것이다(미야지마 히로시, 2013: 347 참고).

이러한 역사적 경험이 21세기에 한국이 나아가는 데 밑바탕이 될 것이다. 이 바탕 위에서 지금, 이곳의 특징을 파악하고, 이 특징의 근원을 밝히는 작업이 한국의 근대화와 근대성을 밝히는 일일 것이다.[13]

4. 마무리하면서

이러한 현실에 기반을 둔 특성 파악과 시각 조정은 지금까지 유럽 중심의 근대 및 근대성이 간과하거나 비중을 두지 않았던 부분의 중요성을 부각시킨다. 또한 연구의 지역과 시각을 상대화, 다원화함으

---

[13] 현재 세계적인 수준에서 고려될 수 있는 다양한 근대의 유형을 유교적, 서구적, 이슬람적, 인도적, 미국적, 러시아적 근대라고 한다면, 이러한 다양한 근대 개념의 중층화, 중첩화, 혼성화가 진행되고 있는 현재의 상황을 토대로 21세기의 새로운 이념과, 그 이념에 기초한 사회를 구상할 수 있는지의 여부에 인류의 미래가 걸려 있는 것 같다(미야지마 히로시, 2013: 348 참고).

로써 지금까지의 서구 중심의 연구 방법과 내용 자체를 근본적으로 검토할 수 있게 한다.

이미 이러한 작업은 다양하게 진행되고 있다. 예를 들면 소농 사회와 관료 제도, 사창·환곡 등의 부조 제도 등 서구에서는 진행되지 않았거나 나중에야 비로소 도입되었던 근대적 요소들이 동아시아에서는 이미 진행되고 있었다. 이러한 역사적 사실들은 거꾸로 근대가 서구의 전유물이 아님을 반증한다.

조선 시대에 견고해진 과거제도는 출신 계층이나 신분에 구애받지 않고 개인의 능력에 따라 관료로 등용하는 제도였다. 공부만 열심히 하면 가문이나 혈통 등 기존의 신분적 위계질서를 넘어서서 정승, 판서가 될 수 있다는 꿈과 희망이 젊은이들을 공붓벌레로 만들었다. 억울하면 출세하고, 출세하고 싶으면 공부해야 한다는 경쟁과 능력 위주의 인생철학이 이때부터 자리 잡은 것이다(한영우, 2013: 5-24, 특히 15-23 참고).[14] 상호 신뢰와 채권·채무 의식을 바탕으로 한 협동 융자 체계나 상호부조 시스템도 그 뿌리는 사창 제도社倉制度나 계에 있다고 파악할 수 있다(미야지마 히로시, 2013: 403-404; 최익환, 2013: 110-128 참고).[15]

---

[14] 조선 시대 과거제도에서는 신분 차별을 거의 두지 않았다. 문과 응시에서만 서얼 자손과 노비를 제외했다. 그 이외의 과거에는 모든 계층이 참가할 수 있었다. 급제자 중 벼슬아치 집안이 아닌 급제자의 비율도 시기에 따라 17%에서 50-60%를 차지할 정도로 많았다. 조선 후기 이후로는 노비층까지도 양인良人으로 신분을 바꿔 문과 급제자를 배출했다. 이렇듯 과거 시험이 혈연, 지연, 학연을 벗어나 학문적 능력과 전문성에 따라 인재를 등용하는 원칙을 유지했기 때문에 거의 모든 백성이 학업과 경쟁을 통해 신분 상승을 도모하는 것을 당연시했다.

[15] 앞서 논의한 계와 유사하게 사창 제도도 지역 민중들이 주체로서 상부상조하

동아시아 사회에서 가장 활발하게 작동되었던 조선 시대의 족보의 편찬과 가례의 실천도 근대의 산물로 해석할 수 있다. 중앙 왕권 세력과 관료 체제의 고착화에 대응하는 재지 사족의 결속을 위한 장치로서 족보가 확산되었기 때문이다. 족보는 처음에는 지배 계층인 양반들의 전유물이었지만, 18세기 이후 거의 모든 사람이 족보를 가지게 되었고 따라서 모든 사람이 양반이 되었는데, 이러한 움직임은 현재까지 이어지고 있다. 가례의 핵심인 제사 문화가 20세기에 거의 모든 가족으로 확산된 것도 마찬가지다(미야지마 히로시, 2013: 408, 411, 412 참고). 이것은 신분제 붕괴 후 온 백성이 양반의 의례를 받아들임으로써 의식적으로는 한국인 모두가 양반의 후예가 되었다는 것을 의미한다.

4.1.

나는 앞의 두 절에서 한국사에서 진행되어온 다양한 담론 중에서 현재와 연계해서 의미를 부여할 수 있는 사례들을 검토하고 그 현재적 영향력을 강조했다. 이처럼 근대를 현재와 직접 연결되는 시대 및 담론들과 연계해서 해석할 경우 우리는 근대화 및 근대성을 탐구할 수 있는 새로운 지평과 만나게 된다.

는 협동 융자 조합이었다. 1년 단위로 운영된 사창社倉은 기근에 대비하는 비축 시설로 지역의 생계를 밑에서부터 받쳐주는 협동 융자 조합 시스템이었다. 사창 제도를 통해 대출과 상환에 참여한 주체들 사이의 채권 의식과 상호부조적인 책무를 일깨운 상호 주관적인 공감대의 형성은 결과적으로는 '민간'이라는 공공적 공간의 존재와 그 실질적 작동을 보여준다(미야지마 히로시, 2013: 328-331 참고).

그러한 지평은 근대의 특성을 논의할 때 서구 근대 및 서구 근대성을 원형으로 삼거나 유일한 기준으로 간주해온 기존의 논점을 주변화, 상대화할 수 있는 여지를 제공한다. 그보다 더 중요한 것은 '지금, 이곳'에서 독특하게 진행되어온 역사적 사태를 대상으로 그 특징을 논구할 수 있다는 점이다. 넓게 보면 이러한 논점은 세계 곳곳에서 진행되고 있는 다양한 담론과 대등하게 소통하면서 상호 논박과 보완을 통해 보다 일반화된 지평으로 재구성할 수 있다.

예를 들면 라틴아메리카의 입장에서 탈식민주의를 매개로 서구 근대성을 비판적으로 재구성한 두셀과 미뇰로의 논의는 식민주의와 서구 모더니티를 한 묶음으로 파악한다(미뇰로, 2010: 284-285; 2013: 88; 두셀, 2011: 228 참고). 탈식민주의론은 근대성과 식민성이 동전의 양면이라는 점을 강조한다(미뇰로, 2010: 102). 서구 근대는 라틴아메리카로부터의 착취를 기반으로 성립했으며, 서구 근대성은 합리적이고 해방적인 개념을 포함하고 있지만, 이와 동시에 비유럽에 가해진 폭력을 정당화하는 비합리적인 신화도 함께 발전시켰다는 것이다. 서구 근대와 근대성 이론은 라틴아메리카로부터의 착취를 기반으로 생성되었음에도 이러한 비합리적인 신화를 은폐하거나 무시하고 있다는 것이다.

두셀은 1492년을 근대성이 탄생한 해로 파악한다. 이때가 유럽이 타자를 마주하고, 타자를 통제하고, 타자를 굴복시키고, 타자에게 폭력을 행사한 해였다는 것이다. 이 시기가 바로 유럽이 역사적, 사상적 주변부에서 중심부로, 세계 해석의 기준점이자 중심으로 스스로를 자리매김한 시기다(두셀, 2011: 4-5, 22-29). 서아시아 문명에 비해 지방적이고 르네상스적이고 지중해적이었던 유럽이 이 시기 이후 세계의 중심으로서의 유럽으로, '근대' 유럽으로 탈바꿈한다.16 이렇듯 새롭게 만들어진 유럽의 근대성에 따르면 유럽의 타자는 부정되고, 비유럽은 유럽의 근대화 과정을 뒤쫓아가야만 한다(두셀, 2011: 42). 비유럽은 유럽이라는 동일자가 형성한 타자다. 유럽의 근대 자아는 생각되는 나에서 생각하는 자아로, 유럽화된 자아로 변경된다. 이렇듯 유럽의 근대 자아는 다른 지역을 정복하고 착취하고 식민화함과 동시에 자신을 중심부로 구성함으로써 '탄생'한다(두셀, 2011: 48 참고).17

하지만 이러한 논점은 유럽의 근대가 은폐한 이면을 밝히는 장점도 있지만, 라틴아메리카 지역의 역사와 경험을 기초 자료로 한 (보편적) 근대성 구축의 논의를 소홀히 하고 있다는 단점도 있다. 이 논점은 이러한 정상적인 현실과의 소통 작업보다는 서구 근대 및 서구

16 고대에 유럽은 그리스·헬라스 정신에 비해 미개한 것, 야만적인 것, 비정치적인 것, 비인간적인 것이었다. 그 이후로도 유럽을 부각시키는 개념은 없었다. 12세기에는 라틴 유럽 대對 아랍 세계로 구별된다. 15세기부터 서양인(라틴)과 그리스인(동양)이 혼합되고, 다른 한편에서는 터키인과 아랍인, 즉 무슬림이 혼합된다. 그 결과 1453년 콘스탄티노플이 함락된 이후 아랍 세계와 헬레니즘 세계 사이의 연결 고리가 망각되면서 서양 = 헬레니즘+로마+기독교라는 등식이 성립된다. 16세기 이후부터 유럽은 아프리카, 아시아, 아메리카 대륙과 확실하게 구별된다. 유럽은 이슬람 세계에 에워싸인 라틴, 게르만 부분으로 국한된다. 아메리카의 정복으로 유럽은 스스로를 '중심'으로 변신시킨다. 18세기에 유럽은 서양과 헬라스 정신 그리고 주변부에 식민지를 거느린 중심으로서 새롭게 구성된다(헤겔). 이 시기에 근대가 유럽 문화와 서양 문화의 전유물이 된다. 18-19세기에 유럽의 근대성은 유일한 근대성이 된다. 이처럼 유럽은 역사 속에서 변방에서 중심으로 각색된 개념이다(두셀, 2011: 230-233 참고).
17 18세기 말 이후 서유럽 학자들에 의해서 해석된 '오리엔탈리즘'도 동양을 지배하고 재구성하며 위압하기 위해 서양이 만든 발명품으로서 서양이 동양 위에 던진 일종의 투영도이며, 동양을 지배하고자 하는 서양의 의지 표명이라고 파악하는 사이드의 주장도 같은 맥락에서 이해된다(사이드, 2003: 18, 181 참고).

근대성의 이면을 드러냄으로써, 즉 그것의 긍정적인 측면뿐만 아니라 부정적인 측면도 함께 지적함으로써 서구 근대성의 또 다른 면을 지적하는 데 집중하고 있는 것으로 생각된다. 이러한 탈식민주의의 논점은 크게 보면 서구 학자들에 의해서 구성된 서구 근대성과 라틴아메리카의 역사적 상황을 연계하거나 비교하는 작업을 통해 서구 근대성에 대해 비판적이지만 공생적인 차별화에 주력하고 있는 것으로 보인다. 그러나 공생적인 차별화 전략이나 이를 뛰어넘는 세계적 차원에서의 보편화 가능한 논의로 이 논점이 확장되기 위해서는 라틴아메리카에 기반을 둔 근대성 논의가 제시될 필요가 있다. 두셀이 주장하는 통근대성과 통근대적 세계성이 작동되기 위해서도 유럽적 자아나 유럽적 이성뿐만 아니라 타자들의 자아나 타자들의 이성도 함께 구성되어야 할 것이다(두셀, 2011: 4, 29, 99 참고).

미뇰로가 강조한 지식의 지정학적 (지리-역사적) 위상을 전제로 서구 중심성을 진정으로 상대화하기 위해서는, 그리고 부정되고 은폐된 타자성을 근대에 포함하는 두셀의 통근대성이 정상적으로 가동되기 위해서는 라틴아메리카 지역의 역사 속에서 식민-피식민의 구도가 형성되기 이전부터 진행되어온 역사적 층위들을 기반으로 그 안에 내재해 있는 근대적인 것들을 밝혀내는 작업도 병행되어야 할 것이다. 그러한 작업을 통해 구성된 것들이 라틴아메리카의 근대 및 근대성 해석을 위한 하나의 기준 축으로 자리 잡을 때, 식민-피식민이라는 양면 구도의 근대성 해석 중 피식민 이전의 것들이 복원됨으로써 그것이 식민지적 근대성과 대등하게 비교되는 지리-역사적 한 축으로 자리매김될 수 있을 것이기 때문이다. 이럴 경우에야 다원적인 근대성들 사이의 진정한 대화와 협력이 진행될 수 있을 것이다.

이러한 작업은 라틴아메리카의 지정학적 사태에 의거한 정상적인 이론 구성과 해석에만 국한하여 적용되는 것이 아니다. 그것은 동아시아에도, 인도나 서남아시에도 그리고 아프리카 각 지역에도 동일하게 적용된다. 각 지역 나름대로의 지정학적인 사태에 의거한 근대 및 근대성이 구성될 때 이들 사이의 진정한 대화가 이루어질 것이다. 이러한 지정학적인 논의가 대부분의 지역에서 정상적으로 자리 잡을 때, 자본과 노동, 지식과 정보, 그리고 기초적인 데이터들이 서로 섞이면서 또 다른 새로운 사태를 산출하고 있는 세계적 지층의 변화를 고려한 이론 구성과 해석이 공론장에서의 열린 대화를 통해 가능해질 것이다.

다중 근대성 논의도 근대성을 하나가 아닌 여럿으로 파악하고 그 인식의 역사적 지점을 인정한다는 점에서 서구 근대성을 상대화하고 있다. 그렇지만 이 논점도 지역적 관점에 기초한 보편적인 대안적 근대성 확보에 성공했다고 보기는 어렵다. 그것은 지역적 다양성과 차이를 강조하는 측면이 강하기 때문이다.

다중 근대성의 논증적 한계는 그것이 상정하고 있는 근대성관을 정확히 규정하기 어렵다는 데 있다. 문화권마다 존재하는 다양한 근대의 특수성만을 강조하면 차이의 분화 구조는 드러나지만, 이들 사이의 상관성이나 공동의 특성을 포착하기 어렵기 때문이다. 이런 점에서 다중 근대성도 다차원의 세계화로 상호 섞이고 있는 사태에 대한 성찰과 공론장에서의 열린 대화를 통한 상호 차이와 공동성을 합당하게 구성할 수 있는 틀을 제시할 필요가 있다.

또한 역설적이게도 다중 근대성 역시 근대성을 서유럽에서 형성된 근대 시기로만 한정함으로써 유럽의 근대성을 최초의 유형으로 상정한다는 점에서 유럽 중심주의를 벗어났다고 보기도 어렵다(아이젠스타트, 2009: 23-37 참고). 다중 근대성은 근대성이 서유럽에서 결정화되고 후에 유럽의 다른 지역으로, 미국으로, 그리고 전 세계적으로 확산되었다는 점만을 이론적 시야에 넣음으로써(아이젠스타트, 2009: 270 참고) 초기 근대의 유형이나 원형 근대의 특징을 고려하지 못한 한계가 있다.

  이러한 입장은 본격 근대 시기의 다중적 근대화를 설명할 수는 있지만, 비유럽적 근대성은 유럽의 근대성과 견주어서만 의미를 확보할 수 있다는 점에서 시각의 협소성을 벗어나기 힘들다. 이런 협소한 시각으로는 유럽적 근대성이 형성되기 이전부터 작동되어온 동아시아 지역의 (송대 이후 신분제의 붕괴, 전 백성의 양반화, 과거를 통한 관료 제도 정착, 소농의 사적 소유권의 존재, 채권 의식, 유교적 공공성과 공론장, 계의 민주적, 결사체적 특성 등의) 독특한 근대성도 유럽적 근대성에 비추어서만 의미를 갖는 유사 근대성이거나 부차적 근대성에 지나지 않는 것으로 파악할 수밖에 없는 한계와 논리적 딜레마에 직면한다. 이 딜레마를 해소하기 위해서는 유럽적 근대성을 하나의 특수한 근대성으로 파악하고 유럽이 아닌 다른 지역에서 이전부터 작동되어왔던 사태에 근거해서 또 다른 근대의 모습이 존재했음을 인정하고 상호 인정과 대화를 바탕으로 세계적인 차원에서 보다 현실적 실성과 논리적 일관성을 지닌 근대성을 재구성하려는 자세와 노력이 요구된다.

4.2.

  이런 맥락에서 근대를 지구적 차원에서 상호 영향력을 주고받는 과정을 바탕으로 파악하려는 프랑크의 논점은 진일보한 것이다. 그는 (서구) 근대의 세계적 주도 현상을 세계경제/체제와 연관해서 설명한다. 만약 근대를 현재 혹은 현재와 연계된 시점과 논점으로 파악한다면 국가나 지역에 국한된 근대 해석에 머무를 것이 아니라, 물질적이거나 지적인 단위에서 세계화된 시점이나 논점을 시야에 넣을 필요가 있다. 이럴 경우 지역적 차원에서 진행되는 것들이 갖는 연결망을 세계적인 차원으로 확장할 수 있다. 이런 맥락에서는 유럽의 근대가 자체적인 시장의 발달과 시민의 성장으로 독자적으로 형성되었다는 기존의 자생적, 자율적 유럽 근대 해석은 수정되어야 한다. 최소한 1400년대부터 세계시장과 세계경제가 존재했으며, 유럽의 시장과 경제는 이러한 세계시장/경제와 연계되어 형성, 발전했기 때문이다.

  그의 주장에 따르면 유럽의 시장과 경제는 중국과 인도 그리고 서아시아로 이어지는 세계시장/경제체제의 변방이었다. 경쟁력 있는 상품이 없었던 유럽은 18세기 초엽까지도 세계시장에 내놓을 변변한 상품이 없었다. 유럽의 항해자들이 죽음을 무릅쓰고 항해에 나선 것도 아시아로 가는 황금 항로를 찾기 위해서였다. 유럽은 16세기 아메리카 식민지에서 획득한 은을 기반으로 이 세계시장/경제체제에 편승해 자신의 시장과 경제를 확대해왔다. 이 시기에 아시아라는 기관차가 운행하는 열차의 삼등칸에 탑승한 유럽은 라틴아메리카 식민지와 아시아와의 교역으로 축적된 자본을 밑천으로 기술혁신에 성공함으로써 대략 1815년에 일등칸과 기관차를 차지한다. 이 이후 2세기 동안의 서양의 지배도 20세기 말엽부터 막을 내리면서 그 주도권을 서서히 아시아에 내어주고 있다(프랑크, 2014: 434, 437, 443, 491 참고).

이 세계시장/경제체제 속에서 각 지역과 나라의 부침이 일어난 역사적 사태를 기초로 근대 및 근대성을 해석한 프랑크의 작업은 유럽 지역을 중심으로 유럽의 본원성과 독자성을 강조한 기존의 유럽적 근대 및 근대성 해석을 세계적 차원에서 작동되어온 분업과 화폐 유통 그리고 기술 발전 등과 연계해 보다 객관적으로 해석한 작업이라고 긍정적으로 평가할 수 있다. 프랑크는 자의적으로 각색된 유럽적 근대성의 편협한 유럽 중심주의를 비판할 수 있는 논점뿐만 아니라, 역사적으로 존재해온 다중심성과 그 중심의 이동도 함께 파악할 수 있는 시야를 제공한다.[18]

근대에 대한 동아시아적 맥락을 강조한 미야지마 히로시는 동아시아의 유교적 근대성을 다원 근대성이라는 틀 안에서의 하나의 근대성으로 해석한다. 그는 다양한 근대가 각각 홀로 존재하는 것이 아니라, 동아시아의 역사적 경로에서처럼 서로 중층화, 중첩화, 혼성화되어 있다는 점을 인식하고 있다는 점에서 기존의 다원 근대성 논의를 넘어선다(미야지마 히로시, 2013: 345-348 참고).[19] 그는 유교적 근대성론과 함께 이러한 복합적인 역사적 경험에 보다 적극적인 의

---

18 물론 프랑크 역시 근대의 특징을 서유럽의 자본주의와 산업혁명에 의거해서 설명함으로써 동아시아의 관료 제도나 민주적 결사체의 탄생 등 그 이외의 요소들을 고려하지 못한 한계가 있다.
19 장은주도 한국의 근대성을 하나의 '혼종 근대성'으로 파악하면서 그 특성 중 하나로 '유교적 근대성'을 제시한다(장은주, 2014: 80-83 참고).

미를 부여한다. 그는 서구적 근대뿐만 아니라 이슬람적 근대나 인도적 근대 등의 다른 근대 개념의 성립도 열어둠으로써 다양한 근대의 병존을 근대 인식의 지평에 넣고 있다. 또한 그는 근대성 탐구에 있어서 동아시아적 경로를 우선적으로 고려함으로써 기존의 서구 근대 및 근대성 중심의 해석을 넘어서서 유교적 근대라는 새로운 독특한 대안을 제시한다. 이 유교적 근대가 다른 지역의 근대와의 연계 속에서 보다 객관적으로 자리매김되는 문제는 열려 있다.

우리는 역사적, 문화적, 사회적 차원에서 세계의 각 지역마다 독특하게 전개된 다층적인 근대성의 특징들을 밝히는 작업을 각자가 성공적으로 수행할 때 논리적으로나 현실 적합성의 차원에서나 서구 근대를 진정 상대화할 수 있다. 이럴 경우에 우리는 서구 중심주의적인 근대성 파악 방식으로부터 진정으로 자유로워질 수 있다. 크게 보면 이러한 방식으로 다양한 근대성이 구성될 때에야 이들을 바탕으로 보다 보편화 가능한 근대성을 모색하는 것도 가능해진다.

4.3.

따라서 구체적인 지리-역사적 맥락에서 포착되는 근대적인 것들을 구성하는 작업과 그것들의 일반적 특성을 성찰적으로 재구성하는 작업을 구분하는 것은 보다 균형 잡힌 논의를 위해서 필수적이다. 구체적으로 진행된 지리-역사적 사태의 특징 포착과 그 특징의 일반화·보편화는 구분해서 볼 필요가 있는 것이다. 이러한 구분에 따라 우리는 근대성이 갖는 다원성을 인정하면서도 다원성의 소통과 경합 그리고 성찰을 통해 누구에게나 공유되고 일반화될 수 있는 근대의 특성들을 재구성할 필요가 있다. 이렇게 되면 보편화 가능한 근대 및 근대성이 그 모습을 갖추어갈 것이다.

근대 및 근대성 논의를 거시적으로 포착하고 있는 김상준의 논의는 이와 연관해서 설득력을 지닌다. 그는 근대 및 근대성에 관한 인식의 지역적 출발을 견지하면서도 그 기획의 세계적 확대 및 정당화 가능성을 시공간적으로 최대한 열어놓고 있기 때문이다. 그는 인간의 보편적이고 상식적인 시공 감각, 역사 감각을 포괄할 수 있는 논점을 '중층 근대성론'으로 재구성한다.[20]

이 이론은 근대에 관한 거대 서사를 시도한다. 근대를 시간의 흐름 속에서 파악하고 근대의 특징을 시간의 층위에 따라 배열함으로써 각 시대나 지역에 따라 그 역사적 현실을 기반으로 나름의 근대의 특징을 다원적, 중층적으로 구성할 수 있는 논리적 가능성을 제공한다. 따라서 이 이론은 다원 근대성이 논리적으로 내포하고 있는 '차이와 분화의 악순환'을 해결하기 어렵다는 한계[21]를 극복하면서도 각 지역의 독특한 근대 진행 과정을 객관적으로 포착할 수 있는

---

[20] 이 이론은 시간의 흐름(횡축)에는 1) 초기 근대 2) 본격 근대 3) 후기 근대를, 시간의 층위(종축)에는 1) 원형 근대성 2) 식민-피식민 근대성 3) 지구 근대성을 배치한다. 한국 포함 동아시아의 경우 원형 근대성으로서 유교가 있다. 그 위에 식민-피식민 근대성과 지구 근대성이 서로 포개어져 작동하고 있다(김상준, 2014: 16-18 참고). 특히 김상준(2014: 17)의 〈그림 1〉을 참고하기 바란다. 앞의 3절에서 설명 없이 도입했던 (초기 근대, 본격 근대, 원형 근대 등의) 근대 관련 개념들은 이 여섯 가지의 근대의 종축과 횡축의 구분에 따른 것이다.

[21] 다원 근대성의 최대의 약점은 앞서 지적했듯이 무수히 분화 가능한 근대성 추구를 가능하게 해주지만, 이들 사이의 연관성이나 차이를 비교할 수 있는 기준 제시가 거의 불가능하다는 점이다. 따라서 이 이론은 보다 완결성을 높이기 위해서는 끝없는 분화와 차이로 인한 불협화음을 해소할 수 있는 방안을 모색해야 한다.

가능성을 제공한다. 예를 들자면 이것은 동아시아 담론의 하나로 구성된 '유교적 근대성'을 다른 지역의 근대 이론들과 동등한 위상으로 자리매김할 수 있게 해준다. 그뿐만 아니라 그 안에 내포된 보편화 가능한 논점들을 다른 지역을 바탕으로 보편화를 시도하는 다른 논점들과 경합할 수 있게 한다.

동시에 이 이론은 세계 곳곳에서 진행된 근대를 다양하게 포착해 냄으로써 지구화 시대의 보편적 이념을 구상하고 제안하는 것을 가능하게 한다. 이 이론은 서구 지배 구도가 다원 균형 문명 구도로 변화되기 시작한 21세기의 첫 10년을 후기 근대의 시작기로 봄으로써 (김상준, 2014: 21)[22] 근대성의 의미가 지구 근대성을 실질적으로 담지할 수 있는 가능성이 있음을 보여준다.

4.4.

나는 근대에 대한 다원적 해석을 넘어서서 보다 일반화하거나 보편화할 수 있는 근대성을 구성할 수 있다고 본다. 나는 물질적, 인

---

[22] 다만 이럴 경우 근대와 현대를 연속선상에서 보는 것이 가능해지지만, 오히려 이 둘을 구분 짓는 것이 갖는 의미는 약해질 수 있다. 특히 한국의 경우 21세기 지식정보사회로의 이동이나 4차 산업혁명의 진입 등의 새로운 국면의 전개를 후기 근대의 연장선상에서 포착할 수 있을지에 대해서는 보다 구체적인 논의가 필요하다. 이러한 개념화는 현재 진행되는 사태를 모두 근대적인 것으로 포착하는 근대 중심주의 내지는 근대 환원주의라는 혐의를 떨쳐버리기 어려운 것도 사실이다. 오히려 현재는 매우 예측 불가능한 유동적인 형태로 진행되고 있다는 점을 염두에 둘 필요가 있다. '지금, 이곳'에서 진행 중인 새로운 변화를 포착하고 이를 고려한 특징을 재구축하는 작업도 함께해야 한다. 특히 포스트 휴먼의 징후들(유전공학과 인공지능의 발전상이나 이 둘의 조합이 끼칠 사태의 변화 등)을 고려한 논의도 매우 중요하다는 점만을 언급하겠다.

적, 제도적, 이념적 차원에서 진행되고 있는 현재의 다층적인 세계화에서 그 가능성을 본다. 21세기 초엽인 현재는 노동과 자본뿐만 아니라 지식과 정보 및 기술, 그리고 법과 제도 등이 세계적인 단위에서 다양하게 네트워크형으로 엮이고 있기 때문이다. 이런 상황에서는 세계 각 지역의 근대적인 것들과 근대적인 특성들 사이의 차이도 분명하게 드러나겠지만, 이것들 간의 공유의 폭도 확장될 것이다. 이 단계에서는 이미 다양한 근대적인 사태, 그리고 이와 연관된 다원적인 근대성 사이의 상호 소통과 섞임이 매우 활발하게 진행 중이다. 이제는 오히려 국가와 지역을 가로질러 다양하게 네트워크화되고 있는 사태에 걸맞은 초연결 사회의 특성을 정리하는 것이 중요해지고 있다.

현 상황에서는 이러한 네트워크화와 이것을 기반으로 한 섞임과 공유를 바탕으로 미래지향적인 근대성의 이념을 구상할 필요가 있다. 그 구상은 가능태를 넘어서서 현실태가 될 확률이 높아 보이기 때문이다. 이와 연관해서 나는 한국의 근대적인 것을 포착하고 그것을 보편화할 수 있는 몇 가지 개념을 제안하고자 한다.

4.4.1.

나는 한국 근대를, 그 역사적 경로를 고려할 경우, 최소한 유교적 근대와 식민지 근대 그리고 미국적 근대가 중층·중첩·혼성적으로 섞여 있는 '복합 근대'로 파악할 것을 제안한다. 이러한 '복합 근대'의 빠른 전개 속에서 적응하면서 살아온 한국인의 사유의 특징을 '복합 성찰성'으로 파악하고자 한다. 나는 한국 가족의 현실을 기반으로 (유교적, 식민지적, 서구적 유형의) 역사적 층위가 증층화, 중첩화,

혼성화되어 있는 한국 근현대의 역사적 실체를 '복합적 사태'로 파악한다. 한국의 근대는 이 복합적 사태로 구성된 현실의 진행을 지칭하는 것으로 이해되어야 한다는 점에서 나는 이 사태를 '복합 근대'로 개념화하고자 한다. 이러한 근대적 사태는 전통과 이것을 대체한 근대, 역사 문화적으로 형성된 고유한 것들과 외부로부터 이식된 것들 등의 이항 대립적 구도 속에서 하나를 우위에 두는 논법으로는 해석될 수 없는 것들로 구성된다.

전통 중 일부는 현실 사태의 저변으로 존재할 뿐만 아니라, 그중 일부는 그 안에 포함된 근대적 특성으로 인해 변용되어 살아남거나 활성화되기도 한다. 외부로부터 새롭게 도입된 근대적인 것들도 저변에 깔려 있는 것들과의 소통과 섞임을 통해 변경되어 정착한다. 그 결과 현실 사태는 전통에서 근대로 이동하는 과정에서 역사적 층위가 단순 명료하게 정리되어 둘 중 하나가 명확하게 주류를 이루는 형태로 진행되지 않는다. 오히려 이들 사이의 중층성과 중첩성 그리고 혼성성이 현실 사태의 특징이 된다.

이러한 복합 사태 속에서 살아가는 한국인들은 복합적인 층위를 고려하면서 행위하고 사고하는 것이 일상이 된다. 이런 점에서 한국인은 서구인들과는 달리 복합적 사태에 걸맞은 복합적 사유와 행위를 일상화한다고 나는 파악한다. 나는 이러한 한국인의 사유 방식을 '복합 성찰성'이라고 개념화한 바 있다(권용혁, 2011b: 70-74; 2016: 93-94 참고).[23]

---

[23] 중층 근대성론이 시간과 공간을 세계적인 차원으로 확장해서 근대를 거시적으로 설명하는 틀이라면, 복합 근대 개념은 한국적 경로를 보다 구체화한 것이라고 볼 수 있다.

4.4.2.

복합적으로 구성된 한국의 근대는 물적, 인적, 문화적 요소들이 섞이고 있는 현 세계화 과정에서 다양한 근대성과의 소통과 섞임을 통해 보다 혼성화된 다중첩적인 모습을 띨 것이다. 나는 1990년대 이후 빨라지고 있는 노동력과 자본 그리고 기술의 세계화의 흐름 속에서 한국 사회에서 진행된 다문화, 다인종이 섞이는 현상을 해석하기 위해 '중첩 공간, 중첩 국가, 중첩 시민'이라는 개념을 제안했다. 그리고 이 사태는 앞으로 다중첩적으로 진행될 것임을 논의했다(권용혁, 2015b: 274-276 참고).[24]

[24] 폐쇄적이며 배타적인 국가주의는 가족이나 온오프라인에서의 다양한 결사체 등에서의 중첩성과 다중첩성이 확대될 때 존립 기반을 상실해갈 것이다. 오히려 이러한 탈국가주의적인 관계와 소통은 일상적인 삶에서 열린 공동체적 관계와 소통을 요구할 것이다. 이러한 미시적인 차원에서 확대되고 있는 새로운 소통과 관계 맺기를 설명할 수 있는 개념 설정이 필요하다. 중첩성과 다중첩성의 최대 외연은 세계로까지 확대된다. 이런 맥락을 고려할 경우 나는 중첩성을 포괄하는 개념으로 중첩 시민보다는 중첩 국민이 더 적절할 것으로 파악한다. 특히 세계를 하나의 단위로 할 경우 21세기의 인류를 하나의 단위로 묶을 수 있는 보편화 가능한 개념은 세계시민이라기보다는 세계인으로 상정하는 것이 합당할 것이라고 본다. 시민은 서구적 맥락 속에서만 그 실체적 내용을 갖기 때문이다. 동아시아에서는 전통적으로 인민이라는 개념이 사용되어왔다. 이 중 '인人'은 보다 추상화되고 일반화될 수 있는 개념으로서 세계인으로 확장 가능한 개념이라고 생각한다. '인'은 '민'에 비해 성찰적 능력을 지니면서도 동시에 서구적 시민이 갖는 협소한 실체성을 벗어나 사람 일반을 의미하는 보통명사로서 개인, 타인, 인간 등을 모두 지칭하는 보다 광범위한 뜻을 지니고 있다(박명규, 2014: 124-125 참고). 특히 한국 및 동아시아의 전통 개념의 맥락에서는 '민'이 다수의 피지배층을 지칭한 개념으로서 '민'이 주인이 된 20세기의 민주주의는 '민'을 주체 세력으로 자리매김했다. 이를 이어 21세기의 한국인과 세계인 등으로 표현되는 '인'간은 국민이나 민족 등을 넘어서서 서로 소통하고 관계 맺는 지적, 감성적 능력을 지닌 사람들을 지칭하는 의미체로서 이해된다. '인'은 원래 생명체 중 가장 귀한 것으로서, 천지의 핵심적인 존재로서, 존귀한 권리 담지체로서 간주된다(염정삼, 2009: 379-380, 598-599. 쉬 진 시웅許進雄, 2003: 26,

세계적인 차원에서도 이러한 다중첩성이 확대되는 사태를 파악할 수 있는 설득력 있는 논점을 구체화할 필요가 있다. 나는 이러한 다중첩성이 세계적으로 확산될 때, 이를 바탕으로 세계적으로 통용될 수 있는 '구체적 보편'의 내용이 형성될 것으로 예상한다.

4.4.3.

노동, 자본, 과학기술, 정보, 법과 제도 등의 요소들이 세계적인 단위에서 서로 섞이고 있는 사태를 고려할 경우, 나는 다양한 근대성이 자유롭고 수평적으로 경합하는 열린 네트워크형 공론장이 확대될 것으로 예상한다. 따라서 실체적 세계화의 작동에 힘입어 자유로운 논박과 논증이 가동될 공론장에서도 보다 합리적이고 포괄적인 근대성이 구성될 것이다.

나는 역사적 경로와 이로부터 형성된 다양한 근대성 모형을 공존하게 하면서도 이들을 상호 성찰적으로 일반화하거나 보편화할 수 있는 준거 틀로서 '열린 공동체주의'를 제안한다.

그것은 독특한 역사적 경로를 지닌 다원적인 근대성들이 상호 수평적으로 공존할 수 있도록 하는 틀로서 사용될 것이다. 또한 그 틀 안에서 다원적 근대성들이 상호 논박을 통해 보다 일반화·보편화된 근대성을 구축할 수 있을 것이다.

이러한 준거 틀 구상을 통해서 나는 근대의 발생사적(지정학적) 설

---

507 참고).
나는 이런 맥락에서 '인' 개념이 지식정보사회에서 광범위하게 소통하고 관계 맺는 사람들을 하나로 묶어 설명할 수 있는 의미체로서 재해석될 수 있을 것으로 본다.

명 방식과 그것의 정당화의 문제를 구분하면서도 동시에 통합하는 것이 가능하다는 것을 보여주고자 한다. 그것은 다원적인 근대성들 사이의 상호 영향력 주고받기와 공론장에서의 경합을 통한 일반화, 보편화 모색이 층위를 이루면서도 함께 작동될 수 있게 하는 '차이의 공존과 공론장에서의 보편화 가능성'을 열어주기 때문이다.

9장 근대, 그 이후

1. 한국의 근대

한국은 20세기 중반까지도 피식민 지역이었다. 해방 이후 한국전쟁은 온 강산을 초토화했다. 삶도 같이 폐허화되었다. 이후 세계 최빈국으로 전락했다. 한국인들은 극도로 열악한 삶의 환경을 견뎌내야만 했다. 그러나 2020년 현재 한국은 수치상으로는 경제 분야에서 서구 선진국과 어깨를 나란히 하고 있다.[1] 사회적 생산 기반이나 복지 체계 그리고 예술과 문화 등 대부분의 다른 영역도 마찬가지다. 세계 최빈국에서 일류 국가로 변화한 한국 사회가 20세기 후반부 그리고 21세기 전반부에 이루어온 족적이 세계적으로 주목받고 있다.

1 한국전쟁을 겪은 한국은 1955년에 GNP 65달러로 세계 최빈국이었으나 2018년에 GNP 3만 달러를 달성했다. 2020년에는 GDP 규모로 세계 10위를 차지했다. 인구 5,000만 명 이상이면서 GNP 3만 달러 이상인 30-50클럽에 2018년에 세계 7번째 국가로 가입했다. 2017년 이후 한국의 민주주의 지수도 아시아 최고로 20-23위를 차지했다(*The Economist* 산하기관 EIU 2017-2019 발표). 수치로만 본다면 한국은 G7과 어깨를 나란히 하고 있다.

앞에서 여러 차례 언급했듯이 한국 사회는 농업사회에서 산업사회 그리고 지식정보사회로 빠르게 변화해왔다. 한국인들은 이 빠른 변화에 적응하면서 살아왔다. 그만큼 자기중심 잡기가 어려웠던 것도 사실이다. 한편으로는 그 변화에 적응하는 데는 성공했지만, 다른 한편으로는 그 변화를 성찰하고 보다 성숙한 삶의 방식을 취하기에는 시간이 부족했다. 전통은 폐기, 비하되었지만, 그것을 대체할 새로운 대안을 세우진 못했다. 오히려 외부에서 밀려오는 거대한 변화를 수용하고 자기화하는 것만으로도 버거워했던 것 같다. 그럼에도 상황은 비관적이지만은 않은 것으로 보인다. 한국 사회가 지난 70년간 걸어온 길이 보건, 문화, 경제, 정치 등 다방면에서 세계적으로 주목을 받고 있기 때문이다. 이 장에서 나는 이 길을 바탕으로 현재 진행 중인 다원적인 세계 질서 재편 상황에 능동적으로 대응하는 한국 사회의 전략으로 새로운 중심 개념을 구상한다.

2절에서는 논의의 시발점으로서 기존의 중심주의 시각이 지닌 문제점과 한계를 지적한다. 핵심 사항은 서구 근대 중심의 근대 이해뿐만 아니라 그 이전의 중국 중심주의 등이 갖는 한계를 정리하는 것이다. 한국이 위치한 지정학적 위상 속에서는 중심/주변의 위계적 논리가 아닌 보다 수평적인 관계를 구상하는 것이 자연스럽기 때문이다.

3절에서는 우선 근대에 대한 해석을 전통과 연계해서 시도한다. 한국의 다양한 전통에는 서구에도 매우 늦게야 도입된 중요한 근대적 요소들이 작동되고 있었다는 것을 정리했다. 그리고 이것이 20세기 후반 한국의 근대화 과정에서 매우 중요한 요소로 작동되었다는 점도 밝힌다. 그다음으로 중심과 주변이 아닌 '아亞주변' 개념이 갖는 의미 맥락을 일본의 지정학적 상황을 중심으로 설명한다. 이 개념을 도입한 이유는 중심과 주변 그리고 아주변이라는 개념들도 사태 설명을 위한 다양한 해석 틀 중 하나임을 강조하기 위해서이다. 이러한 과거의 다양한 지정학적 해석은 현재를 유연하게 해석할 수 있는 여지를 제공한다. 나는 현재 진행 중인 다원화와 다중심화에 대한 새로운 해석을 기초로 기존의 중심주의를 넘어서는 새로운 중심 개념을 제안한다.

4절에서는 21세기 변화된 현실에 기초해서 한국 사회의 미래 모습을 기획한다는 의미에서 이러한 시도를 '근대, 그 이후의 기획'으로 명명한다. 나는 새로운 중심 개념을 '유연한 중심주의', '열린 중심주의'로 부를 것을 제안한다. 그 핵심 논지는 안과 밖에서 일관성 있게 통용되는 다중심주의다. 영원한 중심도 영원한 주변도 없다. 중심과 주변은 개인이나 집단이 맺는 다층적인 관계망에 따라 변화한다. 그 유동성에 따라 위상이 달라지기 때문이다. 나는 이러한 유연한 다중심주의를 구체화할 수 있는 네 가지 방안을 결론을 대신해 제안한다.

2. 중심주의를 넘어서: 서구 근대성 중심의 '근대 이해' 넘어서기

서구 중심주의는 서구 근대의 성공을 바탕으로 만들어진 하나의 신화다. 유럽은 그리스나 로마의 시야에서는 야만인들의 땅에 지나지 않았다(두셀, 2011: 230-233; 아리스토텔레스, 2009: 383; 루드글리, 2004 참고). 하물며 그 이전의 역사적 기록은 거의 존재하지도 않은 불모지였다. 유럽은 중세 시기 내내 이슬람 세력에게 지중해 패권을 내

주고 세계 문명권의 변방으로서 세계 문명과의 교류에 의존하였다 (김정하, 2016: 164-173 참고). 유럽은 18세기 말까지도 중국과 인도 그리고 이슬람을 중심으로 작동되었던 세계경제의 주변부에 지나지 않았다(포메란츠, 2016: 56-57; 프랑크, 2014: 358-359). 아메리카와 아프리카의 식민지화와 산업혁명의 성공으로 19세기 초반에야 유럽은 세계경제의 주요 세력으로 등장한다. 19-20세기는 유럽의 제국주의가 전 세계를 무력으로 침탈해 식민화하고 제1, 2차 세계대전을 일으킨 야만의 시대였다. 미국은 19세기 말까지도 유럽의 위세에 숨죽이고 있었다. 제1, 2차 세계대전의 무풍지대였던 미국이 20세기 중엽에 세계 최강대국이 되면서 미국 중심주의를 전 세계로 확장했다. 유럽에서 미국으로 이어지는 이 서구 중심주의는 비서구를 침략해 새로운 생산/소비 시장을 만들고 서구의 상품을 유통시킨 제국주의적 질서 체계의 다른 이름이었다.

이 서구 중심주의가 주권국가 단위로 세계 질서를 재편했다. 서구는 주권국가의 논리를 앞세워 기존의 제국의 질서를 해체했다. 그후 비서구를 국가 단위로 분리해 국가 간 불평등 조약을 강요해 주변부화하고 식민화했다.[2] 이 와중에 비서구 국가에 서구의 자유주의, 민주주의가 함께 전파되고, 자유 시장경제 체계와 정치적 민주주의 규칙이 이식된다. 이 흐름은 비서구 국가들에게는 외부로부터 쓰나미처럼 다가온 거대한 파도였다. 한국도 이 파도가 휩쓸고 간 폐허 속

---

2   중화주의의 주변으로서 사대교린 질서를 수용했던 조선이 19세기 말 만국공법을 선택적으로 수용하지만, 만국공법의 실체를 곡해해 변방적 사고(오지의 사고)를 벗어나지 못한 역사적 상황이 아쉽기만 하다(김용구, 2004: 제1, 2장, 특히 56-71; 1999: 8-23 참고).

에서 20세기 후반 자립과 독립 그리고 번영을 위해 온 힘을 쏟았다.

20세기 후반기 미국의 일방주의가 약화되고 비서구 지역의 정치적, 경제적 자립이 확대되면서 다원주의, 다중심주의가 현실화된다. 이제는 아시아 공동체나 유럽연합의 향방, 중국과 인도의 경제 발전, 세계경제의 다원화 등이 화두다. 이슬람 지역도 다시 결속하고 있다. 남미나 중미도 다양한 결속과 연대를 강화하고 있다. 아프리카 지역도 서서히 세계 체제의 한 축으로 자리 잡고 있다. 국가 간 자유무역협정도 양자 협정에서 다자 협정으로 확대된 지 오래다.

세계의 중심은 계속 이동해왔다. 제국주의 시대에도 서구 각국은 부침을 보여왔다. 포르투갈, 스페인, 네델란드, 영국, 프랑스, 독일 등의 부침이 그것이다. 20세기 제2차 세계대전 이후 초강대국이었던 미국도 이제는 중국과 자웅을 겨루고 있다. 머지않아 중국과 인도가 그 자리를 대체할 것이다. 이처럼 중심주의의 중심은 앞으로도 계속 변화할 것이다.

역사상으로 한반도는 중심부의 주변이자 변방으로 자리매김해왔다. 중심의 변동기에는 항상 중심의 힘겨루기 과정에서 직접적으로 피해를 입었다. 중원中原의 세력이 변동될 때는 여지없이 중심부의 소용돌이 속으로 빨려 들어갔다. 몽골, 만주, 일본 등이 강력해질 때에도 마찬가지였다.

중심은 자신과 관계 맺고 있는 타자들을 자신의 주변으로 복속시킬 때 작동될 수 있다. 한반도는 중원이나 주위의 세력들이 스스로를 중심으로 자리매김할 때는 항상 그들의 논리를 관철시키는 일차적인 공략 대상이었다. 한반도는 그만큼 중심주의의 피해를 체험해 온 주변부 공간이었다.

기존의 모든 중심주의는 한국을 중심의 논리에 따르는 주변이 되기를 강요해왔다. 이러한 중심-주변의 위계적 관계로 인해 한국인은 자율적인 자기 기획은 물론이고 타자와의 대등하거나 정상적인 관계 맺기도 불가능했다. 생존을 위협받으면서 을의 위상을 강요받고 갑의 갑질을 견뎌내야만 했다.

이러한 역사적 상황은 우리가 적극 개입해 정당한 목소리를 내지 않을 경우, 중심과 주변의 이분법적 위계질서화를 극복하지 못할 경우 또다시 반복될 확률이 매우 높다. 서구 중심주의뿐만 아니라 신판 중화주의도 한국과 동아시아 및 세계 다른 지역을 또다시 주변으로 간주할 것이기 때문이다.

이런 상황을 슬기롭게 극복하기 위해서 한국인들은 기존의 중심주의가 갖는 한계를 고찰하고 대안을 주도적으로 구성해야 한다. 이 방안만이 한국인이 생존과 번영 그리고 평화와 행복을 스스로 기획할 수 있게 할 것이기 때문이다.

이제는 다중심성을 기초로 구성원들 각자가 모두 다 중심이 되는 그러한 열린 다중심주의를 인식의 틀로 삼을 필요가 있다. 특정한 중심의 중심성을 정점으로 세계를 위계화하거나 그 중심의 논리를 주변에 일방적으로 강요하는 방식은 더는 정당화해서도 안 되며 정당화될 수도 없다. 세계적 단위에서 작동되는 네트워크형 소통의 구조가 구성원들의 민주적 참여를 보장하기 때문이다.

지식정보의 네트워크로 엮여가고 있는 국가 및 세계는 소통의 참여자 모두를 하나하나의 매듭으로 삼는다. 그 매듭 각각은 유연하게 소통의 중심부를 형성할 수 있다. 이 소통 방식은 누구나 중심이거나 주변이 될 수 있는 유연한 새로운 관계의 논리를 허용한다. 이 소통 참여자들은 기존의 고착된 중심부/주변부의 관계를 탈중심화하고 다중심화한다. 그들은 사안에 따라서는 스스로를 중심화할 수도 있으며 탈중심화할 수도 있는 유연한 존재들이다.

이것은 국가 간의 관계에도 마찬가지로 적용된다. 민주주의 국가에서는 주권은 국민의 것이며 모든 국민이 주권을 평등하게 지닌 존재로 인정된다. 세계적인 차원에서도 일국의 국가 주권은 타 국가 주권과의 관계에서 있어서 평등한 것으로 간주된다.

이러한 유연한 중심주의의 틀 내에서 모든 주권자와 주권국가가 상생하고 번영할 수 있는 새로운 전략을 구상할 필요가 있다. 국가 간 관계뿐만 아니라 주권국가 내부의 집단과 구성원들도 다중심의 하나의 매듭으로서 존재하기 때문이다.

그러나 기존의 위계적이며 일방적인 중심/주변의 관계는 쉽게 변경되지 않는다. 오히려 힘 중심의 위계적 중심주의들이 세계 곳곳에서 그 위력을 행사하고 있다. 이것을 극복할 수 있는 현실적인 대안들이 정착되지 못하고 있기 때문이다.[3]

---

[3] 서구 내부에서도 기존의 서구 중심주의를 상대화하려는 시각이 제안되고 있지만, 이것이 비서구의 사태를 객관적으로 파악한 것은 아니다. 오히려 그것은 이민이나 이질적인 문화(주로 이슬람 문화)의 섞임이나 자본과 노동 그리고 과학기술의 탈국가화 등이 증가하고 있는 서구의 현실 사태의 변화를 반영하고 있는 것이다. 수천 년간의 전통과 서구 근대가 섞여 있는 현재의 비서구의 핵심 사태를 중심으로 이론을 재구성하거나 기존의 서구 중심주의의 시각을 세계적인 차원에서 전적으로 재구조화한 것은 아니다. 비서구의 사태를 중심으로 중심주의를 벗어나려는 시도나 이론적 구상이 서구 중심주의에 젖어 있는 서구인들에게는 너무 낯설고 이질적이어서 그들의 소통의 장에서는 수용될 수 없을 것이다. 한번 고착된 개념, 사유, 이론 틀을 벗어나서 전혀 다른 현실 사태를 기반으로 전혀 다른 집을 짓기에는 서구인들의 사유와 판단과 평가가 너무나 자체의 역사 문화적 틀에 묶여 있기 때문이다.

어쨌든 서구 근대의 논리가 비서구에서도 상이한 현실 사태의 진행에도 불구하고 차선책으로 수용되고 통용되어왔다. 그것이 비서구의 역사 문화적 개념과 사유를 대체하면서 서구 문물의 유입으로 새롭게 형성된 현실 사태를 해석하는 강한 이론 틀로서 작동되었기 때문이다. 전통 사회는 제국주의의 침탈로 빠르게 무너지고, 서구발 자본의 물결이나 과학기술의 물결이 그 자리로 빠르게 밀려 들어오면서 이 새로움을 해석하는 논리로서 서구 근대의 이론이 수용되었다. 오히려 서구 근대의 이론이 비서구의 현실 자체를 대변하는 새로운 패러다임으로 통용되었다.

그것은 중심의 논리로, 주도적인 패러다임으로 변경된다. 이런 과정을 통해 서구의 이론은 비서구 사회도 변화를 위해서 따라야만 하는 전형으로 간주된다. 기존의 비서구의 이론들은 매우 주변적인 것으로, 사태를 설명하지 못하는 열등한 것으로 간주된다. 따라서 비서구도 서구의 이론이 통용되어야만 하는 지역으로 간주된다. 이러한 과정을 거쳐 비서구에 수입된 서구 중심주의는 비서구에서 중심으로 고착화됨으로써 비서구의 지정학적 특이성에 입각한 근대의 진행 과정을 사상捨象해버린다.

이러한 논리에 따라 근대화가 곧바로 서구화로 이해된다. 비서구는 서구의 근대화를 모범 삼아야 한다. 그러나 이렇듯 서구를 중심으로 재편된 중심/주변 구도를 벗어나 근대화, 근대성을 논의하기 위해서는 각 지역과 문화가 나름대로 진행해온 현실 사태에 걸맞은 이론을 구성하는 데서 출발해야 한다.

모든 개념과 해석이 특수한 지적, 역사적 전통과 연계되어 있다는 점을 인정한다면, 서구적 근대성 이론이 도외시하거나 주변화했던 사태들이 비서구에서 전개되어온 자취를 추적하고 현재적 시점에서 그 의미를 부여하는 것이 중요하다. 한국 사회를 대상으로 하는 이론화 작업도 바로 이곳에서 전개되고 있는 사태를 대상으로 삼는 것이 정상적인 경로다. 특히 비서구의 경우 자신이 처해 있는 근대의 특징을 파악하기 위해서는 지식의 지정학에서 출발하는 것이 상식이다.[4]

예를 들어보자. 라틴아메리카에서는 근대성과 식민성을 동전의 양면처럼 간주하면서 근대 이후의 기획을 시도하고 있다(미뇰로, 2013: 88). 물론 그 기반도 지식의 지정학이다. 그곳의 독특한 지정학적 위상을 기반으로 이 양면성을 극복하는 다양한 제안이 제시되고 있다. 엔리크 두셀도 서구의 근대성을 라틴아메리카의 식민성과 동전의 양면으로 이해한다. 근대성 신화에는 합리주의의 이성적 핵심도 있지만, 아메리카 정복에서 나타난 희생 신화와 폭력 등의 비합리성을 함께 포함하고 있다는 것이다.[5] 서구 근대의 출발은 라틴아메리카의 식민지화에서 그 동력을 얻었다고 한다. 재차 강조하자면 라틴아메리카에서 은과 금을 채굴하고 노동력을 착취함으로써 그것을 기반으로 세계경제에 올라탈 수 있는 자본을 축적했으며 산업혁

---

[4] 지식의 지정학이라는 논점은 인간 인식의 존재론적 특성과도 일치한다. 인간의 인식은 발생적으로 뇌에 기반을 두고 있는데, 뇌 신경계 모듈의 장소 의존성뿐만 아니라 그것들 사이의 상호 관계 및 뇌의 길 형성과 뇌의 가소성 등도 그것이 속해 있는 주위 환경과의 소통을 통해 작동된다는 점에서 지식의 지정학과 유사한 구조로 작동된다(에델만, 2017: 75-86; 2015: 102 참고).

[5] "이슬람 세계의 주변적이고 미숙한 유럽 '주체'가 발전하기 시작해, 그 '주체'가 멕시코를 정복한 에르난 코르테스와 더불어 '세계의 주인'으로서, '권력의 의지'로서 모습을 갖추게 된다. 이로써 근대성의 해방적 '개념'뿐만 아니라 '유럽 중심주의의 오류'와 '발전주의 오류'에 근거한 유럽 지상주의의 살인적이고 파괴적인 '신화'도 드러난다."(두셀, 2011: 29).

명과 자본주의화에 성공했다는 것이다. 이러한 논점은 서구 근대성이 지닌 이면을 라틴아메리카의 역사적 현실과 연계해 비판적으로 재구성한 것이다.

월터 미뇰로도 유사한 논점을 피력한다(미뇰로, 2010: 102-103). 그는 유럽과는 다른 라틴아메리카의 역사적-구조적 이질성에 대한 인식에서 출발함으로써 근대성의 이면을 포착할 수 있다고 주장한다. 즉 그는 라틴아메리카에 역사적으로 주어진 사태를 기초 자료로 그 나름의 독특한 근대성 이론을 구성하는 방법을 모색한다.[6]

3. 한국의 근대 — 하나의 새로운 해석

3.1. 전통과 근대

한국의 경우 이 두 논지를 염두에 두면서 역사 문화적으로 전개되어 온 독특한 현실 사태의 진행 과정을 파악할 필요가 있다. 전통적인 것과 식민지적인 것 그리고 서구의 근대적인 것이 혼합되어 있는

---

6 미뇰로는 지식의 지정학과 경계 사유를 통해 서구 중심의 근대 이해를 극복하고자 한다. 그는 경계 사유를 통해 영토적 사유(지정학적 사유)의 한계를 극복하고자 한다(미뇰로, 2013: 123-124, 523, 540, 555 참고).
두셀의 경우도 독특한 대안을 제시한다. 그는 서구 근대적 이성을 전면적으로 비판하지 않는다. 그러나 지배적이고 살인적이고 폭력적인 이성에 대한 후기근대론자들의 비판은 수용한다. 그는 보편적 합리주의는 반대하지만, 합리주의의 이성적 핵심을 부정하는 것은 아니다. 그가 부정하는 것은 이성이 아니라 근대성 신화에 내재된 폭력이라는 비합리성이다. 오히려 그는 서구적 근대를 넘어서는 통근대적 세계성을 지향하는 '타자의 이성'을 긍정한다(두셀, 2011: 29, 227).

복합적인 사태를 대상으로 할 수밖에 없다는 점에서는 유사하지만, 한국 및 동아시아에서의 사태의 역사적 족적은 라틴아메리카와는 다르기 때문에 그에 걸맞은 특징을 구성할 필요가 있다.[7]

예를 들자면 조선 사회는 가장이 경영의 주체인 소농 중심 사회였다. 채권, 채무 의식을 바탕으로 한 경영 주체들 사이의 협동 융자 체계나 사창·환곡 등의 부조 제도 등도 서구 사회보다 먼저 광범위하게 작동되었다. 또한 과거제도를 통해 관료가 수급되는 문치 사회이자 문인 관료층이 왕과 협치하는 중앙집권적 관료제 사회였다(권용혁, 2017: 219; 미야지마 히로시, 2013: 328-331, 403-404; 최익환, 2013: 110-128; 아이젠스타트, 2009: 9; 미야지마 히로시, 배항섭 엮음, 2015: 10-23, 62-92 참고). 17세기 이후 조선 사회에서는 세계 어느 지역보다도 정치적 공론장이 잘 작동되었다. 특히 공정한 경쟁을 통해 인재가 수급되었던 중앙집권적 관료 제도는 유럽의 근대국가들보다 200년 이

---

[7] 식민주의와 서구 모더니티를 한 묶음으로 묶는 지정학적 사고를 내부적으로 진척시키기 위해서는 지역의 역사와 경험에 기초한 (특수하면서도 보편적인) 근대성 구축이 필수적이다. 식민-피식민 근대성 해석 중 라틴아메리카의 역사 문화적 전통 속의 근대적인 것들을 정상화해 식민-피식민 근대성과 대등하게 비교되는 한 축으로 삼을 때 독특하면서도 보편적인 또 하나의 근대성이 구축될 수 있을 것이다. 경계 사유(미뇰로)나, 통근대성(두셀)의 구체화를 위해서도 이 작업은 필수적이다. 이 작업이 구체화될 때 비서구 근대의 진행 과정에서도 자신 안의 타자인 서구 모더니티를 객관화하는 기준점을 세울 수 있을 것으로 생각되기 때문이다. 라틴아메리카의 탈식민주의적 논점에 대한 비판적 평가와 한국 및 동아시아적 맥락에서의 근대의 특성에 대한 나의 해석은 권용혁(2017: 225-231)을 참고하기 바란다.

이러한 논점을 한국적 지형에서 성찰하고자 하는 나는 여기에서 한편으로는 지식의 지정학적 측면을 이용해 지식의 특수한 근대적 시각을 정리하고, 다른 한편으로는 이 시각의 일반화를 위한 사례로서 기존의 (다)중심주의를 재해석할 수 있는 새로운 몇 가지 논점을 제안하고자 한다.

상 앞서 작동되었다. 학업과 공정한 경쟁을 통한 입신양명뿐만 아니라, 학문의 바탕에 깔린 청렴성과 공정성 강조와 천하위공의 이념은 한국의 근대화 과정에서도 변용된다.

교육열과 치열한 경쟁을 통한 성취욕은 누구나 열심히 노력하면 정상에 오를 수 있다는 성공 신화로 이어진다. 산업화 시기 관료들의 상대적 청렴성과 1970-80년대 지성인의 민주화라는 대의를 위한 헌신 등도 이러한 전통과 연관성이 높다. 21세기 지식정보사회에 필수적인 고도의 인프라 구비도 이러한 역사적 맥락과 맥이 닿아 있다.

이처럼 한국의 역사 속에서 근대의 특징들을 발굴해내기는 어렵지 않다. 언급된 거의 모든 사례는 서구보다도 더 앞서 전개된 것이기도 하거니와, 그 특성 역시 내적 역동성 속에서 형성, 수정, 변화되어온 것이다. 서구적인 근대적 특성이 이 땅에 수용되기 이전부터 민주주의나 자본주의의 맹아들이 내부적으로 자라오고 있었던 것이다.

이러한 역사적 현실에 기반을 둔 특성 파악과 시각 조정은 지금까지 유럽 중심의 근대 및 근대성이 간과하거나 비중을 두지 않았던 부분의 중요성을 부각시킨다. 이러한 사례들은 근대 연구의 지역과 시각을 상대화, 다원화함으로써 지금까지의 서구 중심의 연구 방법과 내용 자체를 근본적으로 재검토하게 한다. 이것들은 거꾸로 근대가 서구의 전유물이 아님을 반증하고 있는 것이다.

3.2. 근대의 재구성: 한국, 동아시아 그리고 세계

이러한 한국발 근대성 논의가 갖는 의미는 동아시아와 지구 전체로 확장해도 타당성을 확보할 수 있다. 21세기 지식정보화 시대, 4차 산업혁명의 시대, 혹은 포노사피엔스(최재붕, 2019: 17, 23-50 참고)의 시대는 기존의 서구 중심의 근대성 논의로는 포섭할 수 없는 현상들과 변화의 물결을 일으키고 있기 때문이다. 20세기 후반 산업화와 민주화를 성취한 한국인과 한국 사회는 21세기 들어서는 새로운 시대를 선도하는 다양한 모습을 보여주고 있다. 20세기 독특한 역사 문화적 경로에 따라 근대화를 진행해온 한국인은 지식정보화 시대에도 독특한 사태와 문화를 형성 중이다.

이런 상황에서 한국은 주변부로서 중심부의 논리와 힘에 휘둘릴 수밖에 없었던 과거의 기억을 기초로 그것을 극복하고 세계의 일원으로서 자기주장을 할 수 있는 논리를 자율적으로 구성할 수 있을까? 나는 과거의 힘 중심의 중심/주변의 논리에서 벗어나서 21세기 지정학적 사태를 기초로 한국인과 동아시아인 그리고 세계인의 공존과 번영을 위해서 요구되는 새로운 중심의 논리를 제안하고자 한다.

3.2.1. 중심과 주변 그리고 아주변

중심/주변의 논리가 지정학적 위상에 따라 다른 시각으로 구성될 수 있다는 점을 먼저 고찰해보자. 지정학적으로 위계적인 중심/주변의 논리에 사로잡혀 있었던 한국과는 달리 중화주의의 주변이 아닌, 주변에 붙어 있는 주변(아주변)이라는 지정학적 위상을 지녔던 일본은 주변과는 다른 삶과 사유 방식을 선택할 수 있었다. 그 설명을 들어보자. "아주변이란 중심에서 주변보다는 떨어져 있지만, 중심의 문명이 전해질 정도로는 근접해 있는 공간이다. 그 이상 떨어지면 '권외'가 된다. 아주변은 주변과는 달리 중심에 의한 직접적 지배의 위험이 없고 문명의 섭취를 선택적으로 할 수 있는 공간이다."(가라타니 고진, 2016: 275)[8]

일본은 자신을 변경이라고 규정하지만, 한국과는 달리 '세계의 중심'으로부터 멀리 떨어져 있다고 가정함으로써 중심의 직접적인 영향을 받지 않아 심리적인 안정을 우선 확보하는 한편, 열등한 지위를 무기로 삼아 자기 형편에 맞게 마음대로 해나가는 것을 당연시한다. 중심에 대해 겉으로는 복종하는 척하면서 속으로는 딴마음을 먹는 성격이야말로 변경인인 일본인의 사고방식의 특징이다. 열등함을 무기로 삼아 이익 추구에 전념한다는 생존 전략인 셈이다(우치다 타츠루, 2012: 81).

이러한 생존 전략은 곳곳에서 나타난다. 중화 문명의 직접적인 개입이나 지배에서 상대적으로 자유로웠던 일본은 그중 일부만을 선택적으로 받아들였다. 예를 들면 율령제나 그 근간인 균전제는 수용했지만, 중국의 황제(천자)와는 전혀 다른 천황제를 유지했다. 중국 왕조의 정통성은 민본 사상이나 역성혁명 혹은 천명 = 민의라는 관념과 연관되어 있으나, 일본의 천황은 혈통 이외에 그런 것들을 정

---

[8] 아주변의 사례로서 고대에는 메소포타미아문명이나 이집트문명의 변방 중의 변방이었던 그리스를 들 수 있으며, 그 이후에는 로마라는 제국, 혹은 중세 기독교 세력의 주변부의 주변부에 있었던 영국을 들 수 있다. 독일의 역사학자 비트포겔은 이와 유사하게 중심과 주변을 중심, 주변, 제2주변으로 구분하고 제2주변의 지역으로서 일본과 키예프를 거론한다.

당화할 필요가 없었다. 그저 무지를 핑계 삼아 자신의 주장을 현실에서 관철한 것이다. 따라서 천황은 스스로 권력을 잡지 않고 끊임없이 교체되는 권력자의 존재를 법적으로 정당화하는 '권위'로 자리매김되었다(가라타니 고진, 2016: 291-293 참고).⁹

일본 문학의 특징도 보편성과 중심성을 추구하지 않는다는 것이다. 그것은 미적, 직관적, 단편적인 성격이 강하다. 사회적인 현실성이 없고 보편적 이념성이 없다. 오히려 그것을 배척한다. 이러한 특징은 '아주변성'에서 오는 것이다. '중심'에는 견고한 골격이 되는 이념성이 필요하다. 또 '주변'도 그것을 받아들임으로써 그 중심의 주변이 된다. 하지만 '아주변'에서는 그럴 필요가 없다. 아주변에서는 중심이 강제한 이념적·도덕적인 태도를 싫어하고 특수한 수작업과 같은 것에 가치를 부여한다. 그런 점에서 아주변은 중심으로부터 자유롭고 유연하다. 하지만 한계도 사실 거기에 있다. 이렇듯 이론적·도덕적인 것을 경멸하는 태도가 세계에서는 보편적으로 통용될 수 없기 때문이다(가라타니 고진, 2016: 309 참고).

이처럼 한국과 달리 일본은 주변의 주변이었기 때문에 재빠르게 중심의 문물을 선택적으로 받아들여 변모했지만, 여기에 한계가 있다. 아주변에 있는 자들은 '제국'과 그 주변의 존재 방식을 이해할 수 없었다. 도요토미 히데요시나 메이지 이후 일본은 결국 안에 틀어박히거나 그렇지 않으면 공격적으로 외부로 향한다. 즉 내부 폐쇄적 고립과 공격적 팽창 사이를 왔다 갔다 하게 된다. 이런 맥락에서

---

9 일본에서는 율령제가 유지되면서도 한국이나 베트남에서처럼 관료제 국가가 나타나지 않았다. 오히려 그것과 무관한 무가 정권 체제가 성립, 유지되었다(가라타니 고진, 2016: 298 참고).

일본이 앞으로도 '아시아 공동체' 구성에 있어서 주도적인 역할을 하기를 기대하기는 어려울 것이다(가라타니 고진, 2016: 332).

일본인의 사회심리를 다룬 다츠루의 분석도 유사하다. "일본인에게도 자존심은 있지만, 늘 어떤 문화적 열등감에 사로잡혀 있다. 이 열등감은 지금 보유한 문화 수준의 객관적 평가와는 관계없이, 이유는 모르겠지만 국민 전체의 심리를 지배하고 있다. … 진정한 문화는 어딘가 다른 곳에서 만들어지고, 자기가 있는 곳은 어쩐지 뒤떨어져 있다는 의식이다. 아마도 이는 처음부터 자기 자신을 중심으로 하나의 문명을 전개할 수 있었던 민족과 대 문명의 변경에 위치한 여러 민족 중 하나로 출발한 민족의 차이라고 생각한다."(우치다 타츠루, 2012: 31)

이러한 열등감의 주된 이유는 일본인은 한 번도 자율적인 우주론을 가진 적이 없기 때문이다. 일본인은 후발 주자의 처지에서 선행의 성공 사례를 효율적으로 모방할 때는 탁월한 능력을 발휘하지만, 선발 주자의 처지에서 타국을 이끌어야 할 처지가 되면 사고가 정지해버린다(우치다 타츠루, 2012: 103). 따라서 일본인은 늘 '누군가에게 호명당하는 자'로서 세계에 출현할 뿐, '호명하는 자', 즉 '그 자리를 주재하는 주체'로서 나는 무엇을 할까라는 질문이 의식의 전면에 떠오를 일이 없다. 이미 벌어진 사실에 어떻게 대응할까, 그것만이 문제일 뿐 스스로 사실을 창출하는 입장에서 사유하는 것이 불가능하다는 것이다(우치다 타츠루, 2012: 209).

3.2.2. 주변부의 전략

이러한 주변의 주변에서, 변경에서 살아온 사람들과, 중심부의 직접적인 영향권에 있는 주변부에서 살아온 사람들의 생존 전략은 다를 수밖에 없다. 일본이라는 주변의 주변성은 중화의 주변이었던 한국이라는 방어막이 있었기 때문에 유지될 수 있었다. 수, 당, 원에 대해 한반도가 저항한 결과 일본의 아주변성이 확보, 유지되었다(가라타니 고진, 2016: 298).

일본과는 달리 전형적인 주변이었던 한국은 중심부의 흐름에 더 민감할 수밖에 없었다. 특히 중심부가 변동될 때에는 신구 세력의 충돌과 마찰의 직접적인 영향을 받았다. 한반도의 집권 세력은 생존을 위해서라도 중심부의 구조를 수용하고, 중심처럼 행동하는 동화적 전략을 사용함으로써 중심부로부터 생존을 보장받는 것이 합리적이었을 것이다. 예를 들면 조선은 중국에 있는 황제를 본가로 삼고 조선의 왕은 분가라는 예를 취했다. 지리적으로는 번藩이지만 사상적으로는 유교이기 때문에 자신은 위대한 화華의 일부라는 사고방식이었다. 즉 중심의 사상을 전적으로 받아들여 그것과 자신을 동일화함으로써 생존과 번영을 꾀했다. 오히려 중국보다 더 성리학적인 논의가 심화되면서 중심보다 더 중심스러운 보편주의를 추구하는 전략을 취하기도 했다. 조선의 주류는 중화사상에 입각해 스스로를 문명이라 칭하고 일본을 야만으로 간주했다.

그러나 주변은 중심부로부터 안전을 보장받고 동시에 내부를 결속하기 위해서는 동화적 전략 이외에 내부 결속을 위한 제3의 전략을 세워야 하는 이중 부담을 진다. 주변도 자체 중심을 잡아야 구성원들의 동요를 막고 내부적으로 권력을 안정적으로 행사할 수 있기 때문이다. 이 제3의 전략은 위의 사례처럼 중심의 논리보다 더 철저하게 중심의 논리를 자신의 논리로 채택하는 전략일 수도 있다(소중화주의). 중심과는 다른 독특한 주변부의 상황에 집중하는 전략일 수도 있으며(민본론, 민생론), 스스로를 중심부로 구성하는 논리를 세우는 전략일 수도 있다(원효의 화쟁, 회통 사상). 또한 이런 논리를 다양하게 섞어서 사용하는 전략을 채택할 수도 있다(다원적 전략).[10]

문제는 비대칭적인 권력 관계 속에서 자신을 안정시키는 논리와 전략뿐만 아니라, 스스로의 존립 기반을 내부적으로 견고하게 하기 위한 논리와 전략이 이중적으로 구성된다는 점이다. 특히 내부 결속의 논리와 전략은 외부와 연계된 존립 기반과 연동되어 있다는 점에서 독립변수라기보다는 보완적인 변수로 작동된다.

효종의 북벌론과 그 이후 주류 성리학의 소중화주의는 조선 사회의 지배 구조가 와해되는 위기를 극복하기 위한 존립과 내부 결속의 근거이자 정치적 명분으로 사용된다. 문제는 이 명분론이 동아시아의 현실 사태와는 동떨어져 있어서 오직 배타적이고 폐쇄적인 내부 결속용으로만 작동되었다는 점이다. 외부와의 교류와 문명의 흐름을 도외시하고 오직 내부 결속만을 도모하는 사고는 설령 내부의 단속에 성공하다 해도 객관적인 사태의 전개에 눈과 귀를 막는 배타성

---

10 강정인이 중심/주변의 이분법을 극복하기 위해 제안한 다섯 가지 전략이나 또 하나의 중심주의로 등장하고 있는 중화주의에 대한 해석은 주목할 만하다(강정인, 2004: 4, 11, 12장 참고). 서구 중심주의의 비판과 상대화를 시도하는 학자들(월러스틴, 두셀, 미뇰로, 프랑크 등)의 논의가 갖는 장단점에 대한 설득력 있는 논점은 강정인(2016: 115-138, 특히 136-138)을 참고하기 바란다. 강정인은 월러스틴의 '서구 중심주의 비판'과 '반서구 중심적 서구 중심주의 비판'이 갖는 한계를 지적하면서 서구 근대적 가치인 인권, 자유, 평등 등에 대한 긍정적 평가를 내린다. 나는 이와는 달리 한반도를 둘러싼 기존의 위계적인 중심주의(중화주의, 일본 중심주의, 서구 중심주의 등)의 논의를 주변부의 입장에서 재해석해 한국의 21세기 생존과 번영의 전략으로 '열린 다중심주의'라는 개념을 도입한다. 이 논의는 결론부인 4절에서 심도 있게 다룰 것이다.

과 폐쇄성을 한계로 안고 갈 수밖에 없다. 19세기 중후반 조선 주류 지식인들의 변방(오지, 변경)적 사고방식이 그랬다(김용구, 2004: 9, 68-78 참고).

3.2.3. 중심주의를 넘어서: 다중심성과 새로운 관계 설정 전략

이제는 이러한 과거의 이중적인 논리와 전략은 통용되지 않는다. 자폐적인 오지적 사고는 세계적 단위의 지식과 정보의 네트워크형 소통 구조 속에서는 살아남기 힘들다. 변경적 사고는 중심과 주변의 변동기에는 자신의 생존과 번영을 위해서라도 기존의 중심/주변의 관계를 새롭게 재구성해야 한다. 미국 일국 중심의 피라미드형 위계적 중심주의는 효력을 상실하고 있다. 그 자리를 대신해서 한편으로는 자국 중심주의가 그리고 다른 한편으로는 경제, 과학기술, 지식정보의 세계화가 서로 섞여 국제 질서가 재구성되고 있는 중이다. 이 변화에 능동적으로 대처하기 위해서라도 한국은 현명한 미래 전략을 세워야 한다.

자국 중심주의가 만연해 있는 동아시아의 정치 지형에서는 한국도 일차적으로는 국가적, 사회적 결속력을 굳건히 유지할 필요가 있다. 그러나 이러한 과잉 정치 지형이 유발하는 소모적인 힘겨루기에서 벗어나 상호 소통과 협업을 통한 생존과 번영을 담지하기 위해서라도 보다 수평적인 상호 관계의 정착은 필수적이다.

세계적으로도 국가 간 패권의 논리가 작동되고 있다. 대국과 소국의 관계에서 패권 질서의 위계화는 필연적이다. 하물며 중형 국가로 성장한 한국도 절대 강국인 미국과 중국의 힘겨루기가 진행 중인 현 상황에서는 이 두 패권 세력이 힘을 겨루는 각축장이자 실험장으로 이용될 수 있다. 미국과 중국의 경제 전쟁과 군사 경쟁에 한국이 민감할 수밖에 없는 이유다. 특히 중심부 패권의 주도권이 이동하는 시기에는 주변으로서의 한반도는 항상 힘겨루기가 벌어지는 최전선이었다. 이것은 남북 관계에도 그대로 적용된다. 남북이 패권 경쟁으로 가는 한 남북한은 더 큰 패권 세력이 만드는 소용돌이 속으로 빠져들어 또다시 특정한 패권 세력의 휘하로, 종속적 질서 체계의 하수인으로 추락할 것이다.

이러한 상황을 제어하고 한반도 평화와 21세기 동아시아 및 세계에도 통용되는 한국발 대안과 그 정당성은 비패권, 반패권의 논리, 상생과 상호 번영의 논리를 우선적으로 고려해야 한다.[11] 서구식 근대국가의 배타성과 패권 지향성을 제어하고, 지역의 경험과 기억을 기반으로 서구의 패권주의를 뛰어넘는 상생과 연대 그리고 평화 정착의 방안을 구성할 경우, 이 방안은 동아시아인들뿐만 아니라 세계인들에게도 공감과 동의를 얻을 수 있는 미래지향적인 하나의 지침서가 될 것이다.

---

[11] 동아시아 지형에서의 중심/주변의 관계 재해석과 남북 관계의 해석 논점도 시대에 따라 변화되어왔다. 특히 한국전쟁과 그 이후 전개된 정전 체제, 분단 체제, 평화 체제 등의 논의는 패권 중심의 중심/주변의 관계를 여실히 보여주고 있다. 그 사태의 흐름 속에서도 한반도의 안녕과 평화를 위해 다양한 방안이 제안되어왔다. 이 제안과 합의 사안들에 대한 정리와 구체적 전략에 대한 논의는 박순성(2018, 28-51)을 참고하기 바란다. 특히 박순성(2018: 36, 40)의 〈표 1〉과 〈표 2〉는 그 논의의 역사를 연대표 형식으로 일목요연하게 정리한다.

4. 근대 이후의 기획 — 중심/주변의 재구성 시도

코로나 19 사태 이후 국가 단위의 결속력이 강화되고 있지만, 세계 곳곳의 지식과 정보가 실시간 사회 관계망을 통해 소통되면서 각국의 정책에 대한 비교와 평가도 함께 진행된다. 폐쇄적 국가주의, 민족주의는 더 이상 통용되기 힘든 상황이다. 오히려 세계 곳곳에서 진행되는 사태들을 실시간으로 검색하면서 보다 객관적으로 판단하고 평가하는 사람들이 늘어만 간다. 이들은 자신의 삶과 미래를 세계적 차원의 비교, 분석을 통해 자리매김하고 기획한다.

팬데믹의 발생과 그것에 대처하는 각국의 대응 방식도 세계적 차원에서 비교, 분석, 평가되고 있다. 보건, 의료 분야의 모범적 대처 방안들뿐만 아니라, 전반적인 사회적 안전망이나 생활지표 그리고 문화적 특징들에 대한 국가별 비교 분석과 이것을 기초로 한 각국의 정책적 변화도 매우 빠르게 진행 중이다.

코로나 19의 팬데믹 이후 글로벌 가치 사슬이 일시적으로 약화되고 있지만, 중장기적으로는 경제뿐만 아니라 과학기술과 정보 및 인적 소통의 세계화는 지속될 것이다. 세계적 분업 및 협업이 가져온 효율성과 실질적 상호 이익을 대체할 수 있는 폐쇄적인 국가적 단위의 가치 사슬과 소통망 구축이 거의 불가능할 것이기 때문이다.

세계는 더욱더 촘촘히 엮여가고 있다. 산업 생산물뿐만 아니라 기술과 금융, 그리고 사상과 문화까지 모든 분야가 다 엮여만 간다. 국가별 생산력/구매력 지수가 말해주듯 지역별·국가별 경제력도 다중심화되고 있다. 정치도 미국 일방주의에서 벗어나 지역화, 다원화되고 있다. 기존의 중심/주변의 위상과 논리도 변화 중이다. 20세기 내내 주변부로 폄하되었던 한국의 입장에서는 기존의 중심/주변의 구도와 중심부 중심의 세계 지배 논리에서 벗어나 이것을 대체할 수 있는 새로운 상생과 번영의 논리를 제안할 수 있는 절호의 기회다. 한국이 이제는 세계적으로도 다중심의 하나로서 인정되고 있기 때문이다.

21세기 세계는 더욱더 밀도 있게 네트워크화되어가고 있다. 자본과 노동뿐만 아니라 시장과 소비문화도 세계를 하나의 무대로 삼아 상호 영향력을 주고받고 있다. 과학기술과 지식정보도 개방형 공론장에서 검증·유통되고 있다. 개인들도 국민적 정체성이나 시민적 정체성만을 고수하지 않는다. 각자가 다원화되고 다층화된 복합적인 소통망의 구성원이자 참여자들로 변신 중이다. 이 소통망의 기본 단위는 자유롭고 평등한 네티즌들이다. 이들이 개방형 네트워크의 잠재적 참여자들이다.[12] 이들이 참여한 다양한 네트워크는 개방형 공론장을 기본으로 한다. 이 개방형 공론장들 안에서의 그리고 그들 사이의 상호 소통과 검증이 일상화되고 있다.

한국 사회도 한국인들도 변화 중이다. 한국은 경제적으로나 문화적으로 21세기 세계 주요 리더 국가 중 하나로 자리 잡고 있다. 한국인들이 능동적으로 이 변화를 이끌어가고 있다. 특히 20세기 중반부 이래로 한국인들은 주변부로서 중심부의 사태 변화에 민감하게 반

---

[12] '포노사피엔스', '초연결인', '넷인', '언콘텍트인' 등의 새로운 개념들도 이러한 개방형 네트워크와 참여자들로 구성된 세계를 설명하는 기초 단위로 제안되고 있다. 대부분의 세계인이 인터넷과 다양한 어플리케이션을 통해 서로 소통하는 모습이 이제는 일상적이다. 국경과 언어와 문화의 경계를 넘어서서 생각과 정보와 지식이 일상적으로 유통, 공유, 재해석되고 있다. 인류의 만남과 소통의 방식이 열린 네트워크형으로 빠르게 변화하고 있다(최재붕, 2019: 277-282 참고).

응하면서 자신의 위상을 정립해왔다. 그만큼 현실 사태의 변화를 수용하고 그에 걸맞은 방안을 마련하는 데 익숙해 있다. 이 민감성과 수용력은 개방형 네트워크화가 진행되는 21세기에는 타자들과 소통하는 데 있어 강점으로 작용하고 있다.

현재는 미국을 정점으로 한 피라미드형 구도에서 유럽연합, 중국 등의 부상으로 중심부가 다원화되고 있다. 그러나 문제는 세계가 다원화, 다중심화된다 해도 다중심화 중 하나의 중심을 단위로 또다시 위계적인 중심과 주변의 관계가 형성될 확률이 높다는 것이다. 이 변동기에 잘못 대처하면 한국은 다중심 구도에서도 또 다른 주변으로 전락할 가능성이 높다.

또다시 주변으로 떨어지지 않기 위해서는, 혹은 다중심의 구도 속에서 하나의 중심이 되어 상호 공존과 공영의 주역이 되기 위해서는 대외적으로뿐만 아니라 국내적으로도 다중심성을 일관성 있게 기획할 필요가 있다. 안과 밖이 다중심화될 경우 한국인들도 각자가 하나의 중심으로서, 세계를 단위로 하는 수평적 네트워크의 능동적 참여자로서 일상의 민주화를 실현하는 주역이 될 것이다.

현재 한국 사회 곳곳에서는 실질적인 민주화가 진행 중이다. 법과 제도 및 가족뿐만 아니라 각종 결사체, 기업, 시민사회 등의 다양한 세부 영역도 빠르게 민주화되고 있다. 위계적인 갑을 관계에 젖어 있던 관행들이 빠른 속도로 폐기되고 있다. 한국인들은 일상의 민주화와 네트워크형 관계를 바탕으로 새로운 소통의 구조와 논리를 만들고 있다.[13] 그 변화의 핵심에는 구성원들 각자의 자유와 평등을

---

13 특히 코로나 19 사태를 국민 참여형 민주주의의 실험으로 극복하고 있는 한국

보장하는 네트워크형 공론장과 그것에 참여해서 합리적인 해결 방안들을 함께 만들어가는 참여자들이 있다. 이 참여자들이 모두 능동적인 하나의 중심으로서 생각하고 행동하고 있다. 네트워크형 공론장에서 이들이 만들고 있는 새로운 합리적인 대안들이 세계인들의 주목을 받고 있다.14

한국발 대안은 이렇듯 자유롭고 평등한 구성원들이 참여하는 네트워크형 연대를 기획하고 현실화하는 것에서 출발한다. 그것은 정부나 국가 엘리트들 중심의 수직적, 위계적인 피라미드형 정책 결정이나 위계적 중심주의의 형태가 아니다. 그것은 근대국가의 수직적 중심주의(중심/주변 분리와 중심 위주의 주변 해석)의 이분법적이며 위계적인 논리를 거부한다는 점에서 반패권 연대의 특성을 띠고 있다.

인과 한국 사회의 모습이 보건 위생 부분뿐만 아니라 사회적·국가적 위기 관리 모형의 전형으로 세계적으로 평가·수용되고 있는 점도 주목할 필요가 있다. 이러한 한국인의 모습은 각자가 스스로를 참여의 주체로서 정립하고 국가적 위기의 극복을 위해 개방형 네트워크에서 지혜를 모으고 그 실행에 협조하는 모습을 보여준 21세기형 참여 민주주의의 하나의 모델이다. 이 모델은 21세기 지식정보사회형 참여 민주주의의 하나의 전형으로서 간주되고 있다. 즉 이 국민 참여형 사례도 국민 대다수가 네트워크의 하나의 매듭이면서 자발적인 참여자로서 서로 자유롭게 소통하고 공론장에서 합리적인 해결책을 다중 지성의 참여로 다듬고 실행한 (촛불혁명 이후의) 또 하나의 세계사적 사건으로 자리매김 되고 있다.

14 예를 들면 드라이브쓰루, 워킹쓰루, 마스크 약국 판매, 전 국민 마스크 착용 및 거리두기나 접촉 빈도나 범위 제한 등이 국민들의 제안이나 능동적인 참여로 정착된 것들이다. 그 저변에는 바로 국가 단위의 다양한 열린 네트워크형 공론장의 활성화와 국민 개개인들의 능동적인 참여가 자리 잡고 있다. 바로 이것은 사회적으로 다른 타자들에 대한 일종의 열린 공동체주의적 삶의 방식을 국민들 개개인이 능동적으로 채택한 것으로 볼 수 있다. 그 이면에는 개인들이 자신의 삶을 자신과 다른 삶을 살아가는 타자들과 함께 연관 지어 성찰적으로 바라보는 태도가 있다.

또한 네트워크형 공론장에서는 누구나 타당성을 상호 검증하고 정책 제안을 한다는 점에서 비패권 연대의 특성을 띠고 있다. 이러한 국민 참여형 민주주의와 연대는 한국 사회에서는 간헐적으로 이어져왔다.

이러한 반패권, 비패권의 연대의 논리를 기반으로 기존의 중심/주변의 논리를 보완, 대체하고 있는 한국형 새로운 중심의 논리를 기반으로 타자나 타국과 연대하는 새로운 집을 짓고 사람들이 그 안에서 모두 함께 평화롭게 공존, 번영하도록 하는 방안을 구체화하는 길이 한국발 보편주의의 길이 될 것이다. 이러한 구상은 20세기형 근대국가 기반 근대성 논리를 넘어서는 21세기형 한국발 모델로서 자리매김될 수 있을 것이다.

서구뿐만 아니라 한국처럼 식민 지배를 받았던 비서구 지역들이 서구 중심의 위계적인 중심/주변의 일방적인 구조를 대체해 자유롭고 수평적인 연대의 관계를 새롭게 구성할 수 있는 논리를 우리는 어떻게 구체화할 수 있을까?

첫 번째 방안은 기존의 위계화된 중심/주변의 구도를 현실에서 전개되는 다중심화를 기반으로 상대화하고 약화시키는 것이다. 위계적인 중심/주변을 고착화하는 중심주의에서 다중심으로의 중심성 이동은 100년 이상 지속된 서구 중심의 중심/주변의 구도를 무력화하고 있다. 서구를 중심으로 사고하거나 서구 중심주의를 숙명으로 받아들였던 시각은 이제는 강한 설득력을 지니지 못한다.[15] 오히

---

15 중심과 주변을 이분법적으로 구분하고, 그 중심을 계속해서 중심과 주변으로 구분해 궁극적으로는 중심을 특정한 핵심 세력이나 개체로 고정시켜 피라미드형으로 위계화하는 패권주의적이거나 개체주관적인 중심주의는 홀로 절대적

려 지역 단위의 다중심화가 확산 중이다. 이 다중심화는 기존의 중심주의를 변경, 약화시키고 있다.

두 번째 방안은 다중심의 한 축 내에서 다시 등장하고 있는 신판 중화주의나 대일본주의 등의 전면화를 방지하기 위해서는 국가 구성원들이 능동적으로 폐쇄적인 국가주의를 벗어나 열린 소통을 일상화하고, 국제적으로는 국가 내부에 존재하는 반패권, 민주화 세력과 함께 연대해 위계적 구조를 열린 수평적 구조로 변경하는 것이다. 연대의 논리는 위계적인 갑을 관계를 거부하는 '자유롭고 수평적인 네트워크형 열린 관계의 논리'다. 위계적인 중심/주변의 힘의 논리를 제어하고 약화시키기 위해서는 다중심의 하나의 중심 안에 존재하는 다양성과 다중심성이 자유롭게 숨 쉴 수 있는 환경을 지역적, 세계적 단위에서 함께 만드는 것이 중요하다.[16] 위계적인 중심성

인 권력과 진리를 담지할 수 있는 개체를 상정하고 그것을 핵심 중심 삼아 피라미드형 중심/주변의 관계를 전개한다. 그러나 이 개체 중심성과 개체 존재론은 그 개체가 존재하기 위해서는 타자와의 관계를 필연적으로 전제한다는 존재의 기본 양식과 사태를 무시하고 있다는 점에서 현실 정합성을 유지하기 힘들다.

[16] 다양한 존재가 함께하는 공간으로 '만남 구역'을 설정한 이졸데 카림의 시도도 하나의 사례다. 그는 다양한 특수주의와 개별 정체성을 결합하는 하나의 정치 통합체를 구성하고자 한다. 그는 국가나 민족을 단일체나 통일체로서가 아니라, 통합체이자 다양성의 결합으로 파악하고자 한다. 그것은 서구의 1세대 개인주의의 자유주의처럼 다양한 특수주의와 개별 정체성을 추상적인 자유나 권리로 해소하지 않는다. 또한 2세대 개인주의의 분리주의처럼 특수한 정체성의 정치만을 강조해 통합을 부정하지도 않는다. 오히려 '만남 구역'은 다양성의 존중과 이들 사이의 통합과 결합을 함께 강조하는 제3의 논지(3세대 개인주의)를 대변하는 사례로 제안된다(카림, 2019: 271, 285, 286, 289-293 참고). 다만 이러한 서구의 개인주의나 자유주의를 기초로 한 이론사적 맥락에서의 새로운 해석이 비서구의 현실 분석에서도 통용될 수 있을 것인지는 여전히 의문이다. 이론의 생성과 발전사뿐만 아니라 현실 사태의 전개 과정도 달라서 새로운 해석이 지

강화의 경향을 제어하고 내부를 다양화, 다중심화해 '따로 또 함께' 할 수 있는 기획안은 그것을 가능하게 하는 터전이 있어야 가능하기 때문이다.

세 번째 방안은 네트워크형 소통과 연대를 강화하기 위해 안과 밖을 모두 다중심화하는 다중심의 심화와 확대의 논리를 구상하고 시행하는 것이다. 이 논리는 '일관성 있는 다중심주의'로 명명할 수 있다. 안과 밖의 다중심화를 통해 밖으로는 서구 중심주의, 미국 일방주의, 신판 중화주의 등의 위계적인 중심/주변 관계를 해체할 수 있다. 안에서도 생존을 위해 똘똘 뭉치자는 위계화된 동일화, 단일화의 논리와 배타적이며 폐쇄적인 공동체의 논리를 무력화할 수 있다. 이것이 성공할 경우 우리는 누구나 중심이 될 수도 있으며 또한 누구나 주변이 될 수도 있는 '유연한 다중심주의'를 일상화할 수 있다.[17]

정학적인 한계를 벗어나 새로운 보편주의로 이행할 수 있을지의 여부는 공론장에서 진지하게 검토되어야 하기 때문이다. 어쨌든 다양한 존재의 만남과 소통 그리고 연대가 작동될 수 있는 터전을 세계 곳곳에서 다양하게 만들고 확대하는 것은 새로운 보편주의 형성의 기반이 될 것이다.

17 이러한 열린, 유연한 다중심주의는 일본식 아주변의 논리도 21세기 세계화와 민주주의의 흐름에 맞게 대체할 수 있는 논변을 제공한다. 아주변으로서의 일본과 일본인도 스스로를 하나의 열린 중심으로 설정함으로써 주변국과의 역사적 화해 및 상호 협력에 적극적으로 나설 수 있을 것이다. 이것은 일본이 미국 중심주의의 우산 속에서 유사 아주변의 태도를 견지하면서 주장해온 기존의 (일본식 특수화만을 강조하는) 폐쇄적이며 배타적인 시각을 버리는 것이다. 동시에 국가 간 열린 네트워크형 소통의 방식인 다중심의 하나의 중심으로서 서로를 중심으로 인정하고 존중하는 21세기형 시각을 채택하는 것을 의미한다. 이것을 바탕으로 일본 사회 내부적으로도 국민들 각자가 열린 네트워크형 소통의 주체들로서 기존의 위계적인 일본식 조직 문화와 소통 방식을 유연하게 변경할 수 있는 시각과 능력을 갖춤으로써 국가 내부의 민주적 역동성을 강화할 수 있을 것이다.

이것은 공자의 화이부동和而不同의 논변을 국가 간 관계뿐만 아니라 국가 내 인간관계에도 일관성 있게 적용하는 것과도 유사하다.[18] 화和는 다양성을 존중하는 관용과 공존의 논리다. 반면에 동同은 지배와 흡수합병의 논리다. 동일화를 기치로 한 흡수합병과 지배를 그리고 중심과 주변의 위계적 질서화를 반대하면서도 각 나라들의 다양성을 존중하는 관용과 공존을 통한 평화 상태 도달을 목표로 삼는 화는 각 나라 내부의 다원성에 대해서도 적용된다. 이것이 바로 안과 밖을 모두 다원화, 다중심화하는 것이다. 동시에 이것은 또한 구성원들 사이의 조화와 평화를 지향하는 것이다.[19]

마지막으로 다원화되고 있는 국제 관계에서 다중심성을 확장하는 것과 함께, 국가 단위의 다중심의 내재화(다중심 안에서의 다중심성의

---

[18] 이 주장은 흡수합병이라는 패권적 국가 경영을 반대하고, 강대국과 약소국이 서로 평화 공존하는 화和의 질서를 구상한 유가의 천하관, 국가관을 잘 보여준다. 유가에 따르면 동同은 패권적 동일화로서 침탈과 흡수합병을 통한 동일화를 뜻한다. 유가는 화이부동을 기치로 특정 국가 중심의 패권화에 반대하고, 다양성을 존중하는 관용과 공존의 논리를 내세운다(신영복, 2016: 78-79 참고). "子曰, 君子 和而不同 小人 同而不和."(『論語』「子路」)

[19] 내부적으로 중국식 민족주의를 강화하면서 동아시아나 세계의 다른 국가들을 패권주의적 형태로 다루고 있는 중화 민족주의의 폐쇄적이며 배타적인 경향은 화이부동의 질서 체계에 어긋나는 것이다. 19-20세기 중국이나 한국이 일방적 패권주의인 제국주의에 심각하게 자존심을 훼손당한 경험을 성찰한다면, 중국도 반패권적인 연대를, 현실적인 세력의 차이에도 불구하고 다원주의 시대의 국내외적인 연대를 전략으로 삼을 필요가 있다. 한국의 입장에서는 동아시아 국가들 사이의 현실적인 힘의 차이를 인정하더라도 안과 밖에서 진행 중인 다중심주의에 걸맞은 동아시아 질서를 구현하기 위해서는 기존의 20세기형 패권 중심의 중심/주변의 위계적 관계에서 벗어나 다중심주의에 걸맞은 열린 다중심주의를 바탕으로 한 네트워크형 연대의 형태를 정당화하고 구체화할 필요가 있다. 이것이 동아시아적 연대의 기본이 될 때, 세계적으로 다중심 세력들 사이의 비패권적 연대에 있어서도 그 보편의 힘을 발휘할 수 있을 것이다.

확장)를 통해 안과 밖이 다중심의 구조로 짜인 새로운 중심 개념을 구상할 수 있다. 이 다중심을 포함하는 중심은 모든 것을 동일화하거나 위계화하지 않는다. 그것은 다중심의 특수성과 개성을 인정하면서도 함께 살고 소통할 수 있는 규칙과 안전망을 구성하고 그것을 함께 개선해가는 과정을 지칭하는 것이다. 따라서 나는 그 중심주의를 '열린 다중심주의'라고 이름 붙이고자 한다.

이 '열린 다중심주의'의 철학적 논점은 관계 중심성과 관계 존재론이다. 이 논점은 모든 인간과 사회 및 세계는 필연적으로 타자와 특정한 관계를 맺으면서 존재한다는 사실에서 출발한다. 우리 인간의 의식과 인식을 가능하게 하는 뇌의 상호 연결망과 상호 작동 방식(신경 다원주의나 마음 이론)이나, 모든 인간 사회가 공유·소통해온 각종 언어, 규범, 제도, 세계관 등의 문화적·제도적 유산들을 통한 개인들의 자아정체성 형성과 상호 소통, 그리고 경쟁과 협력의 관계 등은 최소한 사회적 존재로서의 인간의 존재 양식의 관계 중심성과 관계 존재론을 뒷받침하고 있다.[20]

---

[20] 이에 대한 보다 상세한 논의는 이 책 5장 3.3절을 참고하기 바람. 어쨌든 이 열린 다중심주의는 한국 사회의 21세기 소통의 철학적 기본 틀로서 내가 제안하는 것이다. 나는 이것을 아직은 논리적인 구상으로서만 제안하고 있지만, 이러한 구조와 기능의 존재는 다양한 영역에서 확인된다. 이것은 현재 한국 사회에서 진행 중인 가족의 권위적, 위계적 관계의 재조정 논변과 다양한 사회집단에서 소통 방식을 조정해가는 구성원들의 주장에서도 확인할 수 있다. 또한 이것은 개개인들의 생각과 소통의 방식에서도 작동된다. 개인들은 내적 성찰이나 타자와의 소통을 통해 자신의 정체성을 변경한다. 신경 다원주의나 마음 이론은 인간의 경험과 사유의 다원 구조나 타자 의존성과 상호 관계성을 사실에 의거해 논증한다. 이 이론들이 의미하는 바는 나의 경험과 마음이란 내 신체의 다원적인 (분화된) 기능들이 서로 연결(결합)되어 만들어지는 부분(뉴런 집단선택설)과 타자와의 상호 관계를 통해 만들어지는 부분(고차원적 의식과 마음 이론)이 함께

이러한 관계 중심성과 관계 존재론 그리고 그 논점을 바탕으로 전개되는 열린 다중심주의 등의 논점과 개념을 기반으로 새로운 상호 공존과 평화를 구상하고 실행하는 것도 가능하다. 그 길은 세계인 모두에게 열린 네트워크형 소통 구조 속에서 '따로 또 같이'하는 것을 가능하게 하기 때문이다. 이러한 구성원들을 기반으로 진행되는 다중심의 외연 확대와 내포 심화는 결국에는 모든 국가 관계와 구성원들의 상호 관계를 자유롭고 평등한 수평적인 연결망의 각각의 매듭들 사이의 유연한 상호 관계로 변경할 것이기 때문이다. 관계 맺는 상황에 따라 누구나 중심도 주변도 될 수 있다는 논리는 누구나 자유롭고 평등한 네트워크의 구성원이 된다는 것과 맥락이 맞닿아 있다. 이 둘의 상호 보완 관계를 가능하게 하는 실제 세력은 바로 전 세계를 촘촘하게 엮고 있는 다양한 사회적 관계망과 그 능동적인 참여자들이 될 것이다.[21]

작동하면서 형성된다는 것이다(에델만, 2015: 126-149; Siegel, 2018: 27-35, 9장, 그중 특히 408-416, 453 참고). 이처럼 나의 자아나 마음도 신체나 타자와의 분화와 결합의, 다원성과 통합의 과정을 통해서 구성된다는 논점은 인간 사유의 기본 구조가 다원적 기능들의 연결과 이들 사이의 상호 영향력을 주고받는 열린 네트워크형 소통과 통합의 원리에 의해 작동된다는 것을 의미한다. 신경 다원주의와 마음 이론에 대한 상세한 논의는 다음 기회에 또 하나의 독립적인 글의 형태로 다룰 것이다.

[21] 인터넷과 소셜 미디어의 명암에 대한 균형 잡힌 시각은 커런, 펜튼, 프리드먼 (2017: 1, 5, 7장)을 참고하기 바란다. 특히 자유롭고 평등한 구성원들로 구성된 네트워크는 사회적 관계망의 기술적인 정착뿐만 아니라 그 구성원들의 네트워크형 소통 의지 및 민주적인 인터넷 조건을 창출하기 위한 공공 정책들이 함께 해야 가능해진다는 점을 이 책은 강조하고 있다(커런, 펜튼, 프리드먼, 2017: 377-378 참고).
여기에서 내가 논증하고 있는 안과 밖이 열린 다중심의 구조와 열린 네트워크형 관계망도 그것에 참여하는 행위자들의 능동적 참여와 집합적 결속력이 없이는 현실에서 작동되기 어렵다. 기존의 위계화된 중심/주변 구조를 대체할 수

있는 가능성도 이러한 참여와 연대를 바탕으로 한다. 이 네트워크형 관계망의 능동적인 참여자들이 스스로가 자유롭고 수평적인 하나의 매듭으로서, 동일한 매듭으로 존재하는 다양한 타자와 소통하고 협력해야만 기존의 고착화된 갑을 관계와 위계화된 패권주의를 구체적인 현장에서 폐기하거나 변경할 수 있을 것이기 때문이다. 현재 거의 모든 한국인이 다양한 사회적 관계망에 참여하고 있으며 세계인 중 과반수 이상이 다양한 네트워크형 소통에 참여하고 있다는 점으로 볼 때 능동적 참여 세력의 현실적 잠재력은 확인된다.

각 장의 출처

이 책은 다음과 같은 제목으로 학술지에 처음 게재되었던 논문을 이 책의 주제와 체제에 맞게 재구성, 수정, 보완한 것이다. 다만 1장과 9장은 이 책의 주제에 맞게 새로 쓴 것이며, 2장은 기존 글의 내용 대부분을 새로 작성했다.

2장 권용혁, 「아시아적 가치논쟁 재론」, 사회와철학연구회 편, 『사회와 철학』 제9집, 2005.

3장 권용혁, 「한국 근대 가족에 대한 철학적 성찰」, 사회와철학연구회 편, 『사회와 철학』 제22집(2011).

4장 권용혁, 「한국의 가족주의에 대한 사회철학적 성찰」, 사회와철학연구회 편, 『사회와 철학』 제25집(2013).

5장 권용혁, 「근대성 탐구 — 가족을 중심으로」, 사회와철학연구회 편, 『사회와 철학』 제32집(2016).

6장 권용혁, 「공적 영역과 사적 영역: 한국 근대 가족을 중심으로」, 사회와철학연구회 편, 『사회와 철학』 제26집(2013).

7장 권용혁, 「국민국가 시대의 민주주의」, 사회와철학연구회 편, 『사회와 철학』 제27집(2014).

8장 권용혁, 「한국의 근대화와 근대성」, 사회와철학연구회 편, 『사회와 철학』, 제34집(2017).

참고 문헌

가라타니 고진, 2016, 『제국의 구조』, 조영일 옮김, 서울: 도서출판b.
강성호, 2008, 「전 지구적 세계 체제로 본 세계사와 동아시아」, 역사비평사 편, 『역사비평』 2008. 2.
강성호, 2010, 「유럽 중심주의 세계사에 대한 비판과 반비판을 넘어」, 호남사회학회 편, 『역사학연구』 39권.
강유위, 2006, 『대동서』, 이성애 옮김, 서울: 을유문화사.
강정인 외, 2004, 『나는 몇 퍼센트 한국인일까』, 서울: 책세상.
강정인, 1998, 『세계화, 정보화 그리고 민주주의』, 서울: 문학과지성사.
강정인, 2004, 『서구 중심주의를 넘어서』, 서울: 아카넷.
강정인, 2016, 「반서구 중심적 서구 중심주의에 대한 비판적 성찰」, 신아시아연구소 편, 『新亞細亞』 23권 2호.
고려시대사연구회, 2006, 『고려인들의 사랑과 가족, 그리고 문학』, 서울: 신서원.
국민호, 1997, 「동아시아 경제 발전과 유교」 『한국사회학』 제31집 1997 봄호.
권내현, 2014, 『노비에서 양반으로, 그 머나먼 여정』, 고양: 역사비평사.
권용혁, 2001, 「열린 공동체주의를 향하여」, 철학연구회 편, 『철학연구』 제55집.
권용혁, 2002, 「철학자와 '사회적 현실' — 서양철학 수용사를 중심으로」, 사회와철학연구회 편, 『사회와 철학』 4호, 서울: 이학사.
권용혁, 2003, 「동아시아 공동체의 가능성 모색」, 사회와철학연구회 편, 『동아시사 사상과 민주주의』, 사회와철학연구회 서울: 이학사.

권용혁, 2004a,「동아시아 3국의 의사소통 구조 비교 ― 가족을 중심으로」, 권용혁 외 지음,『한·중·일 3국 가족의 의사소통 구조 비교』, 서울: 이학사.

권용혁, 2004b,「민주주의 탐구」, 사회와철학연구회 편,『사회와 철학』 7집.

권용혁, 2004c,「정보화 시대의 지식과 정보」, 사회와철학연구회 편,『사회와 철학』 8집.

권용혁, 2005,「동아시아 3국의 의사소통 구조 비교 ― 기업 문화를 중심으로」, 권용혁 외 지음,『동아시아 기업 문화를 말한다』, 서울: 이학사.

권용혁, 2006,「세계화 시대의 보편화 가능성 탐구」, 사회와철학연구회 편,『사회와 철학』 12집.

권용혁, 2010,「민주주의와 소수자」, 사회와철학연구회 편,『사회와 철학』 19집.

권용혁, 2011a,「개인과 가족」, 사회와철학연구회 편,『사회와 철학』, 21집.

권용혁, 2011b,「한국 근대 가족에 대한 철학적 성찰」, 사회와철학연구회 편,『사회와 철학』 22집.

권용혁, 2012,『한국 가족, 철학으로 바라보다』, 서울: 이학사.

권용혁, 2013a,「한국의 가족주의에 대한 사회철학적 성찰」, 사회와철학연구회,『사회와 철학』 25집.

권용혁, 2013b,「공적 영역과 사적 영역: 한국 근대 가족을 중심으로」, 사회와철학연구회 편,『사회와 철학』 26집.

권용혁, 2014a,「다문화가족의 정체성 탐구」, 권용혁 외 지음,『한·중·일 사회에서의 다문화가족』, 서울: 하우.

권용혁, 2014b,「자유주의와 공동체주의」, 사회와철학연구회,『사회와 철학』 28호.

권용혁, 2015a,「가족과 열린 공동체」, 사회와철학연구회,『사회와 철학』 29호.

권용혁, 2015b,「열린 공동체주의」, 사회와철학연구회,『사회와 철학』 30집.

권용혁, 2016,「근대성 탐구」, 사회와철학연구회,『사회와 철학』 32집.

권용혁, 2017,「한국 근대화와 근대성」, 사회와철학연구회,『사회와 철학』 33집.

권용혁, 2019,「공동체의 미래」, 사회와철학연구회,『사회와 철학』 37집.

권용혁, 2020,『열린 공동체를 꿈꾸며』, 서울: 이학사.

권태환, 조형제 편, 1997,『정보사회의 이해』, 서울: 미래미디어.

기든스, 앤서니, 1998, 『제3의 길』, 한상진·박찬욱 옮김, 서울: 생각의나무.

기든스, 앤서니, 2000, 『질주하는 세계』, 박찬욱 옮김, 서울: 생각의나무.

기든스, 앤서니, 2003, 『현대사회의 성, 사랑, 에로티시즘』, 배은경, 황정미 옮김, 서울: 새물결.

김경일, 1984, 「조선말에서 일제하의 농촌사회의 「동계」에 관한 연구」, 『한국학보』 10권 2호.

김난도 외, 2018, 『트렌드 코리아 2019』, 서울: 미래의창.

김대식, 2015, 『이상한 나라의 뇌과학』, 파주: 문학동네.

김동춘, 2002, 「유교와 한국의 가족주의」, 한국산업사회학회 편, 『경제와 사회』 통권 제55호, 2002년 가을호.

김미숙 외, 2006, 「정보화로 인한 가족 관계와 가족 역할의 미래 변화」, 서울 정보통신정책연구원.

김삼수, 1974, 『한국 사회경제사 연구』, 서울: 박영사(개정 4판).

김상준, 2011, 『맹자의 땀, 성왕의 피』, 서울: 아카넷.

김상준, 2014, 『유교의 정치적 무의식』, 파주: 글항아리.

김석근, 1999, 「IMF, 아시아적 가치 그리고 지식인」, 이승환 외, 『아시아적 가치』, 서울: 전통과현대.

김성철, 2001, 「한국 기업과 가족주의 ― 한국인의 가족에 대한 인식과 기업경영에의 적용」, 한국정신문화연구회 편, 『동아시아 문화 전통과 한국 사회』, 서울: 백산서당.

김용구, 1999, 「조선에 있어서 만국공법의 수용과 적용」, 서울대학교 국제문제연구소, 『국제문제연구』 23권 1호: 1-25쪽.

김용구, 2004, 『세계관 충돌과 한말 외교사, 1866-1882』, 서울: 문학과지성사.

김원식, 2006, 「소수자의 포용과 한국 사회 민주주의의 심화」, 국제문제조사연구소, 『정책연구』, 2006 가을호.

김정하, 2016, 「관계균형론과 지중해의 이중적 정체성」, 『서양중세사연구』 제37호.

김종길, 박수호, 2010, 「디지털시대의 '가족혁명'」, 『사회이론』 2010 가을/겨울호.

김필동, 1992, 『한국 사회조직사 연구 ― 계 조직의 구조적 특성과 역사적 변동』, 서울: 일조각.

김필동, 1999,『차별과 연대』, 서울: 문학과지성사.

김필동, 2014,「19세기 말 근대적 조직(組織) 개념의 수용과 조직의 탄생」, 한국사회학회,『사회와 역사』, 102권: 187-190쪽

김혁래, 1997,「한국 가족 자본주의와 기업 조직」,『전통과 현대』, 1997년 겨울호.

나종석 외 5인, 2018,『한반도 평화 체제 구축을 위한 인문정책 개발 연구: 평화교육 인문정책을 중심으로』, 경제·인문사회연구회 2018년도 인문정책 연구사업 보고서.

나종석, 2017,『대동민주 유학과 21세기 실학』, 서울: 도서출판 b.

나카무라 사토루, 2005,『근대 동아시아 역사상의 재구성』, 정안기 옮김, 서울: 혜안.

노자, 2004,『도덕경』, 오강남 역, 서울: 현암사.

두셀, 엔리크, 2011,『1492년, 타자의 은폐 ― '근대성 신화'의 기원을 찾아서』, 박병규 옮김, 서울: 그린비.

로크, 존, 1996,『통치론』, 강정인·문지영 옮김, 서울: 까치.

루드글리, 리처드, 2004,『바바리안: 야만인 혹은 정복자』, 우혜령 옮김, 파주: 뜨인돌.

마루야마 마사오, 2007,『문명론의 개략』을 읽는다, 김석근 역, 파주: 문학동네.

문성훈, 2005,「소수자의 등장과 사회적 인정 질서의 이중성」, 사회와철학연구회 편,『사회와 철학』제9집.

문옥표, 2001,「일본의 가족: 전통적 제도와 현대적 변용」, 한국정신문화연구원 편,『동아시아 문화 전통과 한국 사회』, 서울: 백산서당.

미뇰로, 월터 D., 2010,『라틴아메리카, 만들어진 대륙』, 김은중 옮김, 서울: 그린비.

미뇰로, 월터 D., 2013,『로컬 히스토리 / 글로벌 디자인』, 이성훈 옮김, 서울: 에코.

미야지마 히로시, 2013,『나의 한국사 공부』, 서울: 너머북스.

미야지마 히로시, 배항섭 엮음, 2015,『동아시아는 몇 시인가?』, 서울: 너머북스.

미조구찌 유조, 1999, 『중국 전근대 사상의 굴절과 전개』, 김용천 옮김, 고양: 동과서.

미조구찌 유조, 2004, 『중국의 공과 사』, 정태섭·김용천 옮김, 서울: 신서원.

바렛, 미셸, 매리 매킨토시, 1994, 『가족은 반사회적인가』, 김혜경 옮김, 서울: 여성사.

박래경, 2008, 「규범의 근거로서 친친(親親) 존존(尊尊)의 정당화 문제」, 『동양철학연구』 54집.

박명규, 2014, 『국민·인민·시민』, 서울: 소화.

박미해, 2010, 『유교 가부장제와 가족, 가산』, 서울: 아카넷.

박순성, 2018, 「한반도 평화를 위한 실천 구상」, 동국대학교 사회과학연구원 편, 『사회과학 연구』 25(1).

백종현, 2000, 『독일철학과 20세기 한국의 철학』, 서울: 철학과현실사.

벡, 울리히, 2000, 『적이 사라진 민주주의』, 정일준 옮김, 서울: 새물결.

벡, 울리히, 엘리자베트 벡-게른스하임, 2002, 『사랑은 지독한 혼란』, 강수영 외 옮김, 서울: 새물결.

벡, 울리히, 엘리자베트 벡-게른스하임, 2012, 『장거리 사랑』, 이재원, 홍찬숙 옮김, 서울: 새물결.

벨, 다니엘, 2000, 「아시아적 공동체주의」, 함재봉, 함재학, 데이빗 홀 편, 『유교민주주의 왜&어떻게』 서울: 전통과현대.

볼, 피터, 2011, 『역사 속의 성리학』, 김영민 옮김, 서울: 예문서원.

뷔르기에르, 앙드레 외 엮음, 2001, 『가족의 역사』, 정철웅 옮김, 서울: 이학사.

사이드, E. W., 2003, 『오리엔탈리즘』, 박홍규 옮김, 서울: 교보문고.

사이먼·보위, 1990, 『정치철학』, 이인탁 역, 서울: 서광사.

사이토 준이치, 2014, 『민주적 공공성』, 서울: 이음.

사쿠타 케이이치, 2013, 『한 단어 사전, 개인』, 김석근 옮김, 서울: 푸른역사.

설동훈, 2006, 「선진 외국의 다인종 다문화 정책 사례」, 『월간 지방의 국제화』 2006년 6월호(http://webzine.klafir.or.kr/).

쉬 진 시웅許進雄, 2003, 중국고대사회, 서울: 동문선.

Siegel, Daniel J., 2018, 『마음의 발달』, 방희정 외 11인 공역, 서울: 하나의학사.

신영복, 2016, 『담론』, 파주: 돌베게.

신영복·조희연 편, 2006, 『민주화·지구화 '이후' 한국 민주주의의 대안 체제 모형을 찾아서』, 서울: 함께읽는책.
신정근, 2011, 『사람다움이란 무엇인가』, 파주: 글항아리.
심영희, 2011, 「'21세기형 공동체 가족' 모델의 모색과 지원방안: 2차 근대성과 개인화이론의 관점에서」, 『아시아 여성연구』 제50권 2호.
아리스토텔레스, 2002, 『정치학』, 천병희 옮김, 서울: 도서출판 숲.
아이젠스타트, 쉬무엘 N., 2009, 『다중적 근대성의 탐구』, 임현진 외 옮김, 파주: 나남.
야마무로 신이찌, 2003, 『여럿이며 하나인 아시아』, 서울: 창비.
양현아, 2011, 『한국 가족법 읽기』, 서울: 창비.
에델만, 제럴드, 2015, 『신경과학과 마음의 세계』, 황희숙 옮김, 고양: 범양사.
에델만, 제럴드, 2017, 『세컨드 네이처』, 김창대 옮김, 서울: 이음.
염정삼, 2009, 『≪설문해자주≫ 부수자 역해』, 서울: 서울대학교출판부.
오영교, 2001, 『조선 후기 향촌지배정책 연구』, 서울: 혜안.
오치아이 에미코, 2004, 『21세기 가족에게』, 파주: 양서원.
왕후이, 2003, 『새로운 아시아를 상상한다』, 서울: 창비.
우치다 타츠루, 2012, 『일본 변경(邊境)론』, 김경원 옮김, 서울: 갈라파고스.
유명기, 2004, 「소수자, 그 무적의 논리」, 최협 외 엮음, 『한국의 소수자, 실태와 전망』, 서울: 한울아카데미.
유석춘, 1997a, 「'유교 자본주의'의 가능성과 한계」, 『전통과 현대』 1997년 여름호.
유석춘, 1997b, 「동아시아 '유교 자본주의' 재해석: 제도주의적 시각」, 『전통과 현대』 1997년 겨울호.
유석춘·장미혜, 2001, 「연고집단과 사회발전」, 이승환 외, 『아시아적 가치』, 서울: 전통과현대.
윤수종, 2002, 「우리는 모두 소수자다!」, 윤수종 엮음, 『다르게 사는 사람들』, 서울: 이학사.
윤수종, 2005, 「우리 시대의 소수자 운동의 특성과 함의」, 윤수종 외 지음, 『우리시대의 소수자 운동』, 서울: 이학사.
윤형식, 2013, 「하버마스의 공론장 개념과 유교적 공론」, 사회와철학연구회,

『사회와 철학』 26집.
이근관, 2002, 「아시아적 가치와 인권」, 성공회대 인권평화연구소 엮음, 『동아시아 인권의 새로운 탐색』, 서울: 삼인.
이다혜, 2014, 「시민권과 이주노동」, 서울대 사회보장법연구회, 『사회보장법연구』, 2014 제3권 제1호.
이봉규, 2002, 「王權에 대한 禮治의 문제의식」, 한국철학회 편, 『철학』 72집.
이성시, 2001, 『만들어진 고대』 서울: 삼인.
이승환 외, 2001, 『아시아적 가치』 서울: 전통과현대.
이승환, 2002, 「한국 및 동양의 公私觀과 근대적 변용」, 『정치사상연구』 6집, 2002년 봄호.
이승환, 2004, 『유교 담론의 지형학』, 서울: 푸른숲.
이재경, 2007, 『가족의 이름으로』, 서울: 또 하나의 문화.
이재열, 2001, 「의리인가, 계약인가?」, 석현호, 유석춘 공편, 『현대 한국 사회 성격논쟁 식민지, 계급, 인격윤리』, 서울: 전통과현대.
이재열, 2002, 「신뢰와 사회적 자본: 개념적 정리」, 호산(浩山) 김경동교수 정년기념논총 간행위원회 엮음, 『성찰의 사회학』 서울: 박영사.
이종서, 2009, 『고려·조선의 친족용어와 혈연의식』, 성남: 신구문화사.
이철승, 2021, 『쌀, 재난, 국가』, 서울: 문학과지성사.
이효재, 1990, 「한국 가부장제의 확립과 변형」, 여성한국 사회연구회 편, 『한국가족론』, 서울: 까치.
장경섭, 2009, 『가족·생애·정치경제』, 서울: 창비.
장은주, 2014, 『유교적 근대성의 미래』, 파주: 한국학술정보.
정승화, 2010, 「감정을 통한 자본주의의 지배와 차가운 친밀성」, 『여성학 논집』 27집 1호.
정연태, 2012, 『한국의 근대와 식민지 근대화 논쟁』, 서울: 푸른역사.
정호승, 2014, 『내가 사랑하는 사람』, 서울: 열림원.
조경란, 2005, 「동아시아 인권 담론의 의미와 한계 및 재구축의 조건: 한국철학계의 인권 담론을 중심으로」, 철학연구회 편, 『철학연구』 71집 1호.
조은, 2000, 「'동아시아 가족이 있는가?'」, 정문길 외 엮음, 『발견으로서의 동아시아』, 서남동양학술총서, 서울: 문학과지성사.

조정문 외, 1999,「정보화시대의 공동체: 가족 규범의 변화」,『한국사회학』제 33집 1999 여름호.
조정문, 2002,「정보사회와 한국 가족의 변화」, 김경동 등, 2002,『사이버 시대의 사회변동』, 서울: 집문당.
조정문·장상희, 2001,『가족사회학』, 대우학술총서, 서울: 아카넷.
조혜정, 1985,「한국의 사회변동과 가족주의」,『한국문화인류학』17집.
조희연, 1998a,『한국의 민주주의와 사회운동』, 서울: 당대.
조희연, 1998b,『한국의 국가·민주주의·정치변동』, 서울: 당대.
조희연, 2004,『비정상성에 대한 저항에서 정상성에 대한 저항으로』, 서울: 아르케.
차크라바르티, 디페시, 2014,『유럽을 지방화하기』, 김택현, 안준범 옮김, 서울: 그린비.
최봉영, 2002,『조선 시대 유교 문화』, 서울: 사계절.
최우영, 2006,「조선 시대 국가 — 사회관계의 변화와 가족주의의 기원」, 한국가족학회 편,『가족과 문화』2006년 제18집 1호.
최우영, 2012,「오리엔탈리즘과 한국 전통 사회 공공성의 가능성」, 한국가족학회 편,『동양사회사상』제26집.
최우영·마수다 카즈미, 2013,「한국·일본 전통 가족의 역사와 현재」, 계명대학교 한국학연구원,『한국학 논집』제50집.
최원식, 2004,「에필로그. 주변, 국가주의 극복의 실험적 거점: 동아시아학 보유」, 정문길 외 엮음,『주변에서 본 동아시아』, 서울: 문학과지성사.
최유정, 2010,『가족 정책을 통해 본 한국의 가족과 근대성』, 서울: 박문사.
최익한, 2013,『조선의 사회 정책사』, 송찬섭 엮음, 파주: 서해문집.
최장집, 2002,『민주화 이후의 민주주의』, 서울: 후마니타스.
최재붕, 2019,『포노사피엔스』e-book, 파주: 쌤앤파커스.
최재석, 1992, 1994[1982],『한국가족연구』, 서울: 일지사.
최재석, 1994(1982),『한국가족연구』, 서울: 일지사.
최재석, 2002,『한국초기 사회학과 가족의 연구』, 서울: 일지사.
최재석, 2009,『한국의 가족과 사회』, 서울: 경인문화사.
최재석, 2015,『역경의 행운』, 서울: 만권당.

최협, 김성국, 정근식, 유명기 엮음, 2004, 시민단체학회·한국문화인류학회 공동연구, 『한국의 소수자, 실태와 전망』, 서울: 한울아카데미.

최홍기, 2006, 『한국 가족 및 친족제도의 이해』, 서울: 서울대학교출판부.

카림, 이졸데, 2019, 『나와 타자들』, 이승희 옮김, 서울: 민음사.

커런, 제임스, 내털리 펜튼, 데스 프리드먼, 2017, 『인터넷, 신화를 넘어 공공성으로』, 김예란, 박성우 옮김, 서울: 컬처룩.

킴리카, 윌리, 2008, 『현대 정치철학의 이해』, 장동진 외 옮김, 서울: 동명사.

통계청, 2010, 『인구주택 총조사』.

통계청, 2012, 『장래가구추계: 2010-2035』.

통계청, 2015, 『인구주택 총조사』.

통계청, 2017, 『장래가구추계: 2015-2045』.

포메란츠, 케네스, 2016, 『대분기』, 김규태 외 옮김, 서울: 에코.

프랑크, 안드레 군더, 2014, 『리오리엔트』, 이희재 옮김, 서울: 이산.

플라톤, 1997, 『국가·政體』, 박종현 역주, 서울: 서광사.

하버마스, 위르겐, 2000a, 『이질성의 포용』, 황태연 옮김, 서울: 한울.

하버마스, 위르겐, 2000b, 『탈형이상학적 사유』, 이진우 옮김, 서울: 문예출판사.

하버마스, 위르겐, 2000c, 『사실성과 타당성』, 한상진, 박영도 옮김, 서울: 나남.

하버마스, 위르겐, 2002, 『공론장의 구조 변동』, 한승완 옮김, 서울: 나남.

한건수, 2004, 「타자만들기」, 최협 외 엮음, 『한국의 소수자, 실태와 전망』, 서울: 한울아카데미.

한영우, 2013, 『과거, 출세의 사다리』, 서울: 지식산업사.

한인섭, 2000, 「왜 '소수자, 약자의 인권'인가」, 한국인권재단 엮음, 『일상의 억압과 소수자의 인권』, 서울: 사람생각.

함인희, 2001a, 「배우자 선택 양식의 변화: 친밀성의 혁명?」, 『가족과 문화』 13집 2호.

함인희, 2001b, 「산업화에 따른 한국 가족의 비교적 의미」, 하용출 편, 『한국 가족상의 변화』, 서울: 서울대학교출판부.

헤겔, G. W. F., 2006, 『정신현상학』, 임석진 옮김, 서울: 한길사.

헤겔, G. W. F., 2008, 『법철학』, 임석진 옮김, 서울: 한길사.

호네트, 악셀, 1996, 『인정 투쟁』, 문성훈, 이현재 옮김, 서울: 동녘.

홉스테드, G., 1996, 『세계의 문화와 조직』, 차재호, 나은영 옮김, 서울: 학지사.

홍찬숙, 2012, 「한국 사회의 압축적 개인화와 젠더범주의 민주주의적 함의 ─ 1990년대를 중심으로」, 『여성과 역사』 17집.

황정아, 2016, 「한국의 근대성 연구와 '근대주의'」, 사회와철학연구회, 『사회와 철학』 31집.

후쿠야마, 프랜시스, 1996, 『트러스트』, 구승회 옮김, 서울: 한국경제신문사.

후쿠자와 유키치, 2012, 『문명론의 개략』, 임종원 역, 서울: 제이앤씨.

『論語』「子路」

『禮記』「禮運篇」

Chang, K. S., & M. Y. Song, 2010, "The Stranded Individualizer under Compressed Modernity: South Korean Women in Individualization without Individualism", *British Journal of Sociology* 61(3).

Eisenberg, Avigail and Jeff Spinner-Halev ed., 2005, *Minorities within Minorities*, Cambridge: Cambridge University Press.

Farley, John E., 2000, *Majority-Minority Relations,* New Jersey: Prentice Hall.

Hegel, G. W. F., 1975, *Grundlinien der Philosophie des Rechts*, Frankfurt a.M.: Suhrkamp Verlag.

Mead, G. H., 1934/1974(19th Inpression), *Mind, Self and Society,* ed. C. W. Morris, Chicago: The University of Chicago Press.

Mead, G. H., 1978, *Geist, Identitaet und Gesellschaft,* Frankfurt a.M: Suhrkamp Verlag.

Paul, Krugman, 1994, "The Myth of Asia's Miracle", *Foreign Affairs* 73(6).

Paul, Krugman, 1998, "Asia: What Went Wrong", *Fortune* March 2.

Reese-Schaefer, Walter, 1975, *Was ist Kommunitarismus?,* Frankfurt a.M./New York: Campus verlag.

Rosemount, Henry Jr., 1998, "Why take Rights Seriously? A Confucial Critique", Rouner, Loroy (ed.), *Human Rights and the World's Religions*, Notre Dame: University of Notre Dame Press, 1988.

The Economist (영국) 산하기관 EIU 2017-2019. https://www.eiu.com/topic/democracy-index

찾아보기

ㄱ

가家 23, 51, 65-66, 121, 145, 208, 234
가라타니 고진 295-297
가장 114-115, 117, 121, 124, 130, 154, 162-163, 185, 202-203, 215, 222, 226, 231, 264, 292
가족주의 6, 9, 24-29, 32, 37-38, 45-46, 48-56, 58, 60-61, 68-73, 77-78, 94-95, 98-100, 104, 121-123, 129-130, 133-134, 138, 143-172, 175-176, 178-179, 181-184, 186-187, 188-190, 200, 214, 217-219, 221, 226, 230-232, 235, 237-238, 240-241, 248-249, 254, 256
가족 철학 126
강단 철학 21-22, 42, 178
강유위 190
강정인 100-101, 107-108, 230, 251, 259, 299
개방성 124, 135, 164, 169, 171
개인주의 5-6, 26-27, 39, 45, 50, 52-53, 55-58, 68-69, 73-75, 93-94, 99, 103-104, 133, 138, 144, 162, 164, 167-168, 170, 174, 178, 187-190, 230, 237-238, 240-241, 243, 261, 307
개인화 6-7, 46, 52-53, 55-56, 61, 68, 71-74, 120, 134, 139, 153, 161-164, 187-188, 205-206, 228-229, 232, 235-238, 240-241
결혼 32
계契 78, 251-256, 265, 271
계몽주의 94
공감 33, 61, 115, 189
공감 공동체 34
공동체주의 6, 24, 44, 53, 56, 73, 138, 162, 189, 194-195, 216, 226, 238, 248

찾아보기 **325**

공론장 18, 20, 22-23, 30, 41, 77-78, 80, 91, 97, 107, 118, 142, 255, 264, 270, 280-281, 292, 303, 305-306
공적 영역 44, 46, 62, 67, 114, 118, 120-121, 199, 203-206, 212, 219-223, 228, 239
공통감 169
관계 존재론 193-194, 310-311
관계 중심성 138, 193-194, 310-311
관료주의 76, 93-94, 216, 255
국가주의 28, 91, 110, 151, 180, 191, 210, 230, 279, 302, 307
국민 7, 25, 27-31, 33, 38, 52, 54, 57, 69, 77, 94-95, 156, 182-183, 192-193, 204, 208-209, 220, 225, 229, 235, 249, 279, 288, 297, 303-306, 308
국민국가 24, 41, 62, 68, 75, 91, 110-111, 156-157, 189, 191, 226, 232
국민호 98
권내현 181-182, 249
권리 7, 26-27, 31-32, 60-61, 64, 70-72, 74, 77, 94, 112, 118-119, 122, 126, 132, 150, 156, 162, 167-169, 172, 178, 188, 202-203, 205, 208, 218-220, 226, 229, 231-232, 236, 238, 248
권용혁 41, 98, 103-104, 112, 116, 121, 126, 129, 134, 145, 157,

164, 167, 171, 175, 183, 186, 188, 190, 192-195, 216-218, 226, 231-232, 234, 236, 238, 254, 256, 278, 292
권위주의 38-39, 45, 53, 70-71, 103-104, 139, 162, 216, 226, 230-231
균분상속 146, 179-180
근대 가족 45, 50, 62, 122, 124, 127, 131, 134, 138, 141-142, 150, 154-155, 158, 183, 199-200, 216-217, 220-224, 226, 233, 242
근대국가 122, 154, 156, 225, 292, 305-306
근대성 5, 20, 75-80, 85, 99-100, 105, 177, 195, 251, 256-264, 266-271, 273-281, 289-294, 306
기든스 117-119, 127, 220, 227, 229, 237-238, 241
김대식 16, 177
김동춘 147-148, 165, 169, 235
김상준 262-263, 275-276
김석근 98
김용구 285, 300
김정하 285
김필동 252, 255

ㄴ

나종석 195
나카무라 사토루 249
네트워크 8, 73, 75, 80, 83-84, 91,

101, 111, 157-158, 170, 190-191, 231-232, 240, 242-243, 255, 277, 280, 287, 300, 303-309, 311-312
농업사회 15, 45, 81, 130, 137, 145-146, 176, 283

ㄷ

다문화가족 54, 156-157, 165-166, 171, 191
다수 41, 68, 110-111
다양성 15, 136, 261, 270, 307, 309
다중심 80, 83-84, 263, 288, 303-304, 306-311
다중심주의 84, 284, 286, 308-309
다카하시 98
대동아주의 108
대진 207
도시민 26, 30, 77, 93, 203, 225, 247
도시형 핵가족 25, 30, 52, 58, 73, 122-124, 153-154, 160-162, 184, 189, 199, 226-227, 231, 237
동성 촌락 181-182
동아시아학 39-40, 90, 105-106
두셀 267-269, 284, 290-292, 299
두웨이밍 98

ㄹ

로크 23, 115, 126, 189, 202-203, 248

ㅁ

마루야마 마사오 209-210

마음 이론 310-311
막스 베버 35, 92, 174
만남 구역 307
문옥표 150, 166
문중 24-25, 46, 51, 121, 145, 148-149, 178, 180-182, 217, 249
미뇰로 259-260, 267, 269, 290-292, 299
미야지마 히로시 145, 179, 250, 253, 264-266, 273, 292
미조구치(미조구찌) 유조 190, 207-210, 235, 240
민民 65, 208-209
민족 24-25, 28, 31, 91, 208-209, 220, 235, 279, 297, 307
민족국가 24, 27, 111
민주적 공동체 139-140, 232
민주주의 9, 20, 33, 41, 49, 61, 68-70, 72, 74-76, 99-111, 118-120, 140, 156, 188, 190, 195, 225-234, 237, 239-242, 244, 250, 255, 282, 285, 288, 293, 304-306, 308
민주화 54, 58, 60, 63, 65, 68, 70, 82, 90, 118, 137, 155-157, 205-206, 216, 226-232, 240, 242, 293-294, 304, 307

ㅂ

박래경 234
박명규 279
박순성 301
반패권주의 41, 85, 109

배타성　48, 56, 71, 74-75, 124, 148-149, 191, 235, 299, 301
배항섭　263, 292
벡U. Beck　116-117, 127, 138, 205, 220
변방　36, 268, 272, 285-286, 295, 300
복지국가　64, 116, 119, 136, 206
복합 근대　9, 77, 277-278
복합 성찰성　9, 47, 55, 59-60, 81, 126, 128, 140, 186, 223, 277-278
복합적 사태　9, 47, 49, 54-55, 59-60, 67-68, 76, 81-82, 128-129, 140, 156, 158, 166, 184, 186, 221, 223-224, 257, 278
부계혈족주의　24, 51
부권　70, 115, 124, 128, 137, 216, 226, 237
부모권　115
비혈연가족　124, 166

ㅅ

사랑　44, 53, 61, 70, 73, 95, 115-117, 124, 127, 138-139, 154, 172-173, 189, 204, 218, 227, 235-236, 240
사적 영역　38, 46, 48, 50, 62, 64, 67, 73, 114, 118-121, 135-136, 167, 169, 199, 203-204, 206, 212, 217, 219-223, 228, 239
사쿠타 케이이치　174-175
사회적 자본　135

사회철학　69, 127, 165, 167, 169-170, 257
산업화　25-27, 44, 50, 52-54, 58, 60, 63, 66, 69, 77, 82, 90, 95, 110, 120-123, 125, 127, 137, 140, 144, 152-155, 182-184, 187, 216-217, 225-226, 229-231, 249-251, 254-255, 262-263, 293-294
상대주의　101
서구 중심주의　21, 37, 75, 79-80, 82, 91-92, 107-108, 263, 284-285, 287-289, 299, 306, 308
서양철학　23
세계경제체제　36
세계시민　157, 192, 279
세계인　8, 40-41, 62, 75, 192, 194-195, 279, 294, 303, 305, 311-312
세계화　54, 80, 84-85, 91, 93, 96, 101, 109, 111, 157, 165-166, 194-195, 270, 272, 279-280, 300, 302, 308
소농　58, 77-78, 145, 179, 249-251, 254, 260, 262-264, 271, 292
소농 사회　248, 255
소사이어티　175
소수　41, 68, 111
소중화주의　299
수입 학문　22
수평적 네트워크　32, 41, 55, 62, 69, 72, 74, 137, 157, 164, 167, 187, 190, 193-194, 242-243, 304

시민 20, 24, 26-28, 30-31, 38, 43-44, 49, 58, 61-62, 64, 66, 77, 115, 118-120, 144, 171-172, 189, 195, 202-203, 208, 225, 228, 230, 248, 272, 279, 303
식민화 36, 268, 285
신경 다윈주의 310-311
신민법 150, 152
신영복 309
심영희 190, 237, 241

ㅇ

아리스토텔레스 23, 46, 62, 64, 113-115, 121, 126, 135, 201-202, 219, 239, 284
아시아적 가치 35, 37-38, 93, 95-102, 105-107
아이젠스타트 258, 260-261, 271, 292
야마무로 신이치(신이찌) 106
양반화 29, 58, 77, 181, 249-250, 271
양현아 150, 155, 218, 240
에델만 17, 290, 311
역사 문화 공동체 18, 34
역할 분담론 116-117
연고주의 38, 52, 54, 59, 71, 95-96, 98, 100-102, 185
연대성 9, 57, 61, 69-70, 75, 135, 169, 186, 188-191, 193, 195, 242-243, 254
열린 공동체 26, 84, 171, 190-193, 279
열린 공동체주의 9, 41, 56-57, 61-62, 69, 75, 77, 80, 83-85, 102, 112, 135, 165, 189-190, 194-195, 243, 280, 305
열린 다중심주의 9, 287, 299, 309-311
염정삼 279
오리엔탈리즘 40, 107, 109, 268
오분법 67, 221-222, 224
왕후이 105-106
우치다 타츠루 295, 297
유교 26-27, 29, 35, 37-38, 51, 53, 57-58, 63, 92-96, 98-99, 101-102, 105, 121-123, 144, 147-148, 150, 154, 165-166, 169, 174-175, 179, 213-215, 222, 233, 255, 260, 262, 264, 271, 273-277, 298
유럽 중심주의 36, 82, 259, 263, 271, 273, 290
유사 가족주의 6, 24-25, 27-28, 52, 58, 78, 144, 178, 182, 186
윤회 제사 179-180
이승환 98-99, 211-212, 214, 216
이재경 123, 154
이재열 101
이효재 150, 166
인ㅅ 279
인ㄷ 26, 66, 169, 174, 207, 212, 233-234
인지구조 18
일방주의 83, 286, 302
1인 가구 54, 124, 153, 159-163, 184, 218, 226

ㅈ

자본주의　37-38, 57, 67, 79, 92-93, 95-96, 101, 123, 125, 141, 150, 174, 251, 255, 273, 291, 293

자아　94, 117, 119, 138, 205, 258, 268-269, 311

자아실현　7, 26, 28, 32-33, 44, 49, 54, 56, 60-61, 70-72, 74, 117-120, 122, 130, 134-135, 137-139, 162-163, 167-170, 185, 205, 218, 226, 231-232, 237, 241

자아 정체성　28, 119, 122, 131, 310

자유　6-7, 20, 24, 26-28, 31-33, 44, 49, 54, 60-61, 64, 70-72, 74, 77, 99, 126, 133, 150, 162, 164, 167-170, 172, 178, 188, 194, 202-203, 205, 208, 218, 226, 228, 231, 236, 238, 241, 248, 254, 285, 299, 304, 307

자유주의　24, 26, 28, 30-31, 44, 64, 94, 138, 189-190, 194, 202-203, 205, 219, 243, 285, 307

장경섭　122, 162, 166, 235, 237

장은주　273

재산상속　51, 146, 179-180

정체성론　35, 92

제국주의　27-28, 36, 40, 92, 108-109, 285-286, 289, 309

조경란　217, 223

조선　23-24, 26-27, 29, 51, 58, 65, 78, 89, 122, 143, 145-151, 162, 165-166, 179-182, 184, 186, 211, 213-214, 217, 220, 234, 249-253, 255, 260, 262-266, 285, 292, 298-300

조은　99

조정문·장상희　147, 149, 165

조혜정　95

조희연　101, 156

주변(부)　40-41, 79, 81-85, 106-107, 110-111, 193, 259, 263, 267-268, 283-289, 294-309, 311

중심(부)　40-41, 79-84, 106-107, 110-111, 193, 257, 259, 263, 265, 267-268, 273, 283-289, 291, 293-311

중심주의　40-41, 71, 81-83, 102, 106-109, 111, 121-123, 148, 154, 160, 163, 167, 231, 259, 263, 276, 283-288, 292, 299-300, 305-306, 308, 310

중앙집권화　93-95

중첩 국가　62, 191-194, 279

중첩 국민　192-194, 279

중첩성　126-127, 191-193, 221-222, 278-279

중층성　127, 222, 278

중화주의　40, 82, 108-109, 285, 287, 294, 299, 307-308

지식정보사회　8, 15, 45, 54, 69-71, 78, 81-82, 84, 124, 130, 140, 146, 157, 164, 231, 276, 280, 283, 293, 305

직계가족　29, 46, 51-53, 121-123,

130, 145, 153-154, 159-161, 216, 218, 222
집합주의　39, 45, 100, 103-104, 144, 167

ㅊ

창의성　135, 137
처가살이　179-180
천하위공天下爲公　94, 293
철학함　21-23, 41-42, 59, 68, 177
촛불혁명　33, 61, 74, 169, 189, 305
최봉영　149
최우영　147-148, 151, 165, 235, 250, 253
최원식　106
최유정　122, 146
최장집　101, 230
최재석　95, 121, 144, 146-147, 149, 151-153, 179, 240
최홍기　147, 153, 213, 215, 233, 240
친밀성　9, 24, 44, 53, 57, 60-61, 65, 69-75, 118-119, 124, 134, 136, 138-139, 157, 167, 169, 187-190, 193, 195, 204-205, 216, 227-229, 232-233, 235-243, 254-255
친친　26, 66, 70, 72, 169, 189-190, 212, 214, 233-239, 241

ㅋ

카림　307
코로나 19　302, 304
킴리카　204-205

ㅍ

패권주의　40, 85, 108-109, 263, 301, 306, 309, 312
평등주의　39, 45, 103
포메란츠　285
프랑크　262, 272-273, 285, 299
플라톤　23, 113-114, 119, 135-136
피터 볼　145

ㅎ

하버마스　117-118, 127, 204, 255
한국발 동아시아학　35, 39-41, 89, 97, 104, 107, 109, 111
한영우　147, 265
함인희　122-123, 151, 157, 235, 240
합리주의　94, 290-291
핵가족　44, 47, 56, 64, 77, 116, 120, 122-123, 130, 147, 154, 159-164, 169, 184, 204-205, 216-218, 220, 222, 227, 231, 235-236, 241, 249, 255
헤게모니　47, 92, 107-108, 129-132, 158, 187
헤겔　23, 35, 44, 92, 115-116, 126-127, 138, 204, 268
호주제　51, 150, 152, 155, 180, 218, 226, 231
혼성성　126-127, 221, 278
홉스테드　144
홍찬숙　231, 237
화이부동　83, 309